高等职业技术教育系列教材——动车组检修技术

# 高速铁路动车组牵引系统维护与检修

主　编　洪从鲁　张洪河
副主编　马　彪
主　审　王湘巍

西南交通大学出版社
·成　都·

## 内容简介

本书由 6 个项目组成，从教学目标、情境分析、基础知识、专业知识及专业技能等 5 个方面，详细分析了不同类型动车组牵引系统维护与检修方法。项目一介绍了动车组牵引系统的基本结构及 3 种不同动车组技术平台的特点；项目二介绍了 DSA250 型受电弓的结构、工作原理及维护方法，CRH380B 系列列车组受电弓系统的维护与检修；项目三分析了电力变压器的结构、原理及冷却方式，CRH2/CRH380A、CRH5 及 CRH380B 系列动车组牵引变压器的维护与检修方法；项目四介绍了基本电力电子器件的结构及工作原理，分析了牵引变流电路的基本原理，详细讲述了 CRH2/CRH380A、CRH5 及 CRH380B 系列动车组主牵引变流器的结构、工作原理、维护方法及运行故障处理；项目五介绍了交流电机的控制策略，MT205 及 6FJA3257A 型牵引电机的结构、工作原理、维护与检修方法，CRH380B 型系列列车组牵引电机的维护与检修；项目六介绍了 CRH2/CRH380A、CRH5 动车组主电路特性及其他高压电器的使用与维护，CRH380B 型系列动车组其他高压元件的维护与检修方法。

本书可作为高职院校动车、轨道交通类及铁路动车组机械师上岗理论培训教材，也可供相关工程技术人员参考使用。

---

### 图书在版编目（CIP）数据

高速铁路动车组牵引系统维护与检修 / 洪从鲁，张洪河主编. —成都：西南交通大学出版社，2019.3（2024.1 重印）

ISBN 978-7-5643-6620-9

Ⅰ. ①高… Ⅱ. ①洪…②张… Ⅲ. ①高速动车–牵引系统–维护②高速动车–牵引系统–车辆检修 Ⅳ. ①U269

中国版本图书馆 CIP 数据核字（2018）第 282594 号

---

### 高速铁路动车组牵引系统维护与检修

主编　洪从鲁　张洪河

责任编辑　　王旻
特邀编辑　　王玉珂
封面设计　　何东琳设计工作室

出版发行　西南交通大学出版社
（四川省成都市二环路北一段 111 号
西南交通大学创新大厦 21 楼）

邮政编码　　610031
发行部电话　028-87600564　028-87600533
网址　　　　http://www.xnjdcbs.com
印刷　　　　成都中永印务有限责任公司

成品尺寸　　185 mm×260 mm
印张　　　　14.75　　插页　1
字数　　　　367 千
版次　　　　2019 年 3 月第 1 版
印次　　　　2024 年 1 月第 5 次
定价　　　　38.00 元
书号　　　　ISBN 978-7-5643-6620-9

课件咨询电话：028-87600533
图书如有印装质量问题　本社负责退换
版权所有　盗版必究　举报电话：028-87600562

# 前 言

2012年12月26日，伴随着京石、石武段的开通运营，我国最长的京广客运专线全线贯通，到2020年，我国高速铁路规模将达到3万千米，为完成"十三五"规划任务、实现全面建成小康社会目标提供有力支撑。到2025年，高速铁路规划达到3.8万千米左右，更好发挥铁路对经济发展的保障作用。展望到2030年，基本实现内外互联互通、区际多路畅通、省会高铁连通、城市快速通达、县域基本覆盖。

具体到动车组运用检修任务，需要大量的机电设备检修和维护专业技术人员，而现有各铁路局集团有限公司动车段、动车所所需技术维修人员，基本来自大中专毕业生和在岗职工的转岗培训，为了认真贯彻落实高速铁路主要行车工种岗位准入制度的相关要求，确保为高铁运营及安全持续稳定提供坚实可靠的人才保障，快速提升企业在职人员和职业学院学生的实际运用和检修的专业水平，在消化吸收中国铁路郑州局集团有限公司车辆段、动车段以及相关厂家提供的动车组技术资料的基础上，从实际需要出发，我们编写了《高速铁路动车组牵引系统维护与检修》。

本教材从动车组牵引系统的组成、原理、功能等方面分别进行了介绍，对日常维护检修、故障处理等程序、标准也进行了详细的讲解，是动车组新技术、新知识学习的必备用书。

在本系列教材编写过程中，郑州铁路职业技术学院为该系列教材的出版，投入了大量的人力、物力及财力，中国铁路郑州局集团有限公司动车段石高山段长对编写工作给予了具体的指导和帮助。中国铁路郑州局集团有限公司车辆段、动车段等单位的部分领导及工程师直接参与了编写和审稿工作，在此一并表示感谢。

本教材由郑州铁路职业技术学院教师洪从鲁与郑州动车段高级工程师张洪河担任主编，铁道警察学院马彪担任副主编并对全书知识体系筹安排，郑州动车段机械师王湘巍担任主审，参加编写的有牛晨旭（项目一、项目六）、宋洪江（项目三）、洪从鲁（项目五）、马彪（项目四）、张洪河（项目二、附录）。

由于编者水平所限，书中难免有疏漏之处，恳请读者批评指正。

编　者

2019年1月

# 目 录

## 项目一 认识动车组牵引系统 ... 1
- 任务一 动车组牵引供电系统 ... 1
- 任务二 动车组3种技术平台 ... 5
- 【复习思考题】 ... 7

## 项目二 动车组受电弓维护与检修 ... 9
- 任务一 动车组受电弓系统 ... 11
- 任务二 DSA250型受电弓维护与检修 ... 15
- 任务三 CRH380B型系列动车组受电弓维护与检修 ... 24
- 【复习思考题】 ... 27

## 项目三 动车组牵引变压器维护与检修 ... 28
- 任务一 电力变压器的基本原理 ... 29
- 任务二 CRH2/CRH380A型动车组牵引变压器维护与检修 ... 33
- 任务三 CRH5型动车组牵引变压器维护与检修 ... 44
- 任务四 CRH380B型系列动车组牵引变压器维护与检修 ... 72
- 【复习思考题】 ... 78

## 项目四 动车组牵引变流器维护与检修 ... 79
- 任务一 电力电子器件及变流技术基础 ... 80
- 任务二 CRH2/CRH380A型动车组牵引变流器维护与检修 ... 92
- 任务三 CRH5型动车组牵引/辅助变流器维护与检修 ... 115
- 任务四 CRH380B型系列动车组牵引变流器维护与检修 ... 122
- 【复习思考题】 ... 126

## 项目五 动车组牵引电机维护与检修 ... 127
- 任务一 交流电机控制基础 ... 127
- 任务二 CRH2/CRH380A型动车组牵引电机维护与检修 ... 140
- 任务三 CRH5型动车组牵引电机维护与检修 ... 160
- 任务四 CRH380B型系列动车组牵引电机维护与检修 ... 180
- 【复习思考题】 ... 184

**项目六　动车组其他高压设备维护与检修** ·················································· 185

　　任务一　CRH2/CRH380A 型动车组其他高压设备维护与检修 ·············· 186

　　任务二　CRH5 型动车组其他高压设备维护与检修 ······························ 192

　　任务三　CRH380B 型系列动车组其他高压设备维护与检修 ··················· 215

　　【复习思考题】 ····························································································· 220

**参考文献** ····································································································· 221

**附　录** ······································································································· 223

# 项目一　认识动车组牵引系统

## 【项目描述】

通过本项目学习,使学生掌握动车组供电牵引系统的组成及作用,动车组牵引方式的类型和各自的特点;同时了解国际上3种典型的动车组技术平台的技术性能。

## 【知识目标】

(1)掌握动车组供电牵引方式的类型及特点;
(2)掌握动车组牵引系统的组成结构;
(3)掌握动车组动力配置方式。

## 【能力目标】

(1)能自主学习动车组3种技术平台的技术特点;
(2)能自主学习动车组3种技术平台的结构性能;
(3)能描绘动车组关键技术特征。

## 任务一　动车组牵引供电系统

### 【任务描述】

(1)掌握动车组供电牵引系统的组成及作用;
(2)掌握动车组动力配置的方式及性能比较。

### 【相关知识】

动车组的电力牵引系统,包括供电部分和动车组本身的牵引传动部分。供电部分指的是从变电站到受电弓,而动车组自身的传动部分指的是从受电弓、牵引变压器、牵引变流器到牵引电机的主电路部分涉及的内容。从动车组的发展过程看,动车组的传动方式主要包括交-直流传动方式和交-直-交传动方式。

### 一、动车组供电牵引系统的组成及作用

交-直流传动系统是指机车或者动车组由交流供电而采用直流电机驱动的传动方式,从图

1-1可以看出，列车从电网中获得电能，由变流器将交流电转换成直流电，并且通过变流器来控制牵引电机的工作速度。

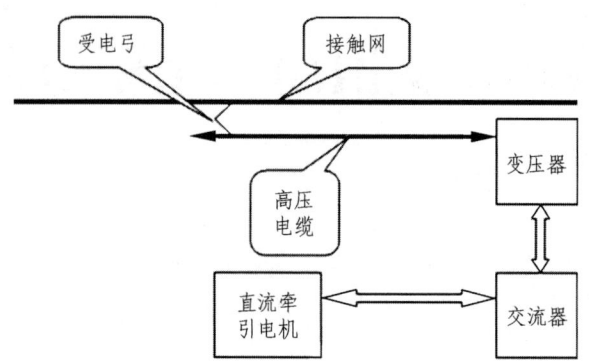

图 1-1　交-直牵引传动系统

交流传动系统是由变流器供电的异步或者同步电动机作为列车动力的传动系统。目前，变流器主要有交-交变流器和交-直-交变流器两大类。

列车受电弓从接触网上取得的是一定频率和恒定电压的电源，而牵引电动机在列车所要求的转速、转矩范围内工作，这就要求电动机电源的电压和频率可以进行调节，变流器就能实现这样的功能。交-交变流器是将电网的交流能量直接转换为电压和频率适合于交流电动机需求的能量，交-直-交变流器是将从电网所得的电能转换成直流电，然后进一步转换成电压和频率可以调节的交流电，如图1-2所示。

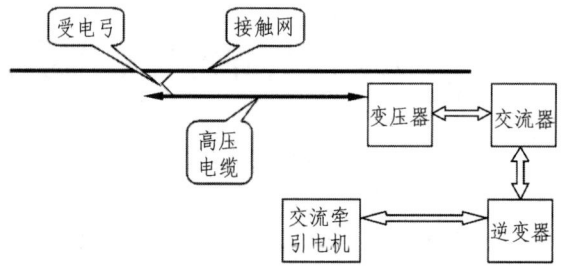

图 1-2　交-直-交牵引传动系统

目前，机车或者动车组采用的交流传动系统基本结构可以分为 3 类，分别为电压型交-直-交变流器供电的异步牵引电机系统、电流型交-直-交变流器供电的异步牵引电机系统和交-交变流器供电的同步牵引电机系统。从世界铁路技术发展趋势来看，未来干线铁路牵引系统将主要采用电压型交-直-交变流器供电的异步电机系统。

功率半导体和变流技术的进步，控制方法和控制装置的完善，这些都促进了交流传动技术的发展，使变流器-电机牵引系统的性能得到了满足，图1-3是动车组牵引系统原理示意图，这些性能包括：平稳起步、抑制滑行和空转、再生制动、调速范围等等，而且实现了由一个控制器控制多台电机并联运行。

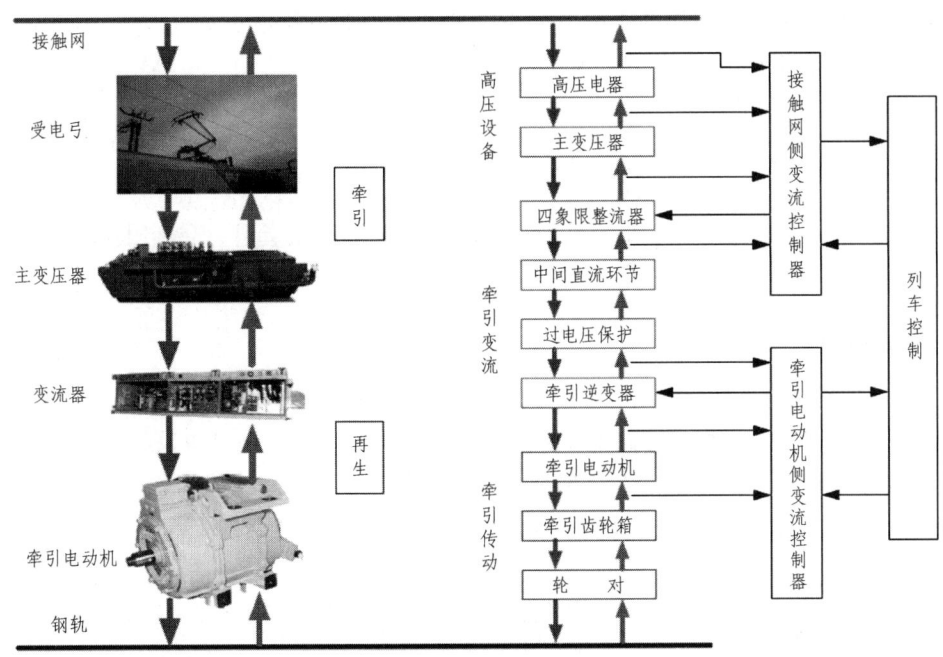

图 1-3 动车组牵引系统原理示意图

## 二、动车组牵引方式

高速列车动力配置方式可分为动力集中和动力分散两大类。所谓动力分散就是将列车动力分散置于各车辆轴或大部分车辆轴上，动力集中则是将列车动力集中于列车两端动力车的动轴上，形成推挽式牵引。

动力集中式高速列车，以法国 TGV 和德国 ICE 水平最高。摆式动车可运行于小曲线、线路改造量不大的线路上，尽管车辆结构复杂，但效果不错。瑞典 X2 摆式动车具有代表性。

日本新干线高速列车是动力分散的典型，其 300 系动车组的最高速度达到 270 km/h，已代替原有的 0 系和 100 系等直流传动动车组。

从 300 km/h 以内高速列车的牵引模式看，目前有日本采用的动力分散布置模式，也有西欧诸国采用的两端动力车（实质为机车）、中间为拖车的动力集中模式。

### 1．动力分散方式

日本采用动力分散模式是由历史原因造成的。究其原因有以下几方面因素：

（1）日本高速铁路的规划始于 1957 年。高速必然要求机车具有较大的功率，如日本新干线 0 系列每一车组的总功率为 11 840 kW。当时要研制功率大重量轻的牵引电动机并且采用动力集中方式是不可能的，因此必然会考虑采用动力分散布置方式。就目前情况而言，日本国内运用的机车功率也是偏小的，不能满足动力集中式高速列车牵引的需要。

（2）日本的铁路是松软路基，高速时，如何减小机车对线路的动力作用，在当时还是缺乏经验的，因而只能采用较轻的轴重，如0系动车组的轴重为16 t。

（3）日本铁路的站间距短，主要运载的是通勤旅客，因而必须适应频繁的起动和制动，这样动力分散有其优越性。

（4）为减少线路投资，采用了大的坡道，如东海道干线坡道为20‰。同时列车要求有大的起动加速度和大的牵引力。当时由于对黏着机制没有充分的认识，也没有很好的抗空转、抗滑行的保护装置，只能采用较小的黏着系数。所以单轴极限牵引力受到限制，采用动力分散也是必然的结果。

#### 2．动力集中方式

欧洲发展现代高速列车比日本晚了近20年，工业技术水平已大大提高，日本高速化中出现的问题和教训，欧洲尤其是德国已做了大量的研究。如高速受流问题，日本采用多台受电弓受流，造成了弓网间共振，受流效果很差，接触导线严重电蚀，一般2~3年就要更换。研究认为两受电弓间的距离超过200 m，即能防止共振。随着高速列车基础研究的突破和新技术的发展，出现了TGV和ICE两种不同技术风格的动力集中式高速列车。

欧洲各国的高速列车，几乎均采用推挽牵引的动力集中模式。两端为动力车，中间全部为拖车。法国的TGV，德国的ICE，均采用这种模式。意大利也从原来采用的ETR450动力分散型转而采用ETR500的动力集中型。所以就发展趋势而言，欧洲各国明显是以动力集中模式为主流。英吉利海峡隧道高速列车TMST的标准编组也是两端配置动力车，牵引16辆客车，即2（1L+8T），但可以分组运行，每辆动力车牵引8辆客车。它以TGV-A高速列车为样本，所以也是动力集中方式。要求能分组运行是为了更大的机动性，一旦在隧道内发生事故或者故障，可以从两端紧急疏散。

高速动车组经过了50多年的商业运营，随着运行速度的不断提高，技术日益成熟，但各技术平台性能的差异日渐明显，动力分散模式的优点较为显著，总体性能优于动力集中模式。

#### 3．动力分散型与动力集中型动车组的比较

动力分散型动车组轴重小，牵引动力大，起动加速快，驱动动轴多，黏着性能比较稳定，容易实现高速运转；其动力设备均可安装于地板底下，所有车辆（包括头车和中间车）均可作为客车使用，这样可提高列车定员。以新干线300系为例，其额定功率为12 MW，起动加速牵引力可达到360 kN，每吨起动加速牵引力可达到0.5 kN，由起动加速到250 km/h的时间仅需215 s、走行9.6 km。新干线300系每平米定员为3.29人，超过TGV-A的2.04人和ICE的1.85人。当然，法国、德国并不是做不到定员高，而是更讲究舒适性。基于这种特点，动力分散型动车组比较适用于铁路路基松软、站距较短的国家，如日本等。

动力集中型动车组为世界许多国家广泛采用。其运行速度也可达330 km/h，在现行电气化铁路的技术条件下，动力集中型动车组完全能满足目前和今后很长一段时间内铁路运营的需要。动力集中型动车组技术成熟，编组较动力分散型动车组更为灵活。另外，在成本方面，动力集中型动车组两端为动力车，设备集中，动力设备数量少；在车内环境方面，动力集中型动车组驱动装置集中在两端，远离旅客座位区，噪声小，而动力分散型动车组驱动设备分布在车下，有一定的振动影响。

经过分析可以看出：速度 200 km/h 等级的动车组，动力集中模式可以成为主要客运动力模式之一；速度在 250～300 km/h 之间，两种模式均可应用；但不可否认，动力分散型模式在速度 300 km/h 及以上有着独特的优越性。

一贯坚持动力集中模式的德、法两国，在新一代高速动车组的开发中，已放弃了动力集中模式，转为动力分散模式。德国 ICE3 新一代高速动车组采用动力分散模式（2M2T），最高运行速度达 330 km/h。法国 AGV 动车组也改用动力分散模式，速度为 320～360 km/h。由此可见，300 km/h 以上高速动车组采用动力分散模式是目前的发展趋势，也是新型高速动车组的发展方向。

# 任务二　动车组 3 种技术平台

## 【任务描述】

（1）了解 3 种技术体系的特点；
（2）了解动车组的关键技术组成。

## 【相关知识】

### 一、新干线、TGV、ICE 3 种技术平台比较

日本、法国、德国在高速铁路建设和高速列车研制技术方面各成体系，形成了 3 个不同技术特征的平台。由于各技术平台成长的土壤各不相同，水平有高有低。为了全面了解高速列车技术，主要围绕电力牵引技术问题，从技术特点、运营速度、运营管理、技术成熟情况等方面对 3 个技术平台进行分析。

#### 1．基本技术特征

日本高速列车一直采用动力分散配置模式，这主要与日本的国情、技术水准等有关。

运行速度在 300 km/h 以内，动力分散与动力集中模式都有良好的表现，在技术上不分伯仲，动力集中模式完全可以满足列车运行要求。运行速度超过 300 km/h 以上，动力分散模式总体上要优于动力集中模式。因此，对于 300 km/h 级高速列车，动力配置模式应采用动力分散模式。

法国、德国第三代高速列车 AGV、ICE3 均已放弃了一直坚持的动力集中模式，采用动力分散模式。也就是说，运行速度在 300 km/h 以上的列车，采用动力分散配置模式是必然趋势，已得到了验证与认同。

新一代高速动车组均采用交流传动技术，变流器为四象限脉冲变流器，变流器元件应用以 IGBT 为基础的各种集成、智能化器件。牵引电动机采用交流三相异步电动机，控制策略主要为矢量控制和直接转矩控制。高速动车组在控制方面，采用了网络化控制方式，使列车

的控制、智能化水平得以极大提高。

在列车供电技术上，法国是唯一掌握了用工业用电制式向列车供电的国家。

法国阿尔斯通公司研制的列车，以铰接式保证了列车的稳定性：相连的两节车厢以半刚性横向机械连接，使列车形成一个整体，没有了车厢间的冲撞，在发生重大事故（如脱轨）的情况下可避免列车解体；转向架设置在相邻的两节车厢之间，转向架数量减少30%，重量轻（轴重小于17 kN），降低了运营和维护成本。

2．运营速度

目前，在轮轨高速领域，日本、法国、德国先后都掌握了时速 300 km 高速技术，但法国列车的速度最高，而且历史最长：1986年大西洋线上的高速列车时速达300 km，1990年创造了时速515 km的世界试验速度纪录，2007年4月3日V150列车又创造了时速578.4 km的新纪录。新一代的AGV列车系统，时速可达到350 km。

法国高速列车已经安全行驶了20多亿千米，虽然行驶总里程低于日本新干线，但20多亿千米中有80%是在300 km/h下行驶的，这个比例远高于日本。

日本新干线速度最高的是500系动车组，最高时速300 km，但以这个速度行驶的线路只有100 km，也就是说时速300 km的比例，远低于法国。不过由于起步早、里程最长等因素，日本高速运营总里程最长，其他高速列车时速也接近280 km。

德国高速列车ICE3系列于1999年投入商业运营，如图1-4所示，2002年开通法兰克福至科隆段达到320 km/h。西门子公司新研制的Velaro列车，最高时速可以达到350 km/h。

图1-4　德国ICE350

3．运营安全性

新干线运量大，除了定员高外，主要依靠发车密度最高、追踪间隔最短（仅4 min）。也就是说，每隔4 min，就能发出一班高速列车。能够做到这样的密集运输，是新干线独有的管理运营技术。这是新干线区别于法国、德国同行的优势所在。

在准点率方面，日本新干线位居世界首位，在多地震、多台风等国情条件下，包括自然灾害引起的晚点，平均只有0.3 min，而且还是在班次高密度的前提下取得的，运营技术的确不一般。

在安全事故方面，法国自1981年开通高速铁路后，24年来没有一例人员伤亡事故，日本这样的纪录一直保持了40年，但2004年发生了第一起人员伤亡的事故，出事地点不是在新干线上，事故原因是司机违章，德国 ICE 铁路 2001 年出现了列车颠覆事故。

法国、德国铁路采用欧洲铁路运输管理系统（ERTMS），德国 ICE3 列车系统采用 GPS 技术显示行车路线。

新干线运营管理系统庞大复杂，有综合调度室，有信息管理、信息处理、进路控制、运行显示 4 大系统，有列车集中控制、通信信息监控、变电所集中控制等装置。对所有的运行信息，实行一元化管理，保证列车的安全准点。

#### 4．技术系统整合能力

高速铁路系统由基础网路设施、机车车辆与运营系统 3 个部分组成。

日本尚未掌握高速列车与现有基础设施的整合技术，新干线是一条高速列车专用线，与其他铁路没能实现联网。

阿尔斯通的高速列车自研发之初已考虑了 3 个子系统的整合，并已经成功地在 9 个国家新建，并在与原有不同的基础设施、不同信号系统的条件下商业运行。

德国虽然掌握了两种网路的整合技术，但其 300 km/h 的高速列车运营了仅 7 年时间，而且只在一条线上行驶，因此德国在系统整合方面的经验尚不如法国丰富。

#### 5．市场占有与技术转让情况

法国阿尔斯通公司具备在国外成功地实施高速铁路项目所需要的技术、工业和管理。在西班牙和韩国项目的实施中，每次都是法国生产首批列车，继而通过技术转让将大部分技术转移至当地。阿尔斯通公司产品出口历史悠久，市场份额大，覆盖 9 个国家和地区，在时速 270 km 的高速列车市场，占有 85%的份额。

德国在出口西班牙 6 列 Velaro-E 之后，又出口我国唐山轨道车辆有限公司 60 列 Velaro-E 改进型。

日本于 2000 年获得了向我国台湾出口高速列车的合同，是首次海外输出。2004 年又获得了向我国四方轨道车辆有限公司出口 60 列 200 km/h 动车组的合作合同。

阿尔斯通在高速铁路项目渐进式技术转让方面积累了丰富的经验，先后成功地向西班牙、英国、韩国转让了技术，其合作伙伴都经受了全面的培训，并提供建立工厂的技术支持。交货期准时，韩国的 KTX 高速列车系统就是一个例证。

## 二、动车组关键技术组成

高速动车组关键技术主要有 9 项，包括轻量化车体、高速转向架、制动系统、系统集成、牵引控制系统、牵引变流器、牵引变压器、牵引电动机、列车网络控制系统等。主要配套技术包括空调、钩缓及内装饰等 10 项。

【复习思考题】

1．试述动车组牵引传动方式及组成。
2．试述动车组牵引系统的组成原理。

3. 动车组的牵引方式有哪些？
4. 高速动车组的关键技术有哪些？
5. 简述我国引进动车组的基本技术特征。

# 项目二　动车组受电弓维护与检修

## 【项目描述】

通过本项目学习，使学生掌握动车组受电弓系统的组成及作用，动车组受电弓升降弓原理；掌握受电弓维护与检修方法，受电弓机械和电故障的辨别及处理方法。

## 【知识目标】

（1）掌握DSA250型受电弓的技术特征；
（2）掌握DSA250型受电弓的结构组成；
（3）掌握DSA250型受电弓的工作原理；
（4）了解TSG19A型受电弓基本情况；
（5）了解CX型主动控制单滑板受电弓的结构原理。

## 【能力目标】

（1）掌握DSA250型受电弓维护中的注意事项；
（2）掌握DSA250型受电弓不同间隔时间内的维护方法；
（3）掌握DSA250型受电弓故障类型的判断及处理方法；
（4）掌握DSA250型受电弓的装配调试方法；
（5）掌握CX型主动控制单滑板受电弓的检修及维护方法。

## 【情景分析】

受电弓负责将接触网上25 kV的高压交流电传输给牵引变压器，受电弓发生故障，将会使动车组得不到电力供应而丧失动力。由于动车组运行速度较高，当受到异物打击、接触网状态不佳或者相关元器件异常时，极易造成受电弓故障。受电弓故障可分为风路异常引发的故障或电路异常导致的故障。

案例1：上海局担当的D422次（上海—南京）使用CRH2-009A动车组，运行至六摆渡至高资间，200906车受电弓被打坏，弓头及前臂向后明显倾斜。经申请接触网断电，挂接地杆防护，对受电弓捆绑后开车，列车晚点1小时13分。

案例2：北京局CRH2-043动车组担当的D53次（北京—青岛）运行至昌乐站出站后，6车受电弓自动降下，换升4车受电弓未成功，滑行至潍坊站停车。检查发现6车受电弓被打坏，碳滑板折断，列车停车15分。

以上案例导致的受电弓故障均为外力导致的碳滑板断裂、升弓风路破损漏风造成的。

当判断为发生受电弓打弓故障时,为避免由于受电弓在车辆维持运行中晃动,接触到车顶或者接触网导致更严重的二次故障,须停车在车外检查受电弓状态,必要时须申请接触网断电,做好接地保护后登顶检查并对受电弓进行捆绑,消除故障隐患,然后远程切除故障受电弓,进行换弓操作维持运行。如果接触网有异常状况,还须汇报调度通知相关人员进行恢复。

当观察确认受电弓机械装置无异常,仅仅为风路破损导致自动降弓时,可以远程切除故障受电弓,进行换弓操作维持运行。

案例3:上海局CRH2-021A+022A组担当的D404次在库内上车做启动试验时(CRH2-022A为主控端)发现CRH2-021A列车4号车受电弓故障,无法升降弓,启用备用车底,造成D404次始发晚点15分。故障原因是重联端电气连接器16号针接触不良,107号线通路阻断。

以上为受电弓电路异常引起的故障。当动车组重联运行时,动车组的运行指令是通过重联端的电气连接器传达给另一列动车组的,长时间不使用或者重联时冲动过大都可能会导致重联端电气连接器接触不良,进而导致某些指令不能正常传达。

当发生类似故障时,可以将重联端司机室内分并连接切换器置于分割位,两列车分别进行相同操作,若都能成功,则可初步判断为重联用电气连接器接触不良故障(如果具备条件,也可以测量两车与该指令相关的导线的电压,判断故障的发生位置)。

为避免发生类似故障,应在重联作业之前仔细检查电气连接器接触针的状态,如果发生弯折、动作不良、卡滞等现象要及时处理。

**1. 风路故障与电路故障的判别**

发生受电弓升弓故障时,迅速判断是风路故障还是电路故障对于缩小排查范围、节约故障处理时间有着重要的作用,根据经验,有两种判断依据:

(1)一般情况下,受电弓风路故障易发生在动车组运行途中,受电弓电路故障在出库始发和终到入库时易被发现。

(2)旋动受电弓升起旋钮开关,观察升弓压力表,听车顶有无声响。若升弓压力表显示压力较低或者指针有动作但很快为零,车顶有漏风的声响,则可能是受电弓风路系统发生故障。

**2. 风路故障的处理**

(1)发生受电弓升弓故障时,须及时停车判断故障发生位置,下车目视观察故障受电弓破损程度,若受电弓无破损,是由于其他管路漏风导致受电弓不能升起,或者受电弓损坏但确认无松动迹象,则可以远程切除该故障受电弓,换弓维持运行。若受电弓有破损且有松动迹象,为避免受电弓晃动接地或碰触接触网导致更加严重的故障,须汇报调度申请接触网断电,做好接地保护后登顶检查,使用绝缘绳将受电弓牢固捆绑,确认不影响行车安全后远程切除故障受电弓,换弓维持运行。

(2)当库内发现因风路故障导致受电弓不能正常升起时,应及时判断故障位置并进行恢复。

(3)引起受电弓无法升起的原因可能有:

① 受电弓本身的压力风管漏风。

② 连接受电弓的白色风管漏风。

③ 受电弓控制阀板上的风管漏风。

④ 受电弓气囊损坏。
⑤ 受电弓碳滑板漏风。
⑥ 受电弓机械故障或有异物阻碍受电弓升弓。

3．电路故障的排查与处理

若在行车途中发现受电弓不能正常升起，首先确认 MON 有无其他伴随故障，确认电池电压和 VCB、EGS 状态，若正常，可尝试切除故障受电弓，进行换弓操作维持运行。

以 CRH2 动车组为例，在库内发现因电路故障受电弓不能正常升起时（以单编组，首先进入 1 车检查为例）的处理方法：

（1）首先须确认司机室配电盘开关处于正位，通过 MON 确认并断开所有的 VCB、EGS，确认故障指示灯"准备未完""设备切除"灯已经熄灭。若 VCB、EGS 不能够正常断开，须进行进一步的检查；若"准备未完"灯亮，须旋动辅助空气压缩机控制旋钮开关并保持 3 s 启动辅助空压机打风直至"准备未完"灯熄灭，打风后长时间"准备未完"灯未熄灭，须经 MON 确认辅助空气压缩机未被隔离，在配电盘信息页面确认位置后检查相应断路器或进一步进行处理；若"设备切除"灯亮，须在 MON 设备切除页面确认受电弓切除状态，若被切除，可远程升起该受电弓。

（2）操作升弓后，确认其状态，必要时在车外确认受电弓状态，若受电弓确实已正常升起，则可能是由于受电弓压力开关故障致使 MON 误报。

（3）若受电弓确实未升起，可尝试换弓操作，看另一受电弓能否正常升起，若可以，则首先须检查相应故障受电弓升弓指令线（4 车受电弓 106y 线，6 车受电弓 106x 线，可在总配电盘找到）和相应车受电弓电路状态（以 4 车为例），若换弓操作仍然不能成功，首先须检查 107 线是否有电，若有，可初步判断为降弓电路故障，进一步检查并排除。若 107 电压为零，则进行下一步检查。

（4）导致受电弓电路故障的原因有：
① 辅助空压机故障或风压不够，"准备未完"灯亮。
② 有 VCB、EGS 未断开。
③ 车端连接转换器未正位。
④ 相关线路断路、短路、接地或解除不良。
⑤ 相关继电器、电磁阀故障。
⑥ 相关断路器、开关故障。

另外，发生受电弓故障时应重点检查的线路有 102B、110、111、106x、106y、107 以及其他相关线路。

# 任务一　动车组受电弓系统

【任务描述】

（1）了解高速受电弓的技术要求；

（2）掌握 DSA250 型受电弓的技术参数；
（3）掌握 DSA250 型受电弓的结构组成及升降弓的原理。

## 【相关知识】

### 一、DSA250 型受电弓概述

CRH2 型动车组采用 DSA250 型受电弓，每列（8 辆）动车组设置 2 台受电弓，分别安装在 4、6 号车上，距轨面高度 5 300~6 500 mm，其间使用特高压配线连接，最高运用速度为 250 km/h，受电弓安装了自动升降弓装置，动车组正常运行时，采用单弓受流，另一台备用，处于折叠状态。

受电弓是从接触网获得电能的部件，列车运行时压缩空气通过车的各阀进入受电弓升弓装置气囊，升起受电弓，使受电弓滑板与接触网接触；降弓时，排出升弓装置气囊内压缩空气，使受电弓落下。

1. DSA250 型受电弓应满足的要求

为了保证高速动车组高速运行时的可靠受流，高速动车组受电弓必须满足以下要求：
（1）滑板的材料、形状、尺寸适应高速要求，保证良好的接触状态以及更高的耐磨性能。
（2）保证滑板与接触网在规定的受电弓工作高度范围内保持恒定、大小合适的接触压力，以实现比常规受电弓更为可靠地连续电接触。
（3）结构设计上应尽量使作用在滑板上的空气阻力由其他部件承担，使受电弓滑板在其垂直工作范围内始终保持水平，减少甚至消除空气阻力对滑板与接触网间接触压力的影响。
（4）除保证机械强度和刚度外，尽可能降低受电弓运动部分的重量，减小运动惯性，保证与接触网可靠地电接触。
（5）升弓时，动作开始要快，但接触导线时要求缓慢，以减少对接触网导线的冲击；降弓时，离开接触网导线要快，避免产生拉弧，而到达落弓位时要慢，以减少对车顶的冲击力。

2. 主要技术参数

（1）型号：DSA250。
（2）设计速度：250 km/h（最大试验速度 275 km/h）。
（3）额定电压/电流：25 kV/1 000 A。
（4）标称接触压力：70 N（可调整）。
（5）空气动力调整：通过弓头翼片调节（根据用户需要选装）。
（6）升弓驱动方式：气囊装置。
（7）输入空气压力：0.4~1 MPa。
（8）静态接触压力为 70 N 时的标称工作压力：约 0.35 MPa。
（9）弓头垂向移动量：60 mm。
（10）精密调压阀耗气量：输入压力小于 1 MPa 时不大于 11.5 L/min。

（11）材料：

滑板：整体碳滑板（铝托架+碳条）；

弓角：钛合金；

上臂/下臂：高强度铝合金；

下导杆：不锈钢；

底架：低合金高强度结构钢。

（12）质量：约115 kg（不包含绝缘子）。

（13）环境温度：−40～+60 ℃。

（14）接触压力：（70±5）N。

（15）操作空气压力：400～1 000 kPa。

（16）设置破损检测和紧急降弓装置。

（17）运行中受电弓最大电流计算值：

275.4 A（网压25 kV时）；

305.9 A（网压22.5 kV时）。

（18）列车停车时的受电弓最大电流计算值：

44.5 A（网压25 kV时）；

49.4 A（网压22.5 kV时）。

## 二、DSA250型单臂受电弓系统的组成

DSA250型单臂受电弓可在电力动车组和其他电力牵引设备中使用，其结构如图2-1所示。升弓装置安装在底架上，通过钢丝绳作用于下臂。下臂、上臂和弓头由较轻的铝合金材料制成。

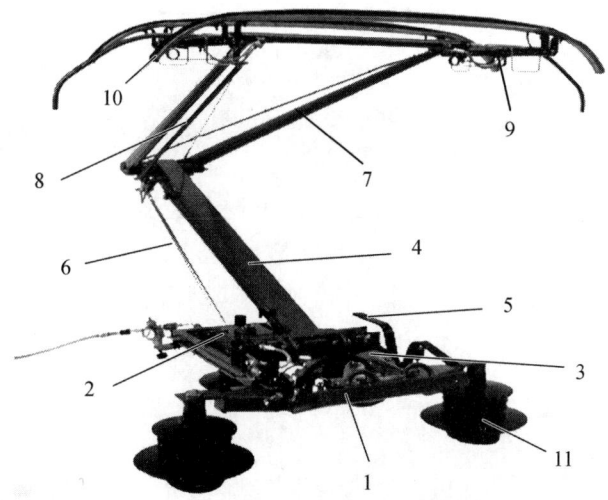

图2-1 DSA250型单臂受电弓

1—底架；2—阻尼器；3—升弓装置；4—下臂；5—弓装配；6—下导杆；
7—上臂；8—上导杆；9—弓头；10—滑板；11—绝缘子

滑板安装在 U 形弓头支架上，弓头支架垂悬在 4 个拉簧下方，两个扭簧安装在弓头和上臂间，这种结构使滑板在动车组运行方向上移动灵活，而且能够缓冲各方向上的冲击，达到保护滑板的目的。

对于不同型号和不同速度等级的动车组，受电弓的空气动力可以通过安装弓头翼片来进行调节（如果选装）。自动降弓装置可以监测到滑板的使用情况，如果滑板磨耗到限或受冲击断裂后，受电弓会迅速自动降下，防止弓网事故进一步扩大。

## 三、DSA250 型单臂受电弓的工作原理

### 1．气路的工作原理

受电弓的升弓是由气动力驱动的，气动原理图如图 2-2 所示。

压缩空气通过电空阀经过滤器进入精密调压阀，精密调压阀用于调节受电弓接触压力，输出压力恒定的压缩空气，其精度为±0.002 MPa。因为气压每变化 0.01MPa 会使接触压力变化 10 N。精密调压阀在工作过程中，为保证输出压力稳定，溢流孔和主排气孔始终有压缩空气间歇性排出，属正常现象。

压力表显示值仅作为参考，应以实测接触压力为准。单向节流阀（升弓）用于调节升弓时间，单向节流阀（降弓）用于调节降弓时间。如果精密调压阀出现故障，安全阀会起到保护气路的作用。

精密调压阀运用中不得随意改变其调整值，为保证各种控制阀正常使用，应严格防止水和其他杂质渗入（注意动车组上各部件管接头的密封，及时检查并清理空气过滤器）。

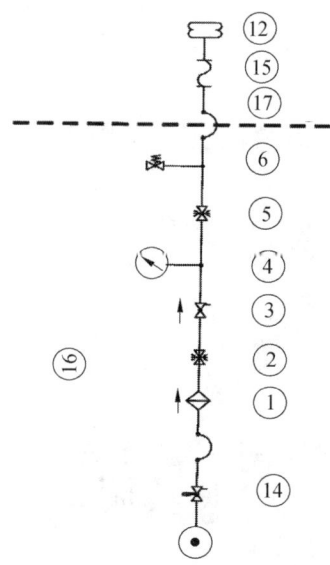

图 2-2　受电弓气动原理图

1—空气过滤器；2—单向节流阀（升弓）G1/4；3—精密调压阀 Rc1/2；4—压力表 R1/8；
5—单向节流阀（降弓）G1/4；6—安全阀；12—升弓装置（气囊）；15—压缩空气绝缘管；
16—气囊驱动式受电弓阀板；17—车顶界面

## 2. 自动降弓装置（ADD）的工作原理

原理图如图 2-3 所示，经过调压后的压缩空气进入到带有风道的碳滑板，如果滑板出现空气泄漏，达到一定的压力差值后，快速降弓阀动作，升弓装置中的气体会从快速降弓阀中迅速排出，从而实现自动降弓。

滑板若存在微小裂缝或少量的漏气，受电弓仍能升起，则属于正常允许范围，滑板可继续使用。

装有主断分断装置的受电弓，如果滑板受到冲击泄漏时，压差同时使得压力开关产生一个电信号传输给动车组主断分断装置，动车组控制器会切断主断路器，同时切断电磁阀，停止供气，压缩空气会快速从动车组主断分断装置的快排阀及受电弓的快速降弓阀排出，迅速降弓，这样可避免在下降的过程中电弧对网线和受电弓的损坏。

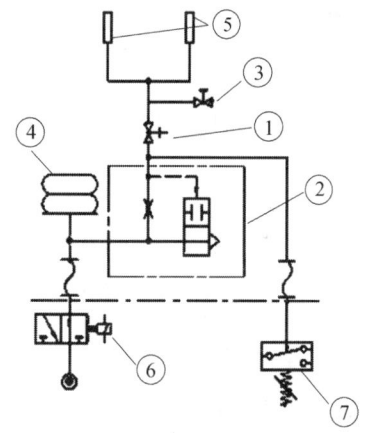

图 2-3 自动降弓装置
（ADD）原理图

1—ADD 关闭阀；2—快速降弓阀；3—ADD 试验阀；4—升弓装置；
5—滑板；6—电磁阀；
7—压力开关

在正常的升弓条件下，压力开关有延时功能，延时设置为 15～20 s。如果快速降弓阀和滑板间的气管断裂，自动降弓装置可以通过停止阀停止使用。重新连接后注意清理渗水。

## 四、TSG19A 双滑板受电弓

CRH2C、CRH3C、CRH380A 型动车组运行速度基本相同，其采用的受电弓工作原理相同，基本结构也相同。

除了弓头采用流线型结构外，基本结构与 DSA250 型受电弓相同。TSG19A 受电弓主要由集电头（弓头）、上臂、下臂、基座以及升弓机构等构成，升弓机构包含气囊、钢丝绳、自动降弓装置等部件。受电弓通过两根风管与车内控制阀板连接。当升弓时，车内控制阀板上的电磁阀动作，压缩空气经过阀板及风管给受电弓气囊充气，气囊膨胀后拉动钢丝绳及受电弓下臂，使受电弓升起。当降弓时，气囊内的空气通过自动降弓装置或者车内阀板上的二位五通阀排出至大气，受电弓由于自身重量下降。

# 任务二　DSA250 型受电弓维护与检修

【任务描述】

（1）掌握 DSA250 型受电弓的使用条件；
（2）掌握 DSA250 型受电弓维护与检修的注意事项；
（3）掌握 DSA250 型受电弓维护与检修方法。

【相关知识】

## 一、受电弓的使用要求

### 1．环境和安装条件

环境温度：-40~60℃；
注意阀板尽可能装在车内。

### 2．压缩空气压力值

必须使用干燥的空气，正常升弓空气压力值 0.34~0.38 MPa（接触压力为 70 N 时）。

### 3．接触压力调整

受电弓在正常工作高度，接触压力可在机车顶部用弹簧秤测量，如果需要可由专业技术人员通过精密调压阀调节，调整好的精密调压阀在使用过程中禁止随意人为调整。更换受电弓时，应重新检测受电弓的接触压力。如运行中由于碳滑条磨损使滑板重量减少，导致接触压力少量升高时，无须调整精密调压阀。

## 二、受电弓的维护与调试方法

### 1．注意事项

（1）必须由专业技术人员调整和维护受电弓。在任何情况下，必须采取必要的安全和防护措施。

（2）在车顶工作时，必须切断接触网线供电电源。

（3）受电弓升弓时，应确保压缩空气供应无意外故障发生。因为一旦压缩空气供应发生故障，受电弓就会下降，可能造成受电弓臂底下人员的人身伤害。

（4）在调整和维护受电弓时，为确保不会无意识升弓，使用约 1.5 m 的绳子绑在底架和上交叉管间。

（5）为确保安全，防止无意识降弓（如自动降弓装置失效），在调整受电弓接触压力时，应关闭受电弓自动降弓装置的关闭阀。

（6）维护弓头时，在受电弓的上交叉管和车顶或底架间用长约 0.9 m 的木制支撑。不要把木制支撑放置在气囊或升弓装置的部件上。

（7）在受电弓气囊失效后，重新启用受电弓前应完全排除渗入其中的水。

（8）发生自动降弓后的受电弓必须经过全面调试后方可投入使用。

（9）必须遵循网线接地和绝缘的原则。

### 2．维护说明

（1）检查。

使用前，在降弓位置检查钢丝绳的松紧程度。两侧张紧程度应一致。清理阀板上的过滤器。拧开滤清器的外罩，清理尘埃和水。

① 间隔4周的维修内容：

目测整个受电弓。若存在损坏的绝缘子，破损的软连接线，损坏的滑动轴承和变形的部件都应更换。若磨耗部件超过其磨损极限，也应当及时更换。

清洁车顶与受电弓之间的绝缘管，可用中性清洁剂，不得使用带油棉纱。每天用干棉纱擦拭，防止灰尘吸附，导致一次短路。

② 间隔6个月的维修内容：

整个受电弓性能检测，目测软连接线，用卡尺测量滑板厚度，若磨损到限则应更换。

③ 间隔1年的维修内容：

紧固件的检测，尤其是整个弓头弹性系统的零部件。如果需要拧紧螺母，应注意保证相应的扭矩，M8螺栓扭矩为（12±2）N·m。

④ 间隔2年的维修内容：

轴承的润滑，滑动轴承可自润滑，对于下导杆两端的关节轴承以及升弓装置销轴处的润滑，可用注油枪向润滑油杯内注SHELL ALVANIA R3型润滑脂。注完后用油杯帽密封。下臂上的6个滚动轴承的润滑，需拆下下臂，从有弹性挡圈一端将轴拆下，衬套内注SHELL ALVANIA R3型润滑脂后，装上下臂。拆装下臂时请向厂家索取拆装工艺。

⑤ 间隔4年的维修内容：更换软连接线。

⑥ 间隔8年的维修内容：更换轴承。

（2）润滑。

润滑滚动轴承是为了提高其使用寿命。在最初安装时、两年一次的维修期或常规维修时，油杯应注意密封以防尘土和水。滑动轴承可自润滑，保养方便。

（3）清理。

阀板上的过滤器应1~2周清理一次。

（4）更换滑板。

出现下列情况时，必须更换滑板：

① 碳条磨耗后高度小于5 mm或滑板总高度≤22 mm。

② 由于产生电弧，发生变形或缺陷。

③ 滑板碎裂或出现一定深度的凹槽。

如果仅需更换一个滑板，新滑板与另一个旧滑板的高度差应不超过3 mm，且应注意滑板ADD接口安装的正确位置。

特别注意：安装滑板压缩空气进气接口时，套紧螺母的拧紧力矩不大于3 N·m，用手旋入或使用小型扭力扳手即可。

（5）调试更换阻尼器。

阻尼器在安装受电弓前必须经过调试。如果受电弓实际动作特性与额定值之间有较大差别，有必要检查阻尼器的安装情况。磨损、动作不灵活、漏油时，须更换阻尼器，阻尼器调试说明图如图2-4所示。

具体操作如下：

先把阻尼器拉伸、压缩5次，长度$l_1 = 54$ mm，落弓位置的安装长度$l_2 = (480±1.5)$mm。

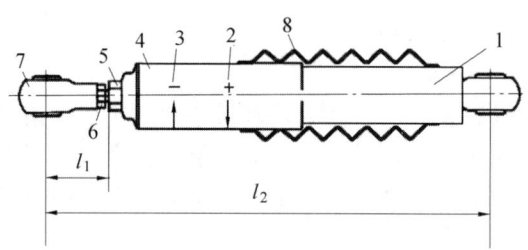

图 2-4　阻尼器调试说明图

长度 $l_1$ = 54 mm；长度 $l_2$ = (480±1.5)mm；1—阻尼器；2—右；3—左；4—防尘盖；
5—锁紧螺母（气缸）；6—锁紧螺母（接头）；7—接头；8—保护套

（6）检查升弓装置。

建议每 4~6 周在落弓位置检查一次钢丝绳的松紧。如需要，则把钢丝绳拉紧，但两螺母拧紧量要相同，避免升弓装置松弛（在落弓位置），装有升弓装置的底架如图 2-5 所示。

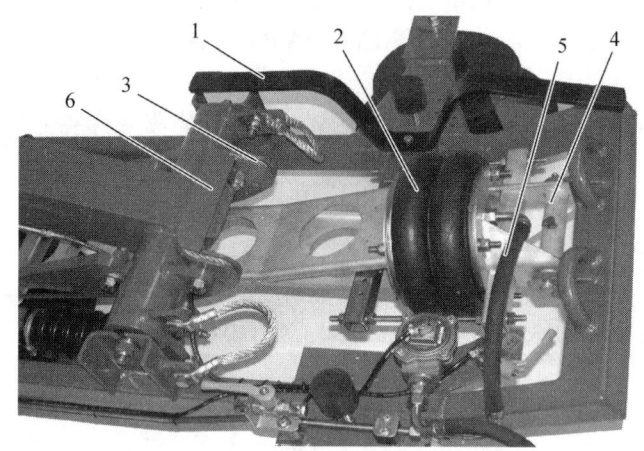

图 2-5　装有升弓装置的底架

1—弓装配；2—升弓装置；3—钢丝绳；4—销轴；5—主通气管；6—线导向

（7）自动降弓装置。

① 检查自动降弓装置。

注意：在操纵台上转动旋钮开关至升弓位后，降弓范围内不许有人。

根据调试结果，自动降弓装置应有如下性能：

a. 如果自动降弓装置 ADD 关闭阀在"开"的位置，试验阀在"工作状态"位置，网线与滑板接触力良好，则气囊工作正常。

b. 如试验阀处于"试验状态"位置，快速降弓阀排气，则受电弓快速下降。

② 自动降弓后的受电弓检查。

如果受电弓运行中由于滑板磨损或断裂而导致自动降弓装置作用，受电弓在重新使用前应由专门技术人员检查，要检查静态接触压力和升弓、降弓时间。降弓时，注意在离落弓位置 1 m 高度左右处的速度缓冲。

③ 受电弓的运输。

在长距离装载运输情况下，建议使用专门的受电弓运输架。尺寸：2 800 mm×1 700 mm

×2 100 mm，DSA250 受电弓的弓头最大宽度在滑板处，为 1 576 mm（拆去弓角）。弓头两端的弓角应卸去。弓角和升弓装置突出底架底部，因此受电弓底架应放置到方木块上或专用支架上。用车辆运输时，应保证受电弓弓头不受冲击影响。

在吊装时，受电弓应把链钩置于底架吊耳上，注意绳长为 1 200 mm，参照图 2-6 所示，每次起吊一架受电弓，不允许多架起吊。

④ 保管。

受电弓可放在运转架中，最大叠垛高度为 4 组，共包括 4 个受电弓。

⑤ 磨损极限。

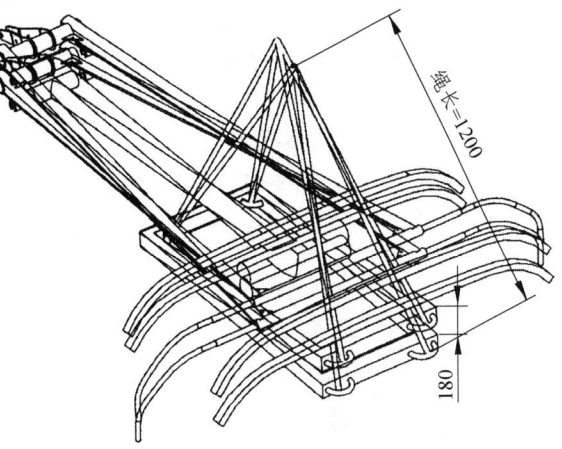

图 2-6 受电弓的吊装方法

达到磨损极限后，以下部件就应当更换，如表 2-1 所示。

表 2-1 部件更换极限参数

| 序号 | 名称 | 图纸尺寸 | 极限尺寸或磨损程度 |
| --- | --- | --- | --- |
| 1 | 滑板（碳条高度）/mm | $22^{+1}$ | 5 |
| 2 | 弓角涂层/mm | $0.3^{+0.4}_{0}$ | 0.1 |
| 3 | 滑动轴承（直径）/mm | $\phi 30.02$ | $\phi 30.2$ |
| 4 | 弓头管轴（直径）/mm | $\phi 30^{0}_{-0.15}$ | $\phi 29.5$ |
| 5 | 3 种软连接线 | —— | 出现破损 |
| 6 | 钢丝绳 | —— | 有一股断裂 |
| 7 | 升弓装置 | —— | 出现裂缝<br>发生泄漏 |
| 8 | 阻尼器 | —— | 发生泄漏 |

⑥ 弓网故障后的检修、检测。

当发生弓网故障，造成受电弓滑板、弓头、上臂等零部件变形或损坏，应将受电弓从车顶拆下，进行全面调修或更换零部件，检修完成后在专用试验台上对受电弓进行例行试验（包括动作试验、弓头自由度测量、气密性试验、静态压力特性试验、ADD 性能试验等），试验合格后方可重新装车投入使用。对于较轻的刮弓，可在车顶调试升降弓时间，进行静态压力特性试验、ADD 性能试验即可。

注意：

a. 更换的配件必须来自原生产厂家，或由铁路总公司装备部指定的配件厂家，否则出现质量事故，用户承担全部责任。

b. 更换滑板时，在滑板安装座接触表面加导电接触脂，用扭力扳手拧紧螺母，扭紧力矩

15 N·m。连接气管接头时，用手拧紧锁紧螺母后，最多用扳手再拧紧一周。

c. 在车顶不用调试快速降弓，检查关闭阀及试验阀是否用尼龙扎带扎紧；调试主断分断装置时，升弓高度不大于 0.8 m。

d. DSA250 受电弓出厂前其各参数均已在专用试验台上调试完毕，用户可以直接安装使用，受电弓阀板各元件调试后，非专业技术人员请勿擅自调试。

⑦ DSA250 受电弓辅助用油脂如表 2-2 所示。

表 2-2 受电弓辅助用油脂

| 名 称 | 用 途 |
|---|---|
| 螺纹润滑剂 | 用于螺纹连接处，用于改善摩擦 |
| 导电接触脂 | 用于所有受流表面，如滑板安装座表面，软连线接线端子表面 |
| 螺纹密封胶 | 用于所有管螺纹及阀门接头的密封 |
| 壳牌润滑脂 | 用于下臂内轴承，下导杆杆端轴承和升弓装置销轴的润滑 |

**3．装配调试说明**

（1）注意事项：

① 必须由专业技术人员和乘务员来使用和维护受电弓。在任何情况下，必须采取必要的安全和防护措施。

② 在车顶工作时，必须切断接触网线供电电源。

③ 受电弓升弓时，应确保压缩空气供应无意外故障发生。因为一旦压缩空气供气发生故障，受电弓就会下降，会造成受电弓臂下人员的伤害。

④ 维修时，用约 0.9 m 长的木棒支撑在底架和上交叉管间。

⑤ 如自动降弓装置出现故障，调节受电弓的接触压力时，为防止受电弓意外下降，应使 ADD 关闭阀处于关闭位置。

⑥ 当受电弓的空气管路出现故障后，重新运行前应彻底清理渗入其中的水和杂质。

⑦ 发生过自动降弓的受电弓须经全面调试，才能重新使用。

（2）车顶调试工作：

① 调试工作是在受电弓安装在机车顶部后进行的。

② 受电弓的基本调试。调试至少由两个人来进行（1 人在司机室内，另 1 人在车顶部）。在进行调试工作之前，受电弓应进行几次（至少运行 2~3 次）升弓和降弓。使用量程在 0~100 N 的弹簧秤进行接触压力的测试。

a. 调整静态接触压力。

打开车内的电空阀，升起受电弓。把弹簧秤与受电弓的上交叉管相连，如果需要的话，可在上交叉管上套上绳子。调整精密调压阀使受电弓慢慢上升，在高出车顶 1.6 m 处用弹簧秤匀速阻止受电弓的上升。弹簧秤显示为 70 N 时调节好精密调压阀，图 2-7 是接触压力调整图。

项目二　动车组受电弓维护与检修

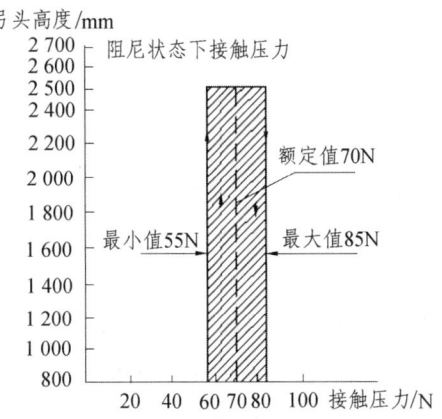

图 2-7　接触压力调整图

精确调整接触压力的方法：先通过弹簧秤使受电弓以 0.05 m/s 的速度匀速朝下运动，然后再使受电弓以相同速度匀速向上运动（上升和下降运动均是在大约 1.60 m 的高度上进行且每次向上或向下移动的距离为 0.5 m），从弹簧秤上读出所测得的力，相加并平均，最终结果就是平均接触压力，其值应为（70±5）N。

b. 调整升弓和降弓时间。

静态接触压力调好后，从受电弓的落弓位置到工作位置（即受电弓从落弓位置升高到约 2 m）的升弓和降弓时间，通过升弓节流阀 1 和降弓节流阀 2 来调整。节流阀如图 2-8 所示。

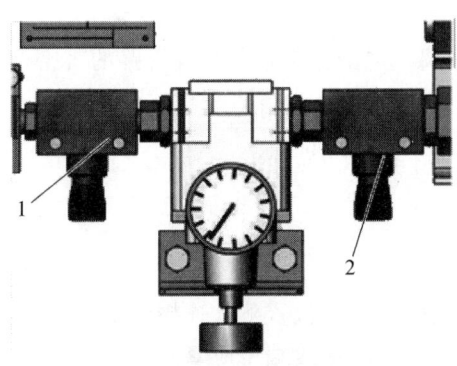

图 2-8　节流阀

1—节流阀（升弓）；2—节流阀（降弓）

调定后的时间应满足：

升弓时间：不大于 5.4 s。

降弓时间：不大于 4 s。

升弓时不允许受电弓有任何回跳；降弓时应有缓冲，上交叉管应落在两个橡胶减振器上，允许降弓时，在降弓位弹跳，因为这种现象不会对受电弓引起损坏。

如果实际测量值与规定值有偏差，应该重新调整节流阀 1 和 2。

升弓时间是受电弓从落弓位开始升到 2 m 高度（包括绝缘子）的时间，计时从弓头开始升起到升到 2 m 高度结束；降弓时间反之。

③ 自动降弓装置的试验。

受电弓的 ADD 控制阀不应经常试验。在更换滑板后，检验 ADD 性能时，将受电弓升起到 0.6 m 高度，打开试验阀，受电弓应迅速降下（必须对受电弓采取保护措施和注意安全）。工作时，ADD 控制阀必须调节到以下位置：

ADD 关闭阀在"开"位置。

ADD 试验阀在"工作"位置。

④ 橡胶减振器安装位置的检测。

在落弓位置时，受电弓应落在 3 个橡胶减振器上。橡胶减振器支撑着受电弓上、下臂和弓头，在落弓时，弓装配用来防护弓头。

由于在车顶和受电弓底架间出现水平差异，受电弓安装到机车上后，通过目测看底架上的橡胶减振器是否水平。如果不水平，应该通过重新调整橡胶减振器的高度来消除底架水平误差。此外，在落弓状态时，弓装配与弓头之间的间隙应为 8～12 mm，可以通过调整弓装配来实现。要确保上臂组装的上交叉管由两个橡胶减振器均匀支撑，支撑下臂的橡胶减振器位置应稍低于落弓位置。

（3）受电弓各部件的组装。

① 在受电弓组装前，要对受电弓的各个组成部件进行检查。

② 受电弓在各部件装配后，应检查以下项目。

各转轴处的机械连接：

·上臂与下臂及下导杆 M16 螺母应紧固。

·调整上导杆的长度，使弓头在 1.6 m 高处保持水平。

空气管路：

·ADD 管路、快速降弓阀、主断分断系统，各管路的气密性，无泄漏。

升弓装置：

·钢丝绳张紧适中，落弓位置无扭曲。

上臂：

·张紧绳应绷紧。

弓头和软连接线：

·软连接线组装时不应扭曲，任何位置下软连接线不应高于滑板。

·在任何位置时无死弯，所有的接线端子应紧固。

·翼片的角度和位置（如选择安装）。

自动降弓装置完好。

③ 零部件的装配。

a. 下导杆和底架按以下步骤操作（见图 2-9）：

·下导杆（左旋螺纹端）安装在底架上。

·在关节轴承处使用油杯润滑（油杯帽要安装可靠，防止灰尘和水进入，油杯内注入 SHELL ALVANIA R3 型壳牌润滑脂）。

b. 下臂和底架按以下步骤操作（见图 2-10）：

·组装下臂和底架，在底架下臂支撑放置垫圈 16。

·软连接线的安装（两边的连接突出大约 30°角）。

·在软连接线和底架之间不需放置垫圈。

·由于接触不充分（如螺栓未拧紧、短路）而引起电弧时则必须重新安装。必要的话，应使用备用连接点或连接线进行连接。

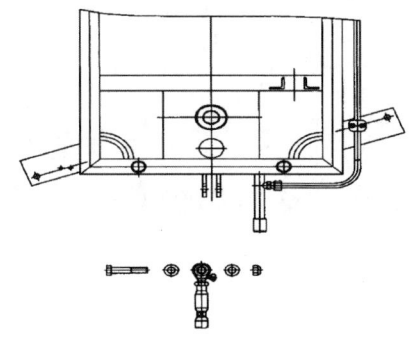

图 2-9　底架上固定下导杆的各元件

图 2-10　下臂和底架的装配

c. 下臂和升弓装置按以下步骤操作：

用木棒支撑下臂，安装升弓装置上的钢丝绳，把升弓装置安装在底架上，插上销轴和开口销，轻轻放下下臂，确保钢丝绳的两端张紧程度一样。在下限位置，升弓装置的桁架装配不能从底架底部突出超过 20 mm，钢丝绳不得绷紧，待组装完后应重新调节它的张紧状态，同时进行润滑。

d. 阻尼器按以下步骤操作（见图 2-11）：

· 装配前，在竖直方向上完整地拉伸和压缩阻尼器 5 次，无卡死现象。

· 在落弓位置按尺寸 $l_1$ = 54 mm，尺寸 $l_2$ = 480 mm 进行安装（见图 2-4）。

e. 上臂需按以下步骤操作（见图 2-12）：

· 在落弓位置组装上臂、安装下导杆（右旋螺纹端），安装过程中下导杆两端关节轴承应在同一面上。

· 用紧固件安装下臂和上臂之间的软连接线。

注：双金属垫圈的铝面必须朝向铝件。

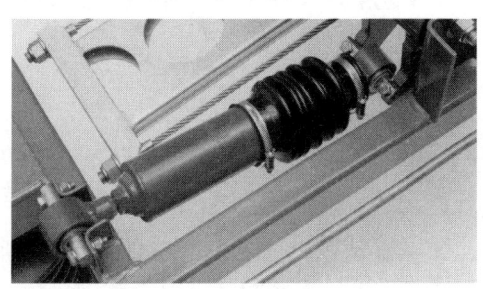

图 2-11　阻尼器的装配

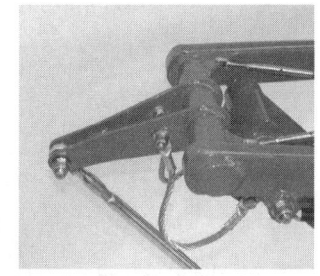

图 2-12　上臂安装

f. 弓头按以下步骤操作（见图 2-13）：

对于带有弓头翼片的弓头结构，应注意：弓头翼片的确切安装位置和尺寸由空气动力学试验结果来定，属可选项。

· 把管轴插入上臂、柱头、传力柱头中，把左支撑装配和右支撑装配伸入轴里并用 M8×60 螺丝钉固定拧紧。

· 把弓角插入支架并用 M6×35 螺栓固定。

· 依据图 2-13 装配拉簧和其他部件。

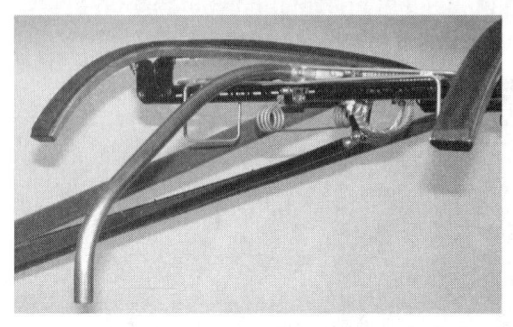 

图 2-13　弓头与上臂的组装

注：双金属垫圈的铝面必须朝向铝件。

调整上导杆，使弓头在运行时处于水平位置（在升弓约 1.6 m 高处调节）。

注：当安装扭簧时，预压下 20 mm，模拟弓头静态作用于接触线时的状态。

g. 自动降弓装置按以下步骤操作：
- 安装关闭阀、快速降弓阀和 ADD 试验阀。
- 调整受电弓的总升弓高度 3 000 mm（包括绝缘子）。

# 任务三　CRH380B 型系列动车组受电弓维护与检修

【任务描述】

（1）了解 CX 型主动控制单滑板受电弓的结构原理；

（2）掌握 CX 型主动控制单滑板受电弓运输、储存、安装、检查及维护方法；

（3）掌握 CX 型主动控制单滑板受电弓故障处理方法及注意事项。

【相关知识】

## 一、CX 型主动控制单滑板受电弓概述

列车在变压器车顶二位端安装了两个相同的受电弓从接触网采集单相交流电。每个受电弓配备了一个压缩空气驱动的自动升降装置，可进行受电弓升降控制，图 2-14 所示是 CX 型主动控制单滑板受电弓的结构。

接触网提供 AC 25 kV 电压，该电压通过受电弓采集。由于高压线路（称为"车顶线"）连接 CRH380B 动车组的两个牵引单元，正常操作中只需要升一个受电弓，受电弓由压缩空气驱动。此外，气动滑板监测系统（自动高速降落装置）可确保在滑板磨损或断裂时通过断开 EMERGENCY OFF（紧急停车）回路来使受电弓降落。

受电弓设计为单臂受电弓，气动系统阻尼器位于底座上，底座固定在支持绝缘子上。受电弓配有气动自动降落装置，它在滑板断裂时使受电弓降落[还将断开 EMERGENCY OFF（紧急停车）回路]。若滑板断裂时压缩空气逸散，受电弓的风箱驱动器将通过快速降弓阀排风，

同时主断路器将被断开，防止因电弧而损坏。

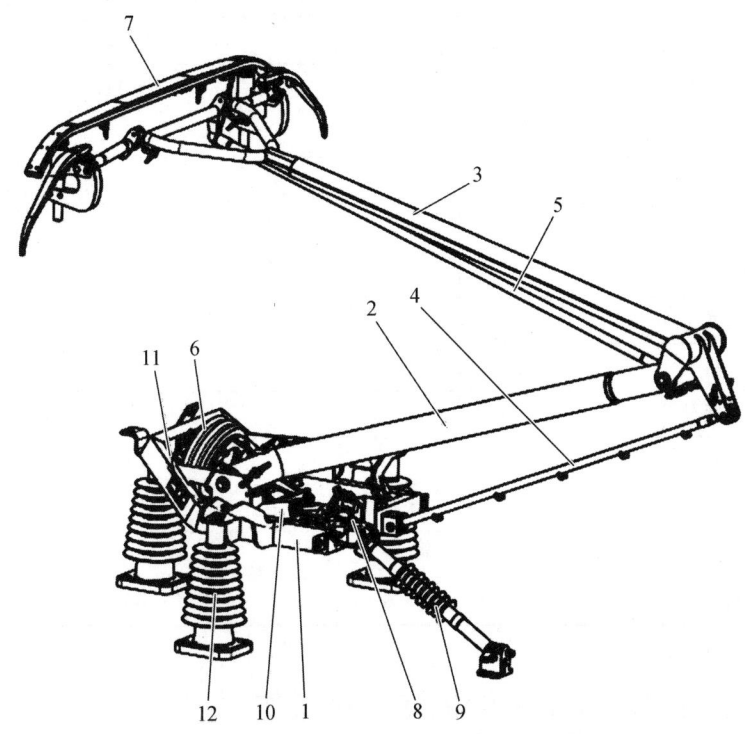

图 2-14　CX 型主动控制单滑板受电弓的结构

1—底架；2—下臂；3—上臂；4—下拉杆；5—上拉杆；6—升弓气囊；7—碳滑板；8—自动降弓装置；
9—APIM 装置；10—减振器；11—铭牌；12—绝缘子

受电弓的所有功能都由各自相关的阀控制模块执行和监测，升弓通过起动按钮连接至阀控制模块的气动管中的电磁阀实现。升弓时间使用气动供给管中的扼流圈设置，受电弓的降弓时间和静接触力及自动降落装置的压力开关在阀控制面板上设置。阀控制模块的压缩空气由 MR 管道供应，此外，辅助压缩机还用于在低 MR 压力时供列车升弓使用。

受电弓的主要技术参数如表 2-3 所示。

表 2-3　受电弓主要技术参数

| 额定频率/Hz | 50 |
| --- | --- |
| 额定电压/kV | 25 |
| 静止时额定电流/A | 120 |
| 牵引运行时最大电流/A | 1 000 |
| 弓头长度/mm | 1 950±10 |
| 接触网距轨面高度/mm | 5 300～6 500 |
| 总静态力/N | 70±10 |
| 碳滑板工作长度/mm | 1 250 |
| 滑板材料 | 碳合金 |
| 滑板安装螺母 | M6 |

续表

| 支撑绝缘子高度/mm | ≥400 |
|---|---|
| 质量/kg | ~151 |
| 结构形式 | 单臂式 |
| 驱动机构形式 | 压缩空气升降机构 |
| 受流器头外形尺寸 | 根据 EN 50367 |
| 受流器头的宽度/mm | 1 950 |
| 接触带的宽度/mm | 1 250 |
| 接触带的材料 | 碳 |
| 运行高度（距轨面）/mm | 最小 4 950 最大 6 500 |
| 与接触线的接触力（静态）/N | 40~120（可调） |
| 运行速度/（km/h） | 运行速度：300；试验速度：330；单次试验运行：350 |
| 额定电流（牵引工况）/A | 700 |
| 额定电流（静止工况）/A | 60 |

## 二、CX 型主动控制单滑板受电弓工作原理

CRH380BL 型动车组安装了 4 个相同的受电弓采用双弓受流，其他备用，两台工作的受电弓之间距离满足接触网过分相区的要求，如图 2-15 所示为受电弓升降弓控制原理。

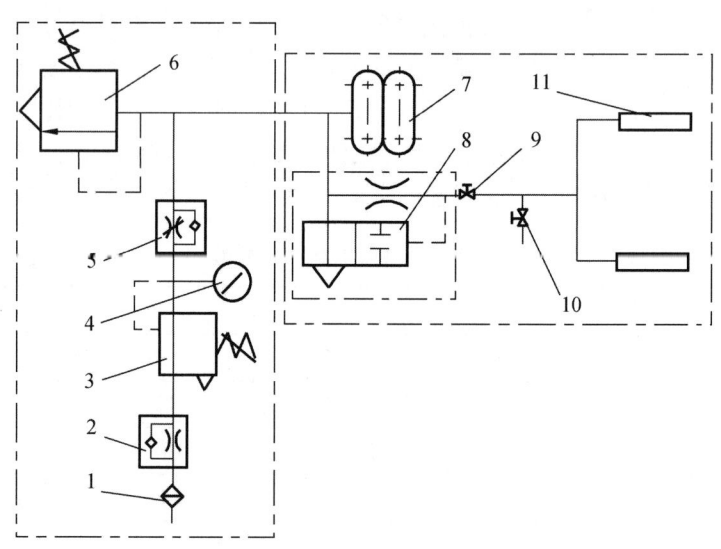

图 2-15 受电弓升降弓控制原理

1—空气过滤器；2—单向调速阀（升弓）；3—调压阀；4—气压表；5—单向调速阀（降弓）；6—稳压阀；7—气囊；8—气控快排阀；9—截止阀；10—试验阀；11—碳滑板（2 件）

受电弓是由气囊组成的气动平衡系统控制，该气囊的压力空气由气动控制单元提供。在压力空气作用下气囊产生扭矩，通过凸轮及弹性连接轴作用在下臂的铰链处，从而使受电弓

根据设定速度升弓。通过气动控制单元调整压缩空气的压力，在该压力作用下不断改变受电弓的升弓高度，使弓头和接触线之间保持一定的接触力。如果压力空气供应中断或者低压电源供应发生故障，受电弓会自动降弓，降弓的控制方式是随着气囊内的压力空气排空后由重力作用自动实现。

升弓过程是受电弓的升弓动作信号由驾驶室通过激活主供风阀来实现，此阀提供的过滤压缩空气通过压力调节器进入受电弓气囊。大约 8 s 之后，受电弓上升到接触网高度，同时压力继续上升，直到它达到需要的静态接触力的要求。

受电弓的动态特性取决于与减振阻尼连接的两级悬挂，此系统能够保证高质量的受流性能。第一级悬挂由气囊完成功能，气动调节系统应确保保持气囊的压力恒定并与受电弓的升弓高度无关。第二级悬挂由弓头弹簧实现功能。降弓命令由控制室内通过释放主供气阀而发出，通过该命令将气囊内的压力空气排出，受电弓开始向下移动，直至其完全降弓。

## 三、CX 型主动控制单滑板受电弓工作方式

当动车组运行时，一个独立高压系统的两个受电弓中的一个用于采集单相交流电，为了实现这个目的，两个受电弓（动车组的两个牵引单元）通过车顶电缆连接，在运行过程中，两个受电弓的任何一个都具有相同的性能。

CRH380BL 型动车组，在整列动车组运行时，升起两个受电弓，每个高压系统一个，确保两受电弓保持 200 m 或更长的距离。

在正常模式，单相交流电由动车组中优先使用的受电弓收集。在发生故障的情况下，就会要求以另外一种配置工作，这样就要限制列车的最高运行速度。只有在设有相应接触网的连续轨道上进行测量之后，才能确定故障情况下允许的最大速度。

为了避免在运行时列车头部受空气涡流的负面影响，受电弓被布置在离两端车头足够远的位置处，靠近端车的受电弓被布置在变压器车的车顶部位，方向与列车车头方向相反。

【复习思考题】

1. 试述高速动车组受电弓的性能要求。
2. 简述 DSA250 型受电弓的结构及参数。
3. 试阐述 DSA250 型受电弓的工作原理。
4. 试述 DSA250 型受电弓维护时应该注意的事项。
5. 试述 DSA250 型受电弓的装配调试方法及注意事项。
6. 试述受电弓电路故障与气路故障的判断方法。
7. 试阐述受电弓电路故障与气路故障的处理方法。
8. 试述什么情况下受电弓碳滑板要更换及更换要求。
9. 试述运行途中受电弓机械故障的处理。
10. 试述受电弓不能正常升起的原因。
11. 试述 CRH380BL 型动车组运行时，对受电弓有什么要求。
12. 试述 CX 型主动控制单滑板爱电弓升弓过程。

# 项目三　动车组牵引变压器维护与检修

## 【项目描述】

通过本项目学习，了解电力变压器的结构原理、发热及冷却，掌握动车组牵引变压器的组成及作用，动车组牵引变压器运用与维护方法。

## 【知识目标】

（1）掌握动车组 ATM9 型牵引变压器的基本工作原理；
（2）掌握动车组 ATM9 型牵引变压器的结构及参数；
（3）掌握动车组 ATM9 型牵引变压器冷却系统的结构及工作原理。

## 【能力目标】

（1）掌握动车组 ATM9 型变压器的拆卸、移动及安装方法；
（2）掌握动车组 ATM9 型变压器常规维护及检修项目的处理方法；
（3）掌握动车组 ATM9 型变压器常见故障排查及处理方法。

## 【情景分析】

案例 1：在监视主菜单页面下方闪现故障提示界面，并伴有声音报警。触按"故障详细"键后，故障显示页面显示"主变压器油泵停止"。

故障原因：

（1）油泵控制 NFB 断开。

（2）油泵故障。

故障处理：

（1）机械师闭合油泵控制 NFB 开关。

（2）如未恢复，司机通过 MON 切除故障动力单元，闭合 ACK2。

保护装置动作时，依据表 3-1 调查原因。

详细记录故障发生时的运行状况、各种继电器的动作状况和其他机器的异常情况，对于分析原因会有较大帮助。

表 3-1 故障原因分析

| 保护装置名 | 动作确认 | 原因 |
|---|---|---|
| 温度继电器 | 油温度升高到 135 ℃ 以上时 MTThR 动作，闸门断开 | 1. 过负荷；<br>2. 油冷却器堵塞；<br>3. 送风机故障；<br>4. 温度继电器自身故障 |
| 油流继电器 | 循环油量减小到大约 120 L/min 以下时 MTOFR 动作，闸门断开 | 1. 油泵故障；<br>2. 漏油导致吸入空气；<br>3. 异常低温造成循环油量不足；<br>4. 油泵电源电路故障；<br>5. 油流继电器自身故障 |
| 自复位型卸压阀 | 变压器内部压力升高 0.1 MPa 以上时，油或分解气体喷出 | 1. 内部异常过热；<br>2. 内部放电；<br>3. 呼吸管堵塞；<br>4. 外部短路冲击 |

# 任务一  电力变压器的基本原理

## 【任务描述】

（1）掌握电力变压器的基本结构和原理；
（2）掌握电力变压器发热的原因及冷却方式。

## 【相关知识】

### 一、电力变压器的结构及基本原理

变压器是一种电磁能量转换器，由绕在共同铁心上的两个或两个以上绕组通过交变磁场联系着，由一个线圈作为原绕组，将电源输入的电能变为铁心的磁能，然后再由其他一个或两个线圈作为副绕组，将铁心的磁能除去铁心的损耗以后变为电能输出到负载上去。

变压器输出的电能其电压、电流的频率与电源的频率一样。一般电流量变大则电压量变小，反之也如此，变换倍数基本相等。

变压器的工作原理是以电磁感应定律为基础，即

$$e = -W \frac{\mathrm{d}\Phi}{\mathrm{d}t}$$

式中  $e$ ——感应电势；
  $W$ ——线圈匝数；
  $\Phi$ ——主磁通。

当原边电压有效值 $U_1$ 一定时,只要改变原/副边绕组匝数比时,就可以得到不同的副边电压有效值 $U_2$,变压器负载运行时,原副边电流的大小与绕组匝数成反比。变压器负载运行时匝数多的高压绕组中电流小,匝数少的低压绕组中的电流大。由此说明变压器不仅可以改变电压也可以改变电流。

电力变压器一般是由铁心、绕组、油箱、绝缘套管和冷却系统等主要部分组成。铁心和绕组是变压器进行电磁能量转换的有效部分,称为变压器的器身。油箱是油浸式变压器的外壳,箱内灌满了变压器油,变压器油起绝缘和散热作用。绝缘套管是将变压器内部的高、低压引线引到油箱的外部,不但作为引线对地的绝缘,而且担负着固定引线的作用。

### 1. 铁　心

铁心是变压器的磁路,为提高变压器磁路的磁导率,铁心材料采用高导磁性能的硅钢片,为减少交变磁通在铁心中引起的涡流损耗,铁心通常用 0.28~0.35 mm 相互绝缘的硅钢片叠成。铁心分为铁心柱和铁轭两部分。铁心柱上套绕组,铁轭将铁心柱连接起来,使之成为闭合磁路。

变压器铁心的基本结构有两种,一种叫芯片铁心,一种叫壳式铁心。由于芯式变压器结构比壳式简单,且绕组与铁心间的绝缘易处理,故电力变压器铁心一般都制造成芯片铁心。

三相芯式变压器有三相三柱式和三相五柱式两种。三相三柱式是将 A、B、C 三相的 3 个绕组分别放在 3 个铁心柱上,3 个铁心柱与上下两个磁轭共同构成磁回路。三相五柱式与三相三柱式比较,它在铁心柱两头多了两个分支铁心,称为旁轭,旁轭上没有绕组。随着电力变压器单台容量的不断增大,其体积也相应地增大,与运输的高度限制发生矛盾,解决的办法之一是采用三相五柱式铁心。它能将变压器的上下铁轭高度几乎各减去一半,即整个变压器降低了一个铁轭的高度,而降低后铁轭中的磁通密度仍保持原值。

在大容量变压器中,为节省材料和充分利用空间,铁心柱的截面一般做成一个外接圆的多级阶梯形。随着变压器容量的不断增大,铁心柱的直径也随着增大,阶梯的级数也随着增加。为了使铁心中发出的热量被绝缘油在循环中充分地带走,以达到良好的冷却效果,除铁心的截面做成阶梯形外,铁心上还设有散热沟(油道),散热沟的方向与硅钢片平行,也可垂直。

### 2. 绕　组

绕组是变压器的电路部分,由铜或铝的导线绕成,电力变压器的高低绕组在铁心柱上按同心圆筒的方式套装,在一般情况下,总是将低压绕组放在里面靠近铁心处,以利于绝缘,把高压绕组放在外面,高、低压绕组间以及低压绕组与铁心柱之间留有绝缘间隙和散热通道。

按其结构不同,绕组可分为圆筒式、螺旋式、连续式、内屏蔽式等形式。为了减少大型电力变压器在采用多股导线并绕时所产生的附加损耗,绕组往往需要做换位处理,通常采用换位导线。所谓换位导线,就是将多股分散的并绕导线,在绕制前,先按照一定的规律,360°连续地进行换位。在应用时,把换位导线当作一根导线来绕制。换位导线被广泛用于大容量电力变压器。

为了使绕组有效地散热,绕组设有散热油道。在双绕组变压器强迫油循环导向冷却系统中,压力油在高、低压绕组之间有各自的流通路线,绕组中有纵向和横向油道,压力油在油箱中按指定的导向有规律地定向流动，保证所有低温冷却油流过油道，把热带走，使绕组得到有效的冷却，所以冷却效果比较理想。因此，目前大型变压器几乎都采用这种强迫导向冷却的方式。

### 3. 油　箱

油箱是油浸式变压器的外壳，是用钢板焊成的，器身就放置在油箱内。按变压器容量的大小，油箱结构上有吊器身式和吊箱壳式两种。由于大容量变压器体积和质量大，都毫无例外地做成吊箱壳式，这种箱壳犹如一只钟罩，又称钟罩式油箱。当器身需要检修时，吊去外面钟罩形状的箱壳，即上节油箱，器身便全部暴露在外，可进行检修。显然，在检修时吊箱壳式比吊器身式容易得多，不需要特别重型的起重设备。

吊箱壳式变压器由上节油箱（钟罩式箱壳）、下节油箱、器身组成。箱壳上装有储油柜（又称油枕）。油浸式变压器的油箱内充满了变压器油，变压器油既起冷却作用，又起绝缘作用。油中含杂质或水分将降低油的绝缘性能，故要求盛在油箱内的变压器油最好不与外界空气接触，为此需将油箱盖紧，但当油温变化时，油的体积会膨胀或收缩，因而引起油面升高或降低，对小型变压器，一般采用预留空间的办法，即箱壳内的油不充满到箱盖，但对大、中型变压器，如仍用小型变压器预留空间的办法，则因其油箱截面积较大，油面将与空气大面积地接触，使油质变坏，尤其是大、中型电力变压器的高压侧，电压较高，当油的绝缘强度下降时，会立即威胁变压器的安全运行，采用储油柜可解决这个问题。

储油柜又称油枕，或油膨胀器，通过气体继电器的连通管与箱壳连通，其上部装一个呼吸器，正常时，储油柜中一半是油，一半是空气，箱壳内总是充满变压器油，当油受热膨胀后，储油柜的油面上升，上半部的空气通过呼吸器排到外面大气中去；当冷却时，油面下降，外部空气通过呼吸器的管子又进入储油柜，油面随温度的变化而自由升降，油与空气的接触面始终是储油柜的截面，减少了油与空气的接触面，呼吸器的下端装有能够吸收水分和杂质的物质，此外，储油柜上装有全密封式带磁性的油位指示器，变压器装设了储油柜后，还有利于装设气体继电器（亦称瓦斯继电器），当变压器任何一部分因过热而使绝缘损坏，产生某些气体分解物时，气体继电器发出信号；当变压器内部发生严重故障时，有大量气体突然产生，气体继电器接通断路器的跳闸回路，将变压器切除。为防止变压器油因氧化而变质，大型变压器在储油柜上接氮气袋，贮存氮气，进行充氮保护和空气隔离。

### 4. 绝缘结构和绝缘套管

变压器的绝缘分主绝缘和纵向绝缘两大部分。主绝缘是指绕组对地之间/相间和同一相而不同电压等级的绕组之间的绝缘；纵向绝缘是指同一电压等级的一个绕组，其不同部位之间，例如层间、匝间、绕组对静电屏之间的绝缘。主绝缘应承受工频试验电压和全波冲击试验电压的作用，因此，主绝缘结构应保证在相应电压等级试验作用下，具有足够的绝缘强度并保持一定的余度。

变压器内部的主绝缘结构主要为油-隔板绝缘结构，目前广泛采用薄纸筒小油隙结构。绕组之间设置多层厚度一般为 3~4 mm 的纸筒。铁心包括心柱和铁轭是接地的，靠近心柱的绕组与心柱之间为绕组对地的主绝缘，用绝缘纸板围着圆柱形的铁心构成，根据电压的高低决定纸板的张数。纸筒的外径与绕组的内径之间，用撑条垫开，以形成一定厚度的油隙绝缘。

电压较高时可以采用纸筒-撑条重复使用的办法构成。油隙同时又是绕组与心柱之间、不同电压的绕组与绕组之间的散热油道。

每相绕组的上、下两端，绕组与上部的钢压板、下部铁轭，存在着绕组端部的主绝缘，又称铁轭绝缘，采用纸圈-垫块交叉地放置数层构成。为改善绕组端部电场的分布，在 110 kV 以上的绕组端部，都放置静电屏。同一相不同电压的绕组之间或不同相的各电压绕组之间的主绝缘，采用薄纸筒小油隙结构，这种结构具有击穿电压值高的优点。最外层的绕组与油箱之间的主绝缘，电压在 110 kV 及以下时依靠绝缘油的厚度为主绝缘；电压在 220 kV 及以上时，增加纸板围屏来加强对地之间的主绝缘。

变压器的绝缘套管将变压器内部的高、低压引线引到油箱的外部，不但作为引线接地的绝缘，而且担负着固定引线的作用。40 kV 及以下电压级的变压器绝缘套管一般以瓷质或主要以瓷质作为对地绝缘，它由瓷套、导电杆和一些零部件组成，特点是结构简单。

## 二、变压器的发热与冷却

### 1. 变压器的发热

变压器本身在能量传递过程中都存在能量损失，主要有：铁心损失，绕组的铜损，其他损失。这些损失表现为变压器本身的温度升高，变压器的温度升高对变压器的运行有很重要的影响。最主要的是对绝缘材料的影响，过高的温度将使绝缘材料破坏而失去绝缘能力，使变压器产生故障而停止运行，其次减短它的使用寿命，温度升高将增大绕组的电阻，使铜损增加，电能损失加大。

大型变压器容量相应增加，尽管采用冷轧硅钢片减少铁心的磁滞损耗，采用精炼大截面铜导线减小电阻以减小铜损，但随着容量的增加，其损耗也相应增加。现代大型变压器的体积和外表面都力求不要太大，以免造成运输上的困难，这样必须对不同容量的变压器采取不同结构和方式的冷却，才会将变压器的温升控制在一定允许的范围内。

### 2. 铁心和绕组的冷却

随着变压器容量越来越大，散热容量也相应增大，如果对不同容量的变压器都采用相似的结构和冷却方式的话，变压器的温升就会太高而不能正常运行或降低其使用寿命。所以对变压器仅依靠自然冷却方式就不能满足要求了，必须对变压器采用更好的冷却方式，通常采用的方式有：

（1）强迫风冷。

在变压器的散热器上加冷却风扇，一个或多个视变压器的容量而定，使流过散热器中油的热量尽快散失到周围空气中去，以达到降低变压器温升的目的。

（2）强迫油循环风冷。

在变压器的散热器进、出管道的一侧加装油泵使油在冷却器和变压器中循环流动，同时在散热器上加装冷却风扇，使流动的油中的热量在风扇的作用下尽快地散失到周围空气中，以降低变压器的温升，虽然其在结构上比强迫风冷要复杂一些，但冷却效果要好得多，因为强迫油循环比自然油循环散热要快得多，大容量变压器一般均采用此种方式冷却。

（3）强迫油循环水冷。

与第二种冷却方式所不同的是让循环的热油流过通有流动的冷水的冷却器，通过热油流和冷水的相对流动进行热交换，把热量用水带走，众所周知，水的冷却效果要比空气冷却效果强许多倍。

为了配合上述冷却方式，在铁心和绕组方面都采取了相应的冷却措施：

在铁心方面，在铁心切片时，铁心的形状要考虑散热和减少涡流损失，在铁心叠片组装时留出轴向和纵向的油道以使油能有最佳的冷却效果。

在绕组方面，不管采用何种绕法都要设计有一定的油路，为了便于散热，不同容量的变压器采用不同的绕制方法，如连接绕法、交叠绕法、饼间、层间、段间、相间都留有一定间隙的油道以便使油在其中流动。

通常采用的强迫油循环冷却的油流大部分通过箱壁和绕组之间的空隙，只有少量的油流过线圈和铁心，这样在变压器内部温度分布不均匀，冷却效果不好，为了进一步改进，所以又采用了强迫油循环导向冷却，这种冷却方式使油在变压器内部沿着一定方向流入线圈和铁心中所设的一定油路，然后再流入冷却器中冷却，这样就可以带走铁心和线圈中产生的大量热量，提高了散热效率。

# 任务二　CRH2/CRH380A 型动车组牵引变压器维护与检修

## 【任务描述】

（1）掌握 ATM9 型牵引变压器的性能参数；
（2）掌握 ATM9 型牵引变压器的结构原理；
（3）掌握 ATM9 型牵引变压器维护与检修方法。

## 【相关知识】

### 一、CRH2/CRH380A 型动车组变压器概述

CRH2/CRH380A 系列动车组采用 ATM9 型系列主变压器，其工作原理与普通电力变压器相同。但由于动车组变压器工作条件的特殊性，ATM9 型变压器采用单壳式、无压密封方式，根据动车组编组方式，全列车配置多台变压器。每台变压器和 2 个牵引变流器、8 台牵引电机构成一个基本牵引动力单元。

CRH2 动车组在 2 号车和 6 号车下各设有一个牵引变压器（长编组安装在 2、6、10、14 车车下）。CRH380A 型动车组主变压器吊装在 2、4、6 车车下（长编组安装在 2、4、6、8、10、12、14 车车下），牵引变压器通过螺栓悬挂于车体下，在网压变化范围内，牵引变压器输出电压、电流及功率满足列车牵引和再生制动要求。具有 1 个原边绕组（25 kV，

3 060 kV·A），2 个牵引绕组（1 500 V，2×1 285 kV·A），1 个辅助绕组（400 V，490 kV·A），采用铝线圈、轻量耐热材料。

外形尺寸（$L×W×H$）为 2 570 mm×2 300 mm×835 mm，质量 2 860 kg，效率大于 95%。

冷却采用强迫油循环风冷方式，除用温度继电器、油流指示器实施状态监控外，还采用金属波纹管存油器，避免外气与油的直接接触，防止油质老化，冷却油采用难燃性硅油。

牵引绕组为两个独立线圈，每 1 线圈均连接到 1 台牵引变流器上，确保牵引绕组的高电抗、疏耦合性，具有可使牵引变流器稳定运行的特性。另外，为了增加每组牵引绕组的容量，原边绕组采用两组并联结构的绕组。

ATM9 型牵引变压器具有以下主要特点：

（1）具有坚固的机械结构、耐机械振动和冲击。

（2）采用特制低损耗硅钢片，降低了变压器的涡流损耗。

（3）体积小、质量轻。

① 变压器采用壳式铁心，其油箱紧包变压器铁心及线圈，使得变压器内部结构紧凑，减少了变压器的尺寸及质量。

② 原边、牵引线圈采用铝质线圈（CRH380A 型动车组的牵引线圈采用铜质线圈）。

③ 电磁线电密度大，用量小。

④ 取消了牵引线组滤波电抗器。

（4）牵引绕组。

① 各牵引绕组的电抗相等，以保证牵引绕组侧并联的 PWM 整流器的负荷平衡。

② 牵引绕组侧各绕组的电抗比较高，从而达到抑制牵引绕组电流纹波、控制开关器件的关断电流以及抑制网测谐波电流的要求。

③ 牵引绕组侧励磁电抗应尽量小。

④ 牵引绕组侧各绕组之间采用去耦结构，避免当各绕组之间干扰很强时，牵引绕组电流波形紊乱而严重影响开关器件的关侧断电流及网侧谐波电流的抑制。

⑤ 牵引绕组为 2 个独立绕组，每个绕组与 1 台牵引变流器连接，确保牵引绕组的高电抗和弱耦合，两个牵引绕组与各自的高压线圈耦合，相互影响很小，牵引变换装置具有稳定运行的特性。另外，为对应于每个牵引绕组的增容，原边配置了 2 个并联的线圈。

（5）绝缘性能。变压器采用特 A 及绝缘，绝缘等级高。

（6）冷却性能。

① 冷却绝缘介质采用无色透明的合成油——硅油，为二甲基聚硅氧烷结构，不含任何添加物、悬浮物等有害物质，具有较好的环保性能。

② 冷却介质的最高温度可达 135 °C，大大提高了油浸变压器的温升限值。

③ 冷却系统中油冷却器采用铝制板翅式结构，质量轻、体积小，空气阻力损耗与油的阻力损耗低，散热量大。

## 二、ATM9 系列主变压器的构造

CRH2/CRH380A 采用 ATM9 型系列牵引变压器，用来把接触网上取得的 25 kV 高压电变换为供给牵引变流器及其他电器工作所适合的电压,其工作原理与普通电力变压器相同。

ATM9型牵引变压器外部结构如图3-1所示。储油柜安装在牵引变压器中央部位,和主机油箱通过连接孔输送绝缘油。波纹管采用圆形不锈钢焊接结构,外侧存放油,内侧与大气相通。

图 3-1　ATM9 型牵引变压器实物图

1—热油出油管输入油冷却器；2—电动油泵；3—油冷却器；4—热油吸入油管；5—变压器绕组；
6—冷却风入口；7—油冷却器散热片及热风出口；8—油流继电器；
9—温度继电器；10—原边线路侧套管；11—接线端子

1. 铁　心

ATM9型牵引变压器采用壳式铁心,其特点是铁轭不仅包围线圈的顶面和底面,而且还包围线圈的侧面。硅钢片采用低损耗硅钢片,降低了变压器的铁损。

为防止产生悬浮电位造成对地放电,安装时铁心及其他所有金属构件都必须可靠接地。整个铁心只允许一点接地。如果有两点或两点以上接地,则接地点之间可能形成闭合回路,造成铁心局部过热。

2. 绕　组

绕组是牵引变压器最关键的部件,为了保证变压器运行可靠,变压器绕组必须具有足够的电气强度、耐热强度、机械强度和良好的散热条件,使变压器既能在额定条件下长期使用,又能经受住过渡过程(如短路、雷击、操作等)所产生的过电压、过电流以及相应的电磁力作用,不致发生绝缘击穿、过热、变形或损坏。

ATM9型牵引变压器一次高压绕组、二次牵引绕组采用了铝制线圈,三次辅助绕组采用了铜制线圈,技术参数如表3-2所示。

表 3-2　牵引变压器线圈主要技术参数

| 参数 | 一次高压绕组 | 二次牵引绕组 | 三次辅助绕组 |
| --- | --- | --- | --- |
| 总匝数 | 1 000 1/2 | 60×2 | 16 |
| 材质 | 铝 | 铝 | 铜 |
| 导线绝缘 | 聚氨酸绝缘纸 | | |
| 导体质量/kg | 146 | 159 | 61 |

3. 绝缘与引线装置

油浸式变压器的内部绝缘分为主绝缘和纵绝缘两类。主绝缘是指绕组(或引线)对地及对其他绕组（或引线）之间的绝缘；纵绝缘则指同一绕组不同部位之间的绝缘。绝缘结构尺寸，特别是主绝缘尺寸将直接影响变压器的质量和外形尺寸，以及阻抗电压、损耗等性能数据。

图 3-2 为牵引变压器线圈接线图，其中 TR1、TR2 是牵引线圈，HV1、HV2 是原边线圈，AUX 是辅助线圈。

线圈阻抗电压如表 3-3 所示。

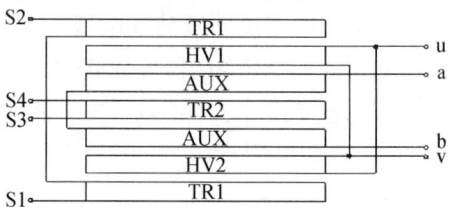

图 3-2　牵引变压器线圈接线图

表 3-3　线圈阻抗电压

| 短路绕组线圈 | 阻抗电压/% | |
|---|---|---|
| | 设计值 | 实测值 |
| S1-S2 | 21.4 | 21.16 |
| S3-S4 | 21.4 | 21.87 |
| S1-S4 | — | 17.09 |
| a-b | — | 5.44 |

牵引变压器原边线路侧套管选用一体型耐热环氧树脂注塑成型套管，套管连接到相邻的高压设备箱内的断路器上。牵引变压器采用特殊 A 级绝缘，线圈内部使用聚酰胺绝缘纸板及 Nomex410 纸绝缘，冷却介质的最高温度可达 135 ℃，大大提高了变压器的温升限值。

**4. 油　箱**

油箱是油浸式牵引变压器的外壳，变压器的器身就放在充满冷却油的油箱内，油箱必须满足以下要求：

（1）在保证内部必要的绝缘距离条件下，尽可能减小体积，节约用油。

（2）具有必要的真空强度，以便在检修时能利用油箱进行真空干燥。

（3）油箱外部各种附件的布置便于安装和维护。

变压器的器身放在充满冷却油的油箱中，油箱分为上油箱和下油箱。下油箱安装变压器的器身，上油箱可以安装储油柜，还装有温度继电器。油箱上壁装有压力释放阀，以便迅速排出油箱内过高的压力。另外，在箱壁还开有冷却系统的进出口管道，油冷却器安装在箱壁上。油箱上装有油管，用于接通油路。ATM9 型牵引变压器油箱为适形结构，紧包铁心及线圈，结构紧凑，尺寸及质量小。

油箱壁上装有绕组出线用的绝缘套管，另外还设有与车体固定用的安装座。

**5. 保护装置**

为了保证变压器能够正常工作，并在出现故障时防止变压器事故的扩大，ATM9 型牵引变压器设置了以下保护装置：

（1）温度继电器。

温度继电器用于监测牵引变压器的油温，在油温超过设定值时输出报警信号。报警温度设定为（135±2.5）℃，高于此值时触电闭合，车辆上的指示灯点亮。

（2）油流继电器。

油流继电器用于监测牵引变压器运行中的油流量，油流量异常时，输出故障信号。

（3）金属波纹管式储油柜。

储油柜又称油枕，安装在箱盖的上方。牵引变压器储油柜的油量满足变压器在高温持续运行时，油压不超过设定值。

ATM9型牵引变压器的储油柜采用金属波纹管式储油柜，波纹管是由多个（层数按规格）薄钢板冲压成形的环经内外圆周交互焊接而成，是具有伸缩性的蛇腹状管结构。

管的一端用钢板密封，另一端设有通气孔，并焊接到储油柜缸体的钢板上。缸体套在波纹管外周，两部件之间油密焊接。波纹管外侧和缸体内侧之间存放绝缘油，此空间与牵引变压器油箱连通。波纹管内侧通过空气配管与大气连通。

储油柜安装在牵引变压器上部，通过波纹管伸缩来吸收绝缘油因温度变化引起的体积变化，使牵引变压器内部保持大气压力。

（4）自复位型压力释放阀。

变压器运行时，可能因短路而产生过高的热量使冷却油迅速气化，变压器内部压力升高。为防止变压器事故扩大，造成油箱薄弱环节破裂和变形，安装了压力释放阀。本压力释放阀采用连杆和弹簧组成的自复位结构，当主机内部异常，导致压力过高时，自动卸压；当压力降低到安全值时，自动关闭压力释放阀外罩，避免不必要的油损失。

### 6. 冷却系统

牵引变压器运行中产生的所有损耗将转变为热量，使各部件的温度升高，当牵引变压器温升超过规定的限值，将加速绝缘老化甚至损坏，直接影响牵引变压器的使用寿命。因此，牵引变压器必须具有相应的散热能力。

ATM9型牵引变压器在保证内部散热能力良好的同时，其外部冷却采用了油循环风冷却方式。冷却系统完成变压器的散热，冷却回路如图3-3所示。

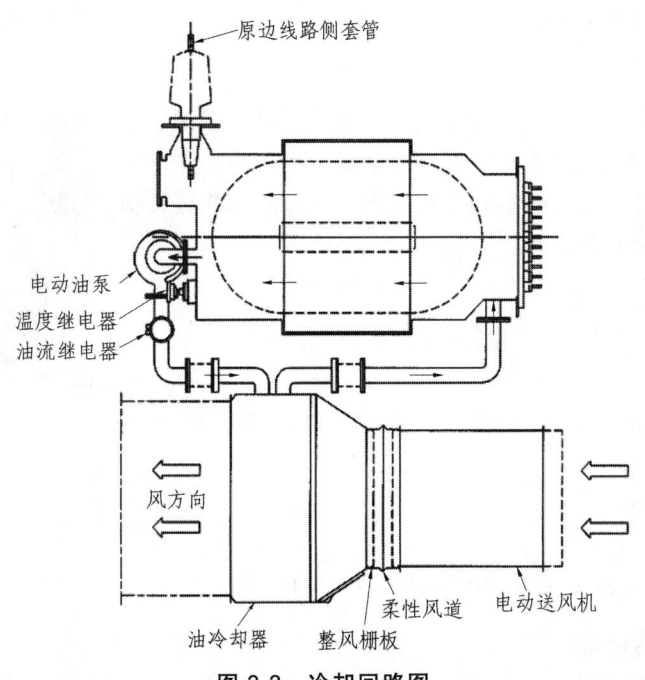

图3-3 冷却回路图

牵引变压器冷却系统主要由油冷却器、电动油泵、电动送风机等部件组成。

电动送风机从车辆侧面吸入冷却风，经柔性风道内的整风栅板送往油冷却器，热交换后的空气从进气风道对面的排气风道排出，绝缘油在油冷却器冷却后被送往变压器。油在流经绕组表面和铁心侧面时吸收热量，吸收热量后的油经电动送油泵再次送往油冷却器进行热交换。

冷却油按以上所述不停地在变压器内部循环，当循环因油泵故障等停止时，则绕组将过热、甚至烧损。为此，在循环回路的某部分安装油流继电器，进行油流停止检测。

（1）油冷却器的总体结构如图 3-4 所示。油冷却器选用整体铝制油冷却器，采用铝制波纹（corrugated）翅片。虽然翅片间距和形状都做了防止堵塞处理，但堵塞仍不可避免，进而导致冷却性能降低。为此，油冷却器的风道部侧面需要开设清扫（检查）口，以便于堵塞时的检查和清扫。

（2）电动油泵。

电动油泵总体结构如图 3-5 所示，选用轴向空隙型电动油泵。油泵的泵和电动机采用一体构造，任何一侧均能浸润硅油，因此轴承可直接使用硅油润滑。

图 3-4　油冷却器

图 3-5　电动油泵总体

（3）电动送风机。

电动送风机的总体结构如图 3-6 所示。电动送风机采用单相鼠笼型感应电动机和送风机直连构造，可在牵引变压器的油冷却器的旁边，通过防振橡胶衬垫吊在车体下部。送风机为 2 段轴流型，为应对车辆低地板化，可进一步缩小体积。

图 3-6　电动送风机

## 三、ATM9 型主变压器的技术规格

该变压器采用单相、壳式、无压密封方式，主要技术参数如下：

### 1. 通用规格

环境温度：

-25 ~ +40 ℃（但是应考虑因车体盖板结构所产生的温度上升 10 K）。

### 2. 原边电压变动范围

标称公称接触网电压：25 kV；

原边电压变动范围：17.5~31 kV。

3. 性　能

(1) 线圈结构：2次2绕组，3次1绕组。
(2) 方式：单相、壳式、无压密封方式。
(3) 冷却方式：油循环风冷方式（KDAF）。
(4) 额定值：如表3-4所示。
(5) 绝缘级别：如表3-5所示。
(6) 绝缘类别：特殊A类绝缘（使用聚酰胺绝缘纸）。
(7) 最高温升：如表3-6所示。

表3-4　额定参数

| 绕　组 | 原　边 | 牵　引 | 辅　助 |
|---|---|---|---|
| 容量/kV·A | 3 060 | 2 570 | 490 |
| 电压/V | 25 000 | 1 500 | 400 |
| 电流/A | 122 | 857×2 | 1 225 |
| 频率/Hz | 50 | | |
| 阻抗电压/mH（1~2次） | 1.195 | | |
| 效率 | 大于95% | | |
| 额定类别 | 连续额定 | | |

表3-5　绝缘级别

| 绕组 | 原边线路侧 | 原边接地侧 | 牵引 | 辅助 |
|---|---|---|---|---|
| 感应耐电压 | 42 kV×10 min | — | — | — |
| 工频耐电压 | — | 2.5 kV | 5.4 kV | 2.9 kV |
| 雷击耐电压 | 全波：150 kV<br>截断波：170 kV | — | — | — |

表3-6　最高温升

| 测量部位 | 测量方法 | 温度上升极限 | 工频温度上升极限 |
|---|---|---|---|
| 绕组 | 电阻法 | 125 K | 115 K |
| 油 | 温度计法 | 80 K | 75 K |
| 标准环境温度 | 25 ℃ | | |

在实际带负载运行时，由于牵引变流器产生的谐波电流成分会使牵引变压器内部的损失增大，所以在使用工频电源进行温升试验时的温升上限应在上述数值以下。

(8) 绝缘油的类别：硅油。
(9) 辅助设备电源规格：
电动鼓风机，三相、50 Hz、400 V、115 m³/min；

电动油泵，三相、50 Hz、400 V、700 L/min、7 m 油柱。

（10）外形尺寸与质量：

外形尺寸为（$L×W×H$）2 570 mm×2 300 mm×835 mm；

总质量仅为 2 910 kg（包括电动鼓风机）。

## 四、ATM9 型主变压器检修及测试

**1. 一般注意事项**

维护和检查作业具有一定的危险性，实施前必须认真确认情况，以确保人员、机器的安全。特别是在检查带电部时，必须事先切断电路，并通过地线将残留电荷释放干净。

**2. 检查时期和实施项目**

变压器常规检查项目、判定基准、异常处置等项目如表 3-7 所示。

表 3-7　常规检查项目

| 编号 | 检查项目 | 判定基准 | 异常处置 | 检查时期 | | | |
|---|---|---|---|---|---|---|---|
| | | | | 作 | 换 | 全 | 特 |
| 1 | 外观检查<br>部件有无损伤、漏油 | 无异常 | 修理损伤、漏油部位 | ○ | ○ | ○ | |
| 2 | 卸压阀有无动作痕迹、有无漏油 | 无异常 | 存在动作痕迹时调查详细原因 | ○ | ○ | ○ | |
| 3 | 油泵、送风机回转时有无异常声音、异常振动<br>存在异常声音时，使用声波探测器等确认声源 | 无异常，与同编组的其他变压器进行比较 | 检查紧固部分有无松动、轴承有无损伤等，查明原因后实施相应的处置 | | | ○ | |
| 4 | 电动送风机金属网过滤器和整风栅板的污物附着状态和清扫情况 | 检查金属网过滤器和整风栅板的污物附着状态 | 换班检查时打开侧面塞板的外罩，检查金属网过滤器和整风栅板的污物附着状态。每 2~3 个换班检查时清扫 1 次。温度继电器动作时进行清扫 | 检查○ | 清扫○ | 清扫○ | |
| 5 | 油冷却器堵塞检查和清扫情况 | 油冷却器入风口前面积堵塞 10%~20% | 换班检查时通过冷却器的清扫（检查）口检查堵塞状态。全面检查时必须进行清扫。温度继电器动作时进行清扫 | 检查○ | 清扫○ | 清扫○ | |
| 6 | 橡胶护套、保护外罩密封圈等有无老化、龟裂 | 无异常 | 更换 | | | ○ | |
| 7 | 测量介质损耗角正切；用逆西林电桥进行以下测定：原边—牵引/辅助/接地间；牵引—原边/辅助/接地间；辅助—原边/牵引/接地间。同时记录油温 | 超过 1%时需加以注意，并积累数据，用以观察变化趋势 | 结合绝缘电阻进行研究。怀疑绝缘已经劣化时，实施油分析等详细调查 | | | ○ | |

续表

| 编号 | 检查项目 | 判定基准 | 异常处置 | 检查时期 | | | |
|---|---|---|---|---|---|---|---|
| | | | | 作 | 换 | 全 | 特 |
| 8 | 测定绝缘电阻：<br>主电路使用 1 000 V 兆欧表进行测定；<br>辅助回转机和继电器电路使用 500 V 兆欧表进行测定。同时记录油温、湿度 | 须在下述值以上：<br>原边—接地间 25 MΩ；<br>牵引—接地间 0.5 MΩ；<br>辅助—接地间 0.3 MΩ；<br>原边—牵引间 25 MΩ；<br>原边—辅助间 25 MΩ；<br>牵引—辅助间 0.5 MΩ；<br>辅助旋转机、继电器电路—接地间 0.3 MΩ | 检查套管、端子板、端子台、配线有无污损闪络。怀疑变压器内部存在异常时，实施油分析等详细调查 | | | ○ | |
| 9 | 工频耐压试验：<br>（1）原边—牵引/辅助/接地间 2 500 V×1 min<br>（2）牵引—接地间 5 400 V×1 min<br>（3）辅助—接地间 2 900 V×1 min<br>（4）泵电路接地间 1 000 V×1 min | 绝缘无破坏 | 更换变压器；<br>调查原因，实施对策 | | | ○ | ○ |
| 10 | 感应耐压试验。<br>原边接地侧端子接地，向牵引绕组施加电压，然后使原边线路端感应出以下电压：<br>150 Hz 时：38 kV×7 min、或 42 kV×3 min；<br>200 Hz 时：38 kV×5 min、或 42 kV×2.5 min | 绝缘无破坏 | 更换变压器<br><br>调查原因，实施对策 | | | ○ | ○ |
| 11 | 绝缘油耐压试验和油分析。耐压试验依据 JISC 2101 实施。水分测定依据 JISK0068 实施。其他分析分别依据规定的方法实施 | 绝缘破坏电压在 30（kV/2.5 mm）以上，含有水分量 60×10⁻⁶ 以下 | | | | | ○ |

注：作＝作业检查；换＝换班检查；全＝全面检查；特＝发生异常情况时的特别检查。检查时期可以根据实际运行情况进行适当修改。

### 3．金属网过滤器的清扫方法

电动送风机送出冷却风时从吸入口吸入的污物将会进入冷却装置中，从而导致油冷却器热交换能力降低。为过滤污物，安装了拆装方便的金属网过滤器。过滤器附着污物时，按图3-7所示的要领进行清扫，具体步骤如下：

（1）取下位于电动送风机侧面的车体侧塞板。

（2）松开卡紧在电动送风机法兰上的3个固定圈卡爪，然后取出金属网过滤器。

（3）用尼龙刷或真空吸尘器清扫过滤器。

（4）按照上述步骤的反过程安装过滤器。

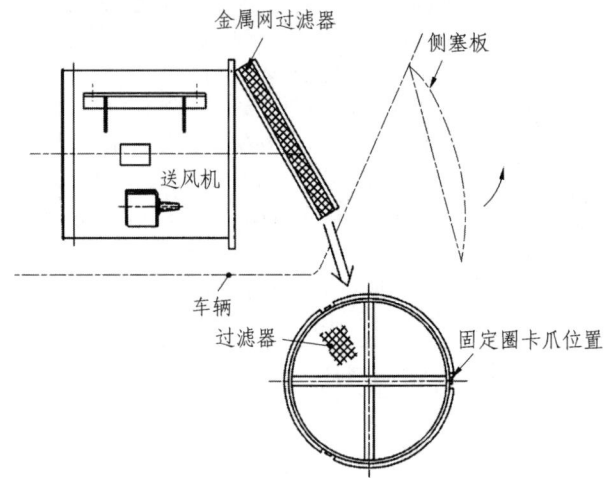

图 3-7　金属网过滤器清扫方法

### 4. 温度继电器的更换方法

更换温度继电器时无须抽干变压器主机的绝缘油。温度继电器发生故障或进行检查时依据图 3-8 所示的方法拆卸。

（1）移开橡胶线夹，卸下引线（螺栓为 M4）。

（2）用扳手夹紧锁紧螺母，然后松开定位螺母。

（3）用手握住温度计指示部，然后松开锁紧螺母，拔出感温部分，注意拉拔力不要太大。安装步骤与上述步骤正好相反。注意不要使感温部承受太大的弯曲、扭曲应力。

### 5. 油冷却器的清扫方法

虽然电动送风机吸入口安装了金属网过滤器，但是长时间使用后，油冷却器入风口侧的翅片部仍会积存通过过滤器的污物，进而造成堵塞。油冷却器积存污物时，按图 3-9 所示的要领进行清扫。

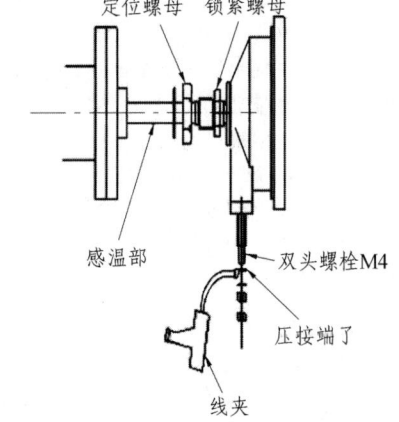

图 3-8　温度继电器更换方法

（1）卸下翼型螺栓，打开油冷却器风道上的清扫（检查）口，检查冷却器入风口侧翅片部的堵塞状态。

（2）松开柔性风道的紧固带（一触式紧固带），横向按压软管蛇腹部分，取下柔性风道和整风栅板。用螺丝刀等松开固定杆，拆下一触式紧固带。

（3）用尼龙刷或真空吸尘器清扫冷却器入风口侧翅片部积存的污物。

（4）从冷却器风出口侧送入压缩空气，吹散污物。

（5）清扫完毕后重新安装整风栅板和柔性风道，将固定杆插入适当的定位孔，以使一触式紧固带保持一定的张力。注意防止夹伤手指。

项目三　动车组牵引变压器维护与检修

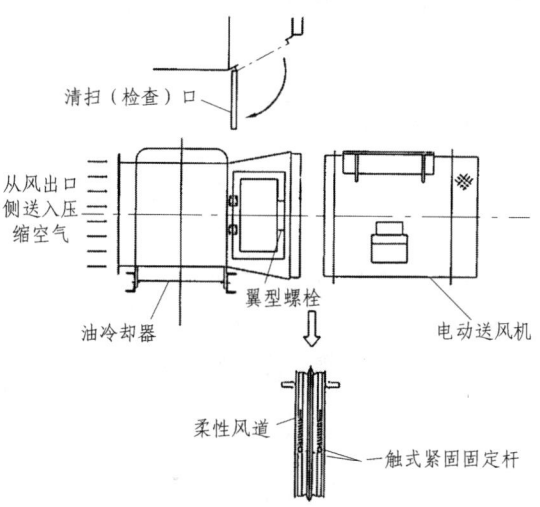

图 3-9　油冷却器清扫方法

### 6. 修补涂装以及更换周期

修补涂装选用耐热性涂料,例如耐高温聚氨酯#2500等,为防范故障于未然,原则上各部件应定期更换。推荐标准更换周期和更换期限如表3-8所示。

表 3-8　更换周期和更换期限

| 部件名 | 更换周期 | 更换期限 |
| --- | --- | --- |
| 温度继电器 | 10 年 | / |
| 油流继电器 | 10 年 | / |
| 电动油泵 | 轴承为 10 年 | 声音异常时更换 |
| 电动送风机 | 轴承为 3 年 | 声音异常时更换 |
| 阀门类 | 根据检查结果确定 | 漏油时更换 |
| 密封圈类 | 10 年 | 漏油时更换 |
| 绝缘油 | 根据检查结果确定 | 低于维护基准值时更换 |

### 7. 吊装注意事项

（1）牵引变压器起吊：将专用 MH 吊钩固定到变压器吊装部，然后起吊，如图3-10所示。
（2）牵引变压器落地：为防止损伤冷却装置等，落地前在变压器主机下部放置支撑台。

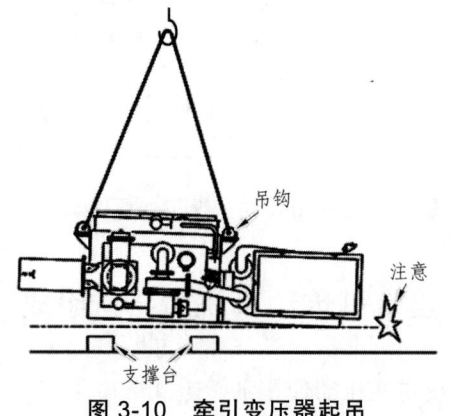

图 3-10　牵引变压器起吊

# 任务三　CRH5 型动车组牵引变压器维护与检修

## 【任务描述】

1. 掌握 CRH5 型动车组牵引变压器的性能参数；
2. 掌握 CRH5 型动车组牵引变压器的结构原理；
3. 掌握 CRH5 型动车组牵引变压器维护与检修方法。

## 【相关知识】

### 一、CRH5 型动车组牵引系统概述

CRH5 型动车组由中车长春轨道客车股份有限公司（联合阿尔斯通）生产，原型是阿尔斯通为芬兰国铁提供的 SM3 型。编组形式：8 辆编组，可两编组连挂运行动力配置：（3M+1T）+（2M+2T）。车种：一等车、二等车、酒吧坐车。8 辆编组定员（人）：622（包括一个残疾人座席）。客室布置：一等车 2+2、二等车 2+3。

与原有 CRH2 型动车组的最大区别是，CRH5 型动车组的动力系统更为强大，起动牵引力更大，加速性能更好。如果路段达到要求，该车在 1 min 内就能将速度从静止加速到 200 km/h，可与高性能的跑车相媲美。

CRH5 型动车组牵引系统使用交-直-交传动方式，主要由受电弓、主断路器、牵引变压器、牵引变流器及牵引电机组成。

受电弓通过电网接入 25 kV 的高压交流电，输送给牵引变压器，降压成 1 770 V 的交流电。降压后的交流电再输入牵引变流器，逆变成电压和频率均可控制的三相交流电，输送给牵引电机牵引整个列车，牵引传动系统工作原理示意图如图 3-11 所示。

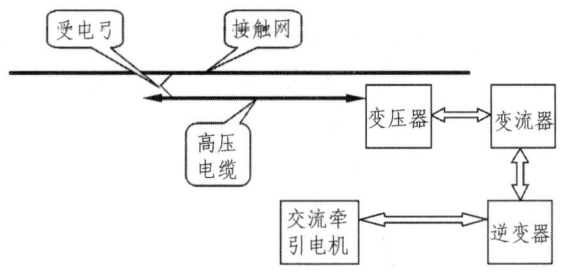

图 3-11　牵引传动系统工作原理示意图

### 二、CRH5 型动车组牵引传动系统的结构组成

CRH5 型动车组牵引系统主变压器使用油冷方式，牵引变流器使用成熟的 IGBT 技术。

异步牵引电机的功率为 550 kW，采用体悬方式，由万向轴传递牵引力，图 3-12 是动力安排方式。

图 3-12　CRH5 动车组动力安排方式

动车组有两个相对独立的主牵引系统，每个牵引单元配备一个完整的集电、牵引及辅助系统，以实现所需的牵引和辅助电路冗余，其中一个单元由 3 辆动车加 1 辆拖车构成（M-M-T-M），另一个单元由 2 辆动车加 2 辆拖车构成（T-T-M-M）。动车组编组及动力设备的配置如图 3-13 所示。

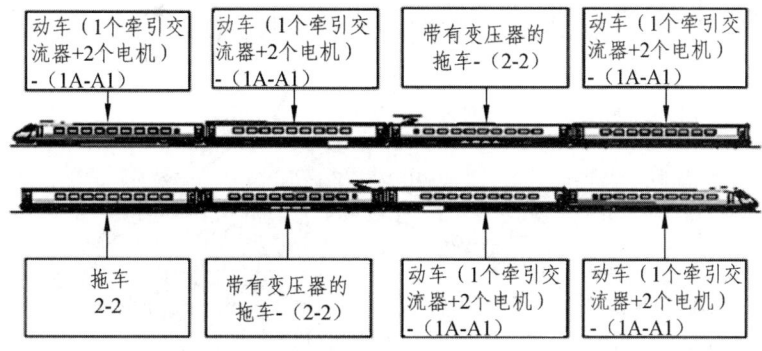

图 3-13　牵引设备的布置

每个动力单元带有一个主变压器和受电弓。在正常运行中，每列车只启用 1 个受电弓。每个牵引动力单元的牵引设备都由下列设备组成：

（1）一个高压单元，带受电弓和保护装置。

（2）一个主变压器。

（3）3 套或 3 套 IGBT 水冷技术的主牵引套件。

4 台或 6 台异步牵引电机，底架悬挂，最大设计负载 550 kW（轮缘处功率）。由于每台电机是由一个独立的牵引逆变器驱动的，在同一车辆内轮对间轮径差最大为 15 mm 的情况下，无须减小负载。每节动车装有两台牵引电机。

正常情况下，两个牵引系统均工作，当一个牵引系统发生故障时，可以自动切断故障源，继续运行。

## 三、CRH5 型动车组牵引变压器的结构、技术参数及控制方法

### 1．概　述

牵引变压器是动车组的重要组成部分，由受电弓接收的能量通过主断路器供给牵引变压器的初级绕组，将电压改变为 1 770 V 交流电，供给辅助设施电路和负责全列车直流电驱动电气设备管理的电路及牵引电机。

整个变压器含网侧高压套管共有 14 个接线端子，总质量 7 000 kg，最大外形尺寸为 4 124 mm×2 465 mm×685 mm，牵引变压器（TT）安装在 Tp 和 Tpb 车的底架上，如图 3-14 是安装在 Tp 车的 CRH5 牵引变压器。

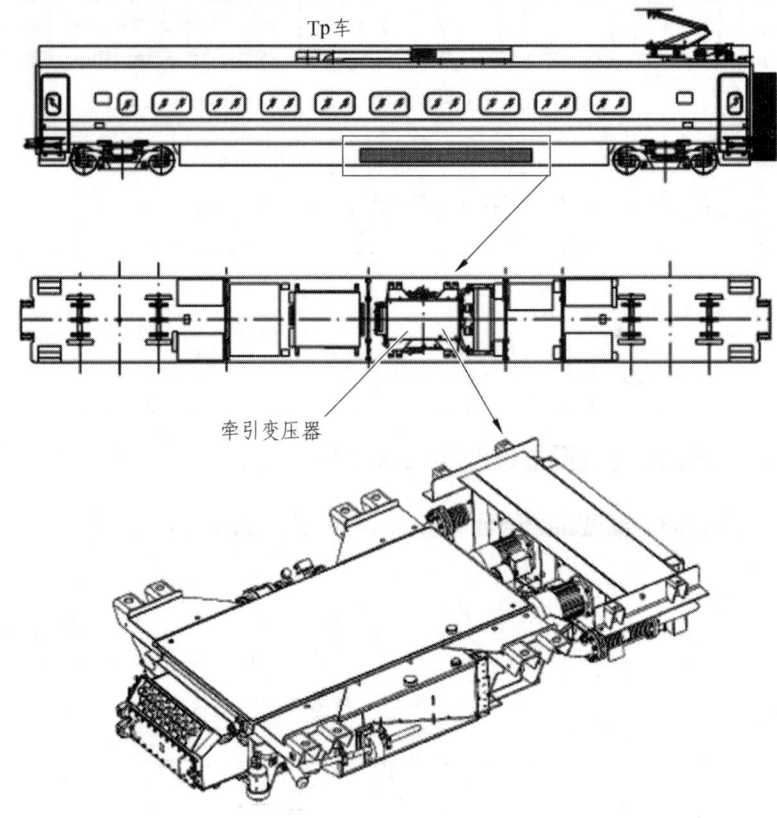

图 3-14　CRH5 牵引变压器

牵引变压器（TT）为配有 6 个次级绕组的单相变压器，用于降低电压以使其适于驱动设备。每个牵引/辅助变流器均由牵引变压器（TT）的 2 个次级绕组馈电。安装在牵引变压器（TT）上的主要组件如下：

硅胶通气装置；
630 A 套管；
初级绕组电流传感器；
油枕；
油位指示器；
油流指示器（每个油泵一个），用以指示冷却油的流动；
温度计；
油泵，用以循环冷却油；
护线罩；
风机电机，用以冷却变压器油；
冷却器；
钢制油箱；

除上述装置以外,牵引变压器还包括:4个测温探头,用以检测变压器油温;1个过压阀;3个油位传感器,用以安全地操作保护逻辑电路。

牵引变压器(TT)通过强制油循环进行冷却。当油流经膨胀油箱时,油-空气热交换器(冷却器)可对其进行冷却。油-空气热交换器是牵引变压器的组成部件。

### 2．牵引变压器的结构

变压器采用心式卧放结构。内部结构主要由铁心、线圈构成的器身和引线等组成,外部结构主要由油箱及储油柜、冷却系统、组件等几部分组成。

（1）内部结构。

磁路为芯式结构,由两个芯柱旁轭及两个矩形铁轭组成,采用冷轧晶粒取向硅钢片叠积而成,片间有耐热的绝缘涂层。芯柱采用多级近似圆形的截面,外接圆直径200 cm,有效截面面积 $288.84\ cm^2$。为了适应卧式安装的要求,上下铁轭硅钢片冲孔并用穿心螺杆紧固,芯柱使用苯乙烯塑料绑带绑扎,使之成为一个结实的刚体,图 3-15 是铁心叠积图,图 3-16 是铁心装配图。

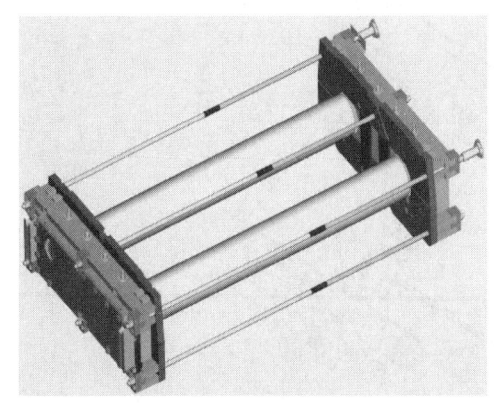

图 3-15 铁心叠积图

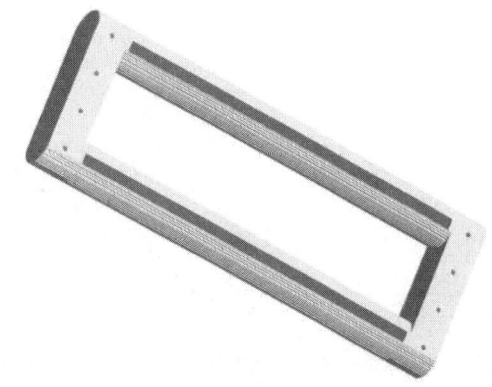

图 3-16 铁心装配图

本地牵引控制(CLT)通过断开断路器(DJ),使牵引变压器与接触网电路隔离,初级绕组回流点在变压器外部提供,回流路径通过 Tp 和 Tpb 车的 2 个转向架上的 2 条接线实现。

线圈为层式结构,A 级绝缘等级,线圈有两柱,每柱有 2 段绕组,每段绕组都有由高压绕组、滤波绕组和牵引绕组组成的线饼,每个牵引绕组中都有它自身对应的高压绕组,每个变压器共有 4 段绕组。从里到外的顺序为:牵引绕组、滤波绕组及高压绕组。

线圈的绝缘部分由板材制成。每个绕组带有轴向的同心油道,这些油道用于优化冷却效果。绕组的定位是通过准确的端环来保证的,这样可以减少轴向短路作用力。为满足高阻抗的要求,线圈采用分裂式结构,所有线圈之间均采用退耦布置,4 个牵引绕组分别对应 4 个高压绕组,如图 3-17 是绕组布置图。

6 个独立的高压线圈分别与各自的牵引线圈耦合,实现了 6 个牵引线圈相互退耦,降低了绕组间的相互影响。

引线结构紧凑,如图 3-18 所示,顶部出线,占用空间少,引线采用铜排和圆铜棒,导体焊接采用含银材料。引线支架采用强度高的层压木板。原边高压引线采用 T 形头结构。二次接线端子采用接线端子结构,安装在变压器侧壁上。

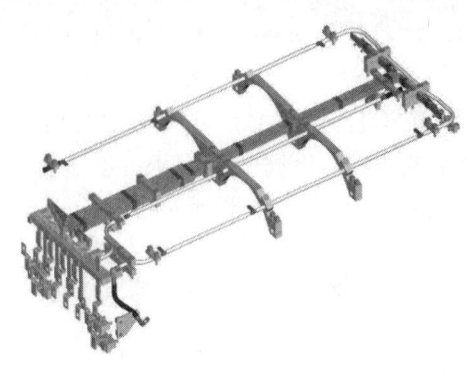

图 3-17　绕组布置图

图 3-18　引线布置

（2）外部结构。

外部结构主要包括油箱及储油柜，主变压器采用车体下安装形式。它是一个钢制的焊接油箱。油箱在真空充油过程中能够承受一定压力，图 3-19 是牵引变压器外部结构示意图。

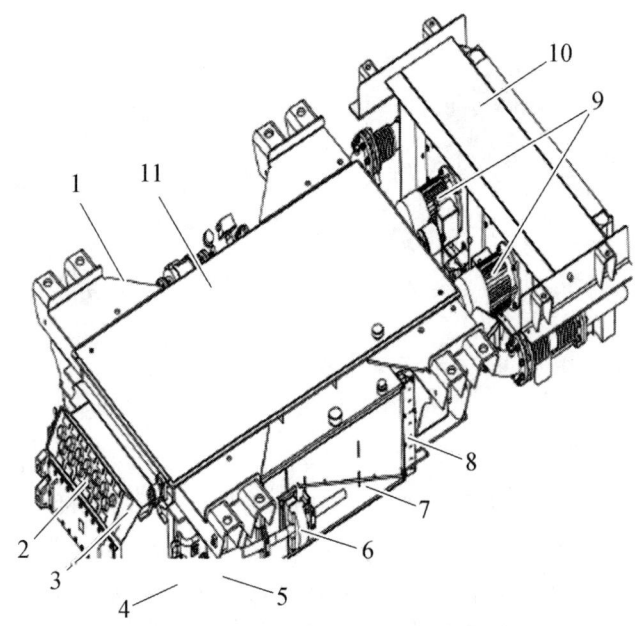

图 3-19　牵引变压器外部结构示意图

1—牵引变压器；2—高压套管；3—避雷器；4—硅胶通气装置；5—630 A 套管；
6—初级绕组电流传感器；7—油枕；8—油位指示器；9—风机电机；
10—冷却器；11—钢制油箱

① 冷却系统。

图 3-20 给出了牵引变压器的冷却油循环系统。

该冷却系统包括安装在油箱上的 2 个油泵和冷却器系统。油借助 2 个油泵经过冷却器循环。冷却器系统包括散热器和 2 台风机电机。风机电机用以使强制风经过散热器循环。每个系统的额定气流流速为 2.04 kg/s。

冷却系统特性（每个冷却器）如下：

型号：KDAF；
风机数量：2；
油泵数量：2；
耗散功率：360 kW；
气流量：5.83 kg/s；
进气口温度：45 ℃；
排气口温度：108.5 ℃。

② 风机电机。

参见图 3-20，2 台风机电机安装在底架上紧邻变压器的位置，用以对油进行冷却。风机电机设计为可以高速和低速运行。当车组处于运行状态时，采用高速运行。当车组处于长时间停车状态时，采用低速运行。

每台风机电机的特性：

电源电压：400 V AC 50 Hz 三相；

电源电压变化及容差：根据标准，在额定电压±10%范围内；

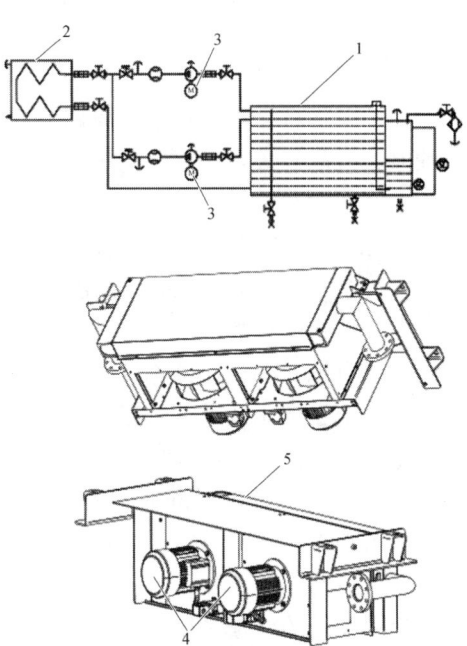

图 3-20 牵引变压器的冷却油循环系统
1—变压器；2—冷却器；3—油泵；
4—风机电机；5—散热器

电源电压失真：≤10%；
运行速度：2 900 L/min；
输入功率：2×8.6 kW；
速度：2 930 / 1 450 r/min；
每台电机的功耗：8.2 / 2.2 kW。

③ 油泵电机。

参见图 3-21，在 Tp 和 Tpb 车的牵引变压器上安装有 2 台油泵电机。泵与电机组成一个整体单元。此单元用来将油在牵引变压器中循环，实现冷却和绝缘。油的最高允许温度为 115 ℃。

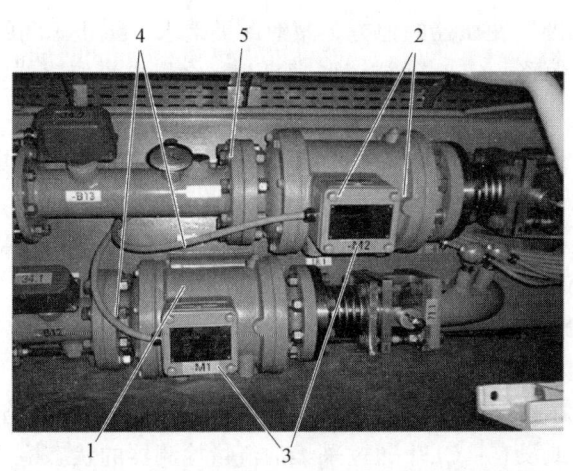

图 3-21 油泵电机
1—油泵电机；2—螺栓；3—端子盒盖；4—电缆；5—螺栓

泵出的油流经电机护罩，由此电机所生成的热量被油耗散。电机隔间也充有相同的油。牵引变压器油泵电机的电源来自高压箱。

在油泵运行之前，油泵、管路和冷却器中必须充油。在启动时应检查油泵的转动方向。若油泵长时间存放在潮湿环境中，必须检查绕组对构架的绝缘电阻。在以下情况下对此单元充油前必须对绕组进行干燥：

- 绝缘电阻低于 30 MΩ（使用 500 V 兆欧表，在 25 ℃ 的绕组温度下）。
- 绝缘电阻低于 1 MΩ（使用 500 V 兆欧表，在 75 ℃ 的绕组温度下）。

油泵电机的性能参数如下：

电源电压：400 V AC 50 Hz 三相；

电源电压变化及容差：额定电压 ± 10%；

电源电压失真：≤10%；

油流量：2 × 750 L/min；

输入功率（在 60 ℃ 下）：2 × 3.3 kW；

④ 保护方案。

牵引变压器保护系统由电子设备启动，并由专门的传感器监测牵引变压器运行情况。本地牵引控制（CLT）负责对监测中所检测到的保护进行干预确认。

由 CLT 设备确定对以下所列事件（要求从接触网线电路隔离切换变压器）提供保护。该请求经 MVB 传送至 TCMS，将启动变压器隔离开关。

- 初级绕组过载或短路。
- 初级绕组电流传感器（TAP）故障。
- 初级绕组的隔离损耗。
- 冷却电路过压。
- 冷却油循环不足或没有。
- 冷却油过热。
- 冷却油位过低。
- 隔离开关和接触器的诊断：TCMS 在 DJ 开路后对 DJ1 断开可使"变压器切断"请求被激活。在安装有"切断"变压器的地方，激活此类请求可防止车辆的 DJ 闭合。
- 初级绕组过载或短路：CLT 通过读取来自初级绕组电流传感器（TAP）的信号来检测此情况。
- 初级绕组电流传感器（TAP）故障：CLT 通过读取来自初级绕组电流传感器（TAP）的信号来检测此情况。
- 初级绕组隔离损耗（差动保护）：此保护通过比较来自 TAP 和 TAP1 的均方根值信号来实现。如果 TAP 与 TAP1 信号之间的差值大于设定阈值（50 A）且持续超过 2 s，CLT 将使 TCMS 通过 MVB 将断路器 DJ 和 DJ1 断开。
- 冷却电路过压：将由一个专用阀门检测保护冷却电路防止油过压的情况。过压由气体的突然释放引起，当变压器绕组放电，或存在电气保护检测不到的短路时，将出现这种情况。
- 冷却油循环不足或没有：CLT 通过采集油流量检测器的状态检测此情况。在变压器冷却电路中安装有 2 个检测器。当变压器接通且 2 个检测器均切换其输出触点时，在 30 s 延时后检测被确认。

• 冷却油过热：在每台变压器上安装有 4 台冗余的热探头 PT100，用以测量冷却油的温度。每个 CLT 会采集此温度的 2 个信号，如果这 2 个温度值中有 1 个达到第 1 阈值，且相应的探头未破坏，则将故障状况检测为"冷却油过热"。如果油温达到第 1 阈值，CLT 设备将让相应的牵引驱动器通过 TCMS 降低牵引功率。其目的是避免油温达到第 2 或更高的阈值，那样会导致变压器与高压电路断路。

• 冷却油位过低：CLT 通过采集各油位检测器的状态来检测此情况。在变压器冷却电路中安装有 3 个检测器。

第 1 个油位检测器提示"油位预报警"。其他油位检测器则提示油量实质不足，需要将变压器与高压电路断开。

当变压器接通且其他 2 个检测器均切换其输出触点时，在 30 s 延时后检测被确认。如果 2 个检测器不一致，则在第 1 个油位检测器激活预报警的条件下，保护将被激活。

• 隔离开关和接触器的诊断：CLT 通过采集相应开关或接触器的辅助触点的状态检测这些状况。

### 3．牵引变压器的特点和技术参数

（1）变压器的特点：

① 采用轻量化技术，实现大容量、小型化、低质量。
② 安装方式采用了车体地板下吊挂式安装的卧式扁平结构。
③ 储油柜侧面放置以降低变压器高度。
④ 耐机械冲击，能承受水平方向 3g、横向 2g、垂直方向 1g 的冲击加速度。
⑤ 整体绝缘水平为 F 级。
⑥ 高阻抗使变压器内部的空间磁场很强，结构件使用了大量的无磁、绝缘材料。
⑦ 线圈导线采用 Nomex 纸绝缘，耐热等级高，机械强度大。
⑧ 绕组结构采用全分裂结构，以满足电磁耦合要求。
⑨ 冷却方式为强迫导向油循环风冷。
⑩ 冷却媒质采用了具有高燃点的 Ester 脂油。

（2）主要技术参数。

CRH5 型动车组牵引变压器主要技术参数如表 3-9 所示。

表 3-9 牵引变压器主要技术参数

| 参数 | 高压绕组 | 牵引绕组 |
| --- | --- | --- |
| 额定容量/kV·A | 5 262 | 8 776 |
| 额定电压/V | 25 000 | 1 770×6 |
| 额定电流/A | 210 | 495×6 |
| 施加的工频耐电压/kV | 13 | 13 |
| 端子号 | HV<br>N | TR11-TR12　TR21-TR22　TR31-TR32<br>TR41-TR42　TR51-TR52　TR61-TR62 |
| 直流电阻（150 ℃） | 3.02 Ω | 6 × 55.08 mΩ |
| 原边对次边牵引绕组 | 47%+10% | |
| 负载总损耗（150 ℃） | 250 kW | |

续表

| 参数 | 高压绕组 | 牵引绕组 |
|---|---|---|
| 最大外形尺寸 | 4 124 mm×2 465 mm×685 mm | |
| 线圈类型 | 层式 | |
| 油质量 | 850 kg | |
| 总质量 | 7 000 kg | |
| 相关标准 | IEC60310 | |
| 储油柜位置 | 与油箱在一起 | |

## 四、CRH5型动车组牵引变压器的运用与维护

变压器在安装前，要检查空气干燥器里有没有油，如果发现空气干燥器里没油，应当更换硅胶。变压器与车体的安装通过8个螺栓连接。

CRH5型动车组牵引变压器绝缘等级为F级，使用耐热等级高的脂油，设计使用环境温度为 –25~+45 ℃，可以在 –40~+80 ℃的温度下储存，但不应当把充满油的变压器露天存放。变压器储存场地必须干燥，必须用塑料布把变压器罩起来。每年，必须按IEC 61099标准要求分析所用变压器油。

油位探测器利用光纤来检测膨胀油箱中的最低油位。如果油位变得太低，则油位探测器就显得多余了。这时就会自动断电，直到再把它与电源连接起来。

油位计位于储油柜上。该指示计用来显示油平面的高度，它可以显示最低和最高油面位置，通过观察上面对应温度的印记即可了解。变压器要100%地加满油，直至储油柜相应温度

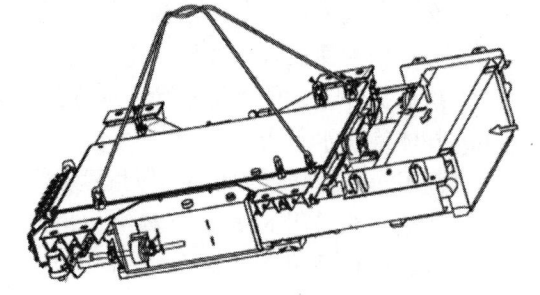

图3-22 变压器的调运

下的刻度。在最低温度为 –20 ℃，最高温度为+120 ℃时，油位计显示必须能够被看清。

起吊变压器只能使用专用的吊装工具按图3-22所示要求进行起吊，不得利用箱盖吊起整个变压器。在起吊变压器时要注意有无散热器，因为两者的起吊部位是不一样的。

在正常工作期间，每次接通变压器之后都要用油位探测器来检查一下油位。如果列车及变压器较长时间不使用，则这种检查油位的工作应至少6个月进行一次。正常情况下油位必须和油位上的相应温度刻度相同。为了保证检查结果真实，应使变压器保持水平。如果油位低于其相应温度刻度，就应当对变压器进行检查并向变压器里加油。但如果油位探测器检测到油位太低，绕组可能低于实际油位而不在真空状态下，此时需判断清楚方可补油。

第一次试运行之后3个月要进行第一次取油样工作，以后年年如此。在取油样时应使用干净和干燥的容器，这些容器内不得有清洁液的残留物。在取油样之前应清扫一次变压器上的排油阀。取样时需排出数升油。取油后取样容器也要用油涮一涮。油样必须避光。盛油瓶必须完全充满油。可用暗色玻璃制成的玻璃瓶，带有磨砂玻璃塞。

# 项目三 动车组牵引变压器维护与检修

空气干燥器大致要每 3 个月检查一次硅胶的颜色变化。当有一半以上的硅胶变成无色的（被水饱和），就应该更换它们。饱和硅胶在 130～160 ℃ 条件下可以被烤干。虽然经上述处理的硅胶可以再用，但这种干燥方法对同一硅胶不得使用太多的次数。

对于散热器和油泵应检查有无漏油及异音。每隔一周应检查并清扫散热器散热片间的灰尘及异物。

## （一）清洗牵引变压器冷却器

（1）打开车辆底架上的侧导流罩，以接触到牵引变压器和冷却器。
（2）清洗喷头的方向必须与冷却器翅片平行，以免将其损坏。
（3）参见图 3-23 中使用湿法清洗步骤对冷却器的清洗：
① 清理进气口和排气口，以实现空气的自由流通。
② 使用蒸汽喷射设备或热水喷头清洗冷却器。
③ 在最小 100 mm 的距离处以直角向冷却设备表面喷水。
④ 水喷头必须被散开到至少 20 mm。
⑤ 须从侧面握住喷管，从最高点向最低点喷水。

注：含有污染物的油或脂可以使用蒸汽或热水喷头清洗掉；须确保蒸汽喷射设备的最大压力不高于 50 Pa。

（4）关闭车辆底架上牵引变压器的侧导流罩。

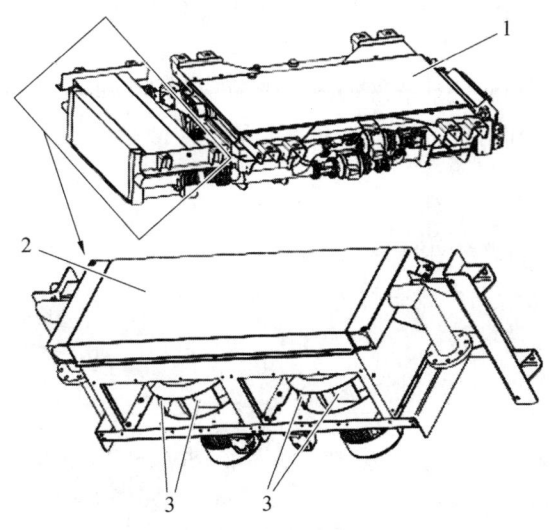

**图 3-23 牵引变压器的冷却器**

1—牵引变压器；2—冷却器；3—冷却器翅片

## （二）牵引变压器的常规检查和清洁

参见 CRH5 动车组中 Tp 和 Tpb 车底架上的牵引变压器；打开车辆底架上的侧导流罩，以接触到牵引变压器。

## 1. 高压套管

（1）参见图 3-24 中的高压套管。

（2）旋松并拆下 M16 螺钉，将预装配电缆和连接器与高压套管断开。

（3）使用洁净的干布和清洗剂清洗高压套管和连接器的表面。

（4）检查高压套管和连接器的完整性及有无破损。

（5）检查高压套管和连接器有无过热迹象和漏油。

（6）如果锥体表面破损，则应更换高压套管。

## 2. DIN 低压套管和中性点套管

（1）参见图 3-25 中的 DIN 低压套管和中性点套管。

（2）旋松并拆卸螺钉，以拆下人孔盖。

（3）检查与 DIN 低压套管的电缆连接的完整性及有无破损。如有必要，应将其紧固至 30 N·m 的力矩。

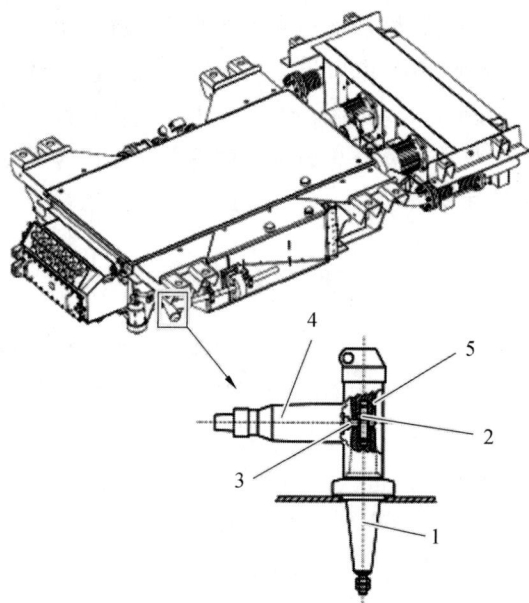

图 3-24　牵引变压器的高压套管

1—高压套管；2—M16 螺钉；3—预装配电缆；
4—连接器；5—锥体

（4）检查与中性点套管的电缆连接的完整性及有无破损。如有必要，应将其紧固至 30 N·m 的力矩。

（5）使用洁净的干布和清洗剂清洗 DIN 低压套管和中性点套管及连接器的表面。

（6）使用洁净的干布和清洗剂清洗人孔盖及周围区域。

## 3. 空气干燥器

（1）参见图 3-25 中的空气干燥器。

（2）使用洁净的干布清洁空气干燥器的进气口表面。

（3）检查盖的完整性及有无破损。如有必要则进行更换。

（4）检查硅胶的颜色，橙色表示完全干燥；无色表示完全饱和，应更换硅胶。

## 4. 减压阀

（1）参见图 3-26 的减压阀。

（2）拆下保护帽，以接触到减压阀。

（3）使用洁净的干布清洁减压阀及其周围区域。

（4）检查减压阀的完整性及有无破损。

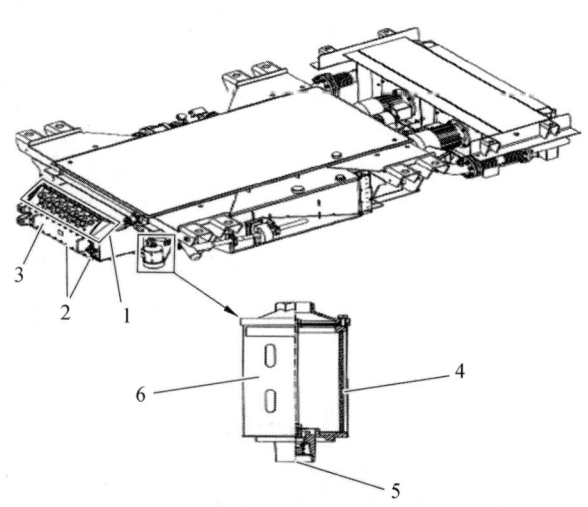

图 3-25　DIN 低压套管、中性点套管和空气干燥器

1—DIN 低压和中性点套管；2—螺钉；3—人孔盖；
4—空气干燥器；5—进气口表面；6—盖

（5）检查并清洁开关内的电气触点。如有必要，应更换开关。

（6）在检查之后，关闭车辆底架上牵引变压器的侧导流罩。

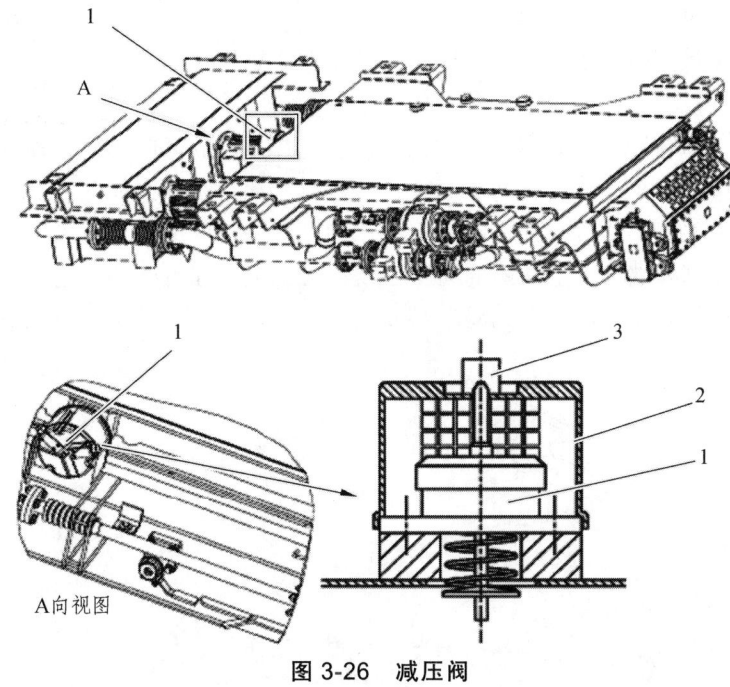

图 3-26 减压阀

1—减压阀；2—保护帽；3—开关

（三）目视检查和清洁牵引变压器（一年）

（1）如图 3-27 所示，旋松并拆卸螺钉，以开启人孔盖。

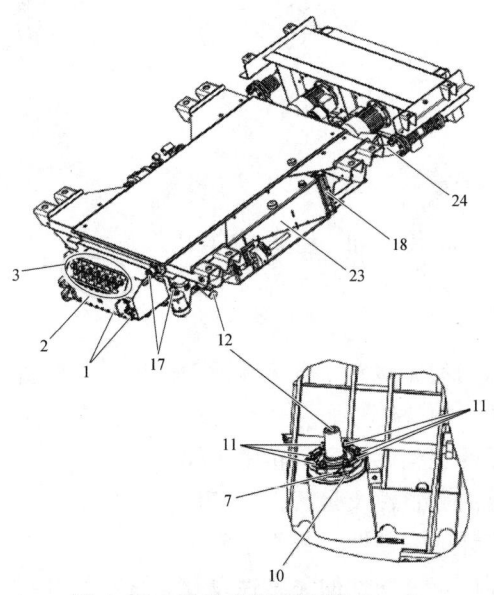

图 3-27 检查牵引变压器（一）

1—螺钉；2—人孔盖；3—套管；7—高压套管接地端子；10—高压套管垫片；11—螺母；12—高压套管；
17—球阀；18—油位指示器；23—膨胀油箱；24—油路

（2）检查电缆连接、套管和避雷器的完整性及有无破损。如有必要，应将其紧固至规定的力矩值。

（3）安装并紧固螺钉，以关闭人孔盖。

（4）检查变压器接地端子、接线盒接地端子、高压套管接地端子、套管盖接地端子和冷却器接地端子是否正确接地。

（5）检查高压套管垫片的完整性及有无破损。检查螺母的紧固程度，即是否正确接地。

（6）使用洁净的干布清洁所有高压套管、接地端子和紧固件，如图3-28所示。

（7）检查与车辆底架的所有接地端子连接。如有必要，应将紧固件紧固至40 N·m。

（8）检查护线罩和端子盒上插座的完整性及有无破损。如有必要，应紧固螺钉。

（9）检查蝶形阀的完整性、有无漏油和破损。确保蝶形阀被锁定在正确位置。

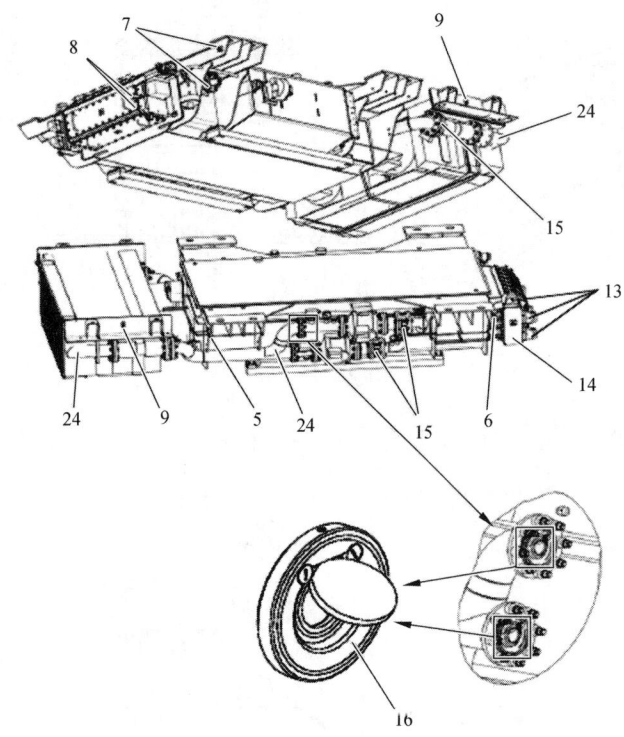

图3-28 检查牵引变压器（二）

5—变压器接地端子；6—接线盒接地端子；7—高压套管接地端子；8—套管盖接地端子；9—冷却器接地端子；13—护线罩；14—端子盒；15—蝶形阀；16—止回阀；24—油路

（10）检查止回阀和球阀的完整性、有无漏油和破损，参见图3-29所示。

（11）检查油位指示器内的油位。如有必要，应向油箱中加注经过滤的脂油。

（12）检查油流指示器的完整性及是否正常工作。

（13）检查温度传感器的完整性及是否正常工作。

（14）检查表盘式温度计的完整性及是否正常工作。

（15）检查牵引变压器固定紧固件的完整性以及锁紧销的可用性。

（16）检查膨胀油箱的完整性、有无破损和泄漏。如有必要，应更换牵引变压器。

（17）在油路的不同位置检查牵引变压器有无漏油。

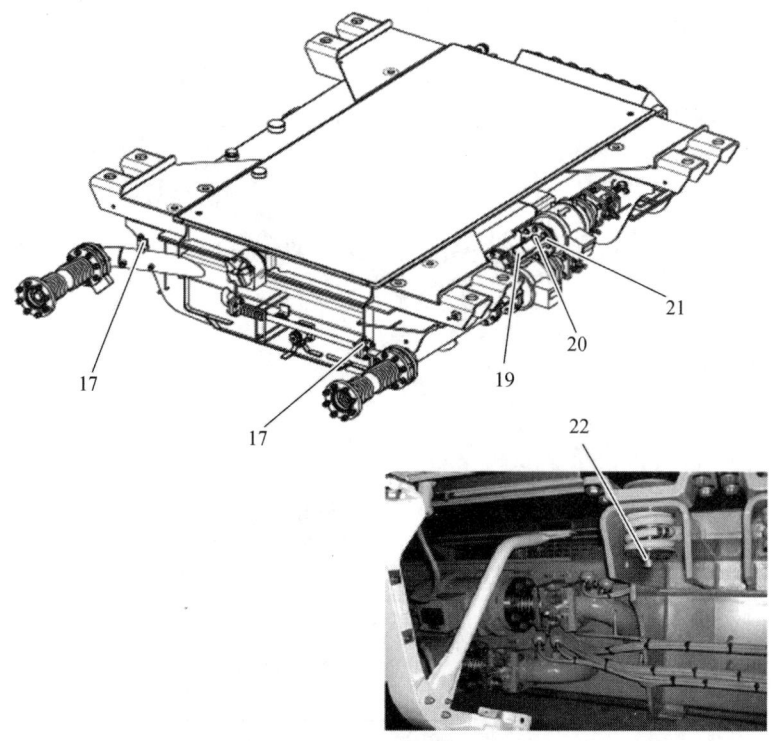

**图 3-29 检查牵引变压器（三）**

17—球阀；19—油流指示器；20—温度传感器；21—表盘式温度计；22—锁紧销

（18）检查牵引变压器上的油漆有无划痕和破损。如有必要，应对划痕和破损区域进行油漆。

（19）在检查之后，关闭车辆底架上牵引变压器的侧导流罩。

## （四）检查牵引变压器油况

（1）打开车辆底架上的侧导流罩，以接触到牵引变压器。

（2）如图 3-30 所示，在采集油样之前，应清洁牵引变压器内的放油球阀。

（3）使用一个洁净而干燥的容器采集油样。然后连接一条洁净的软管，该软管一端应配有 G 1/4″螺纹管接头，另一端配一个小号分接头。

（4）从上述装置中抽出 5 L 油，置于一个单独容器中，避免混入任何杂质。

（5）将油加注到洁净而干燥的采样容器中，直至加满，以最大程度减小气体空间，并避免出现气泡。

推荐采用以下容器作为采样容器：

- 由深色玻璃制成、配有磨口瓶塞的玻璃瓶。
- 配有大螺旋盖的镀锡钢罐。
- 配有大螺旋盖的聚乙烯采样容器。
- 配有防油垫片的所有容器。

介电强度试验：

- 在进行介电强度试验之前，应使牵引变压器空闲 2 h。

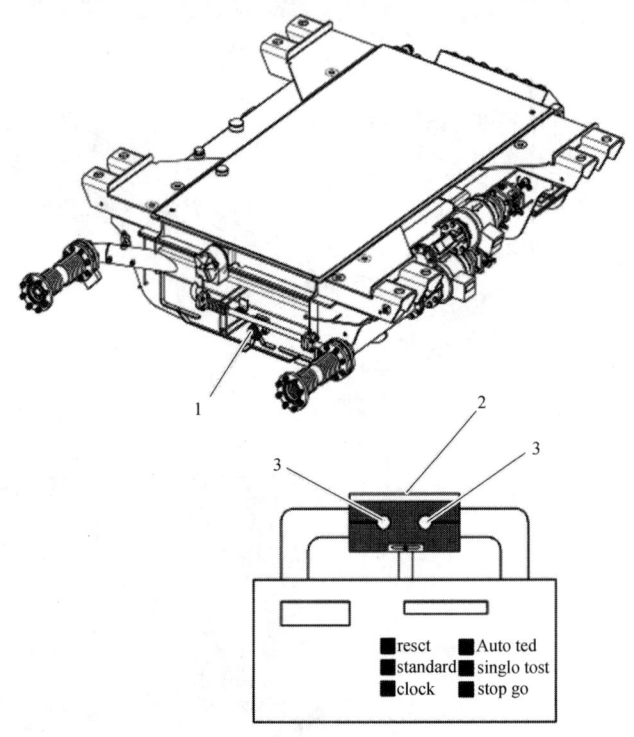

图 3-30 检查牵引变压器油况

1—放油球阀；2—容器；3—球形电极

- 向洁净的试验采样容器中放出 1 L 油。
- 采用间隙为 2.5 mm，直径为 12.5 mm 的球形电极或间隙为 2.5 mm 的半球形电极（LDE 罩帽）。
- 将温度为 15～25 ℃ 的油缓慢注入，避免在试验油箱中形成气泡。
- 以 2 kV/s 的速率均匀地升高电压，直至击穿。此试验连续进行 6 次。
- 使用一根洁净而干燥的玻璃杆在电极之间作往复运动，消除所有烧灼沉积物，以此清洁电极之间的空间。
- 取 6 次试验结果的平均值作为最终值。
- 上述平均值必须比最低要求值 45 kV 高 15%。
- 如果平均值低于最低要求值，则必须用新的油样进行试验。

注：在介电强度试验中也可使用苯作为清洗剂。

- 关闭车辆底架上牵引变压器的侧导流罩。

### （五）清洁和目视检查油泵电机

切断对油泵电机的供电；使用三角形钥匙打开侧导流罩，以接触到油泵电机。

#### 1. 清 洁

（1）如图 3-31 所示，使用干燥而洁净的布去除油、脂等固态残留物。

（2）向油泵电机和电缆吹送干燥的压缩空气。

（3）使用柔软、洁净的干布进行清洁，以去除顽固性污垢。

图 3-31　油泵电机

1—油泵电机；2—螺栓；3—端子盒盖；4—电缆；5—螺栓

**2．目视检查**

（1）检查油泵电机的完整性。
（2）旋松并拆卸端子盒盖固定螺栓。
（3）拆卸电缆端子盒盖。
（4）检查电缆的完整性及有无破损、连接松脱。如有必要，应将螺钉紧固。
（5）将电缆端子盒盖放回正确的位置。
（6）安装并紧固螺栓。
（7）接通油泵启动接触器，让油泵电机运行数分钟。
（8）观察噪声水平。如果噪声水平过高，则应更换油泵电机。
（9）观察油泵电机在运行中的振动。如果振动较大，应紧固电机基座的固定螺栓。
（10）检查泵有无漏油。如果发现漏油，则应将螺栓紧固至规定力矩。
（11）如有必要，应更换油泵电机。

以上清洁、目视检查完毕，使用一把三角形钥匙关闭侧导流罩；接通对油泵电机的供电。

## （六）清洁和目视检查风机电机

切断对风机电机的供电；使用三角形钥匙打开侧导流罩，以接触到风机电机。

**1．清　洁**

（1）向风机电机和电缆吹送干燥的压缩空气。
（2）使用干燥、洁净的布进行清洁，取出顽固性污垢。

## 2. 目视检查

（1）如图 3-32 所示，检查风机电机的完整性。

（2）打开电缆端子箱盖。

（3）检查电缆的完整性及有无破损、连接松脱。如有必要，应将螺钉紧固。

（4）关闭电缆端子箱盖。

（5）接通风机启动接触器，让风机电机运行数分钟。

（6）观察噪声水平。如果噪声水平过高，则应更换风机电机。

（7）观察风机电机在运行中的振动。如果振动较大，应重新排列电机附件。

（8）如有必要，应更换风机电机。

以上清洁、目视检查完毕，使用三角形钥匙关闭侧导流罩；接通对风机电机的供电。

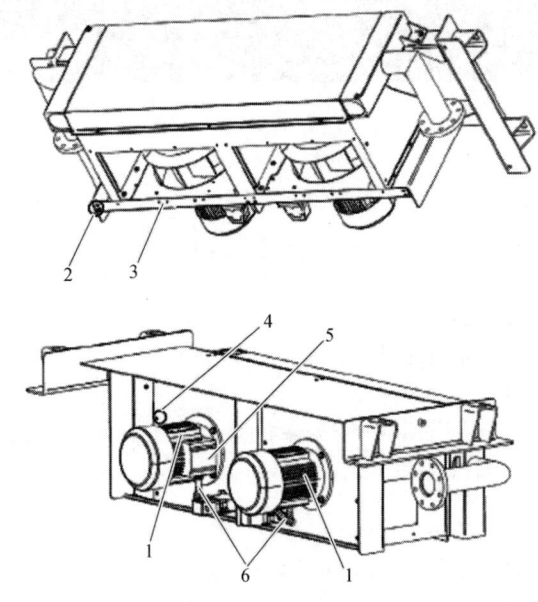

图 3-32　风机电机视图

1—风机电机；2—M8×16 螺栓；3—连接板；4—M12×25 螺栓；5—端子盒盖；6—电缆；

### （七）更换牵引变压器冷却器

#### 1. 拆　卸

（1）如图 3-33 所示，更换冷却器。

（2）打开 Tp 或 Tpb 车底架的侧导流罩，以接触到牵引变压器。

（3）关闭蝶形阀。

（4）拧松并拆除冷却器的通风塞。

（5）拔下排油塞，排放冷却器内的油。

（6）断开冷却器的电气连接和地线。

（7）拆卸冷却器上的气囊。

（8）拧下 M12 螺钉，从管线上拆除冷却器。

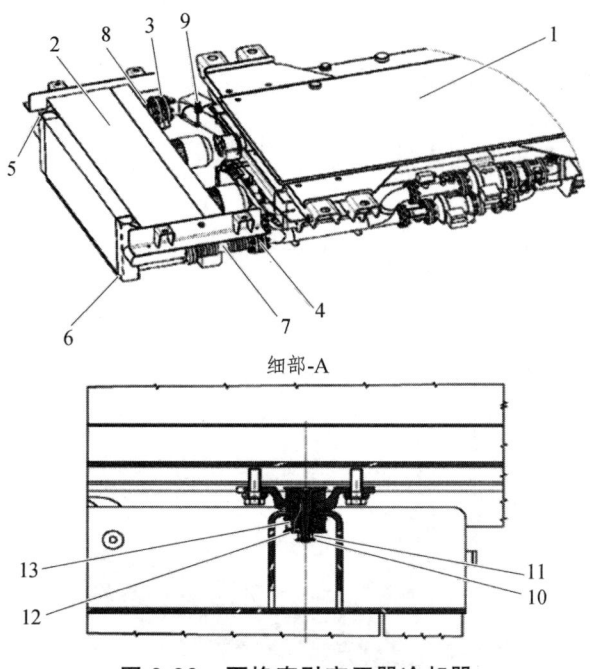

图 3-33　更换牵引变压器冷却器

1—牵引变压器；2—冷却器；3、4—蝶形阀；5—冷却器的通风塞；6—排油塞；7、8—气囊；
9—球阀；10—开口销；11—M12 六角螺母；12—M12×2.8 垫圈；13—弹性悬挂下部元件

（9）收集放出的油，将其存放在一个安全地点，使环境保持清洁。

（10）拆除开口销。

（11）拧松并拆除六角螺母及其垫圈和弹性悬挂下部元件。

（12）使用吊装装置从底架上拆除冷却器，并将冷却器缓慢地放在适当的冷却器框架上。

## 2．组　装

（1）使用适当的吊装装置将新的冷却器置于正确位置。

（2）安装并紧固六角螺母及其垫圈和弹性悬挂下部元件。

（3）安装开口销。

（4）用新的 O 形环将冷却器安装在管线上，并将 M12 螺钉紧固至 70 N·m。

（5）安装并紧固冷却器排油塞。

（6）拆除球阀上的保护罩。

（7）将注油装置连接至球阀。

（8）打开球阀，并接通注油装置。

（9）打开蝶形阀，向冷却器内充注新油。

（10）当油从冷却器通风塞流出时，关闭冷却器通风塞。

（11）关闭并断开注油装置。

（12）关闭球阀。

（13）将保护罩安装在球阀上。

（14）将所有的电气连接和地线连接至冷却器。

(15)打开所有的蝶形阀。

(16)打开油泵 30 min 后,检查冷却器通风塞。

(17)关闭油泵 30 min 后,检查新的油位。

(18)关闭牵引变压器的侧导流罩。

## (八)更换牵引变压器的油位指示器

### 1. 拆 卸

(1)如图 3-34 所示,更换油位指示器。

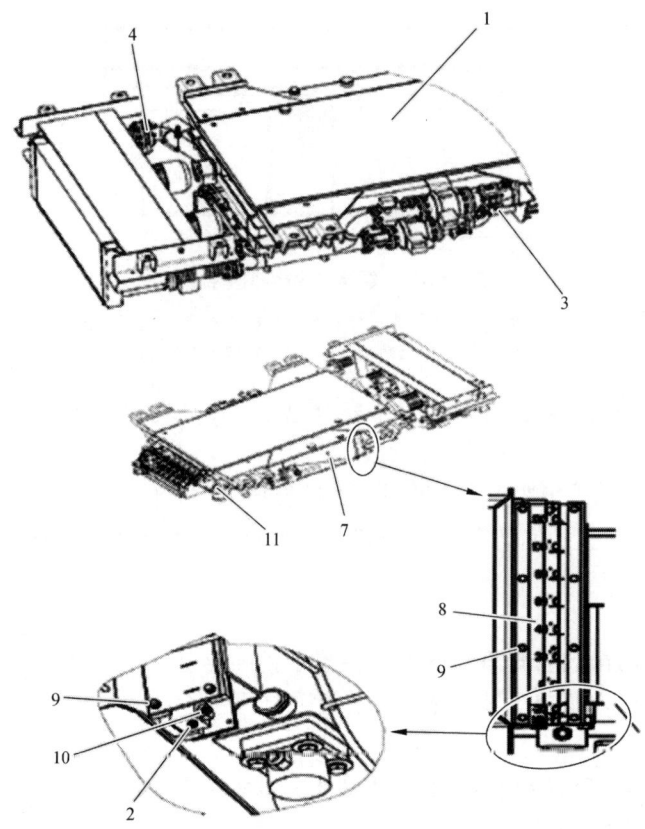

图 3-34 更换牵引变压器的油位指示器

1—牵引变压器;2—油位指示器;3、4、5、6—蝶形阀;7—膨胀油箱;
8—观察窗;9—M6 螺钉;10—G3/8″螺钉;

(2)确保牵引变压器未通电。

(3)打开 Tp 或 Tpb 车底架的侧导流罩,以接触到牵引变压器。

(4)关闭所有的蝶形阀。

(5)打开球阀。

(6)通过从下部阀吸油排空膨胀油箱。

(7)收集放出的油并将其存放在一个安全地点。

(8)拧松并拆除 8 个 M6 螺钉,以拆除观察窗。

（9）拆除油位指示器的两个垫片。
（10）拆除两个 G3/8″螺钉，以拆除油位指示器。

## 2. 组　装

（1）安装新的油位指示器及两个新的垫片，并用 G3/8″螺钉进行紧固。
（2）用 8 个 M6 螺钉安装观察窗。
（3）将注油装置连接至球阀。
（4）接通注油装置并打开球阀。
（5）根据油温，当油位指示器上的油位达到较高油位时，应关闭并断开注油装置。
（6）打开蝶形阀。
（7）关闭球阀。
（8）关闭牵引变压器的侧导流罩。

## （九）更换牵引变压器油位检测器

### 1. 拆　卸

（1）如图 3-35 所示，更换油位检测器。
（2）确保牵引变压器未通电。
（3）打开牵引变压器的侧导流罩。
（4）关闭所有的蝶形阀。
（5）关闭球阀。
（6）拧松并拆除检测箱的排油塞，以排空检测箱。
（7）拧松并拆除 4 个 M6 固定螺钉，以拆除油位检测器。

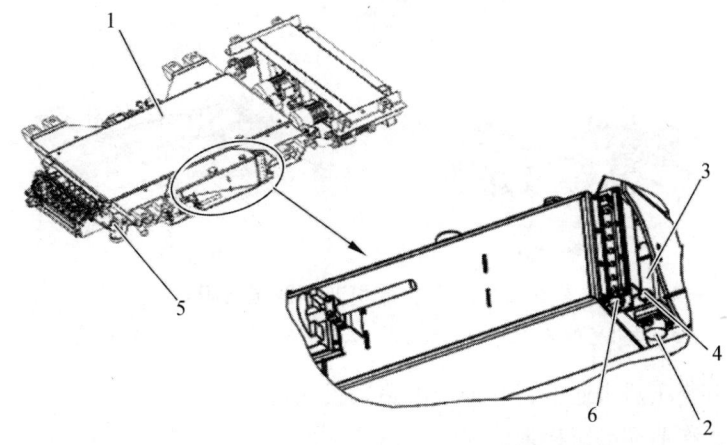

图 3-35　更换牵引变压器油位检测器

1—牵引变压器；2—油位检测器；3—检测箱；4—排油塞；5—球阀；6—油位指示器

### 2. 组　装

（1）安装新的油位检测器及其新的 O 形环，并用 4 个 M6 螺钉进行紧固。

(2)安装并紧固排油塞及新的O形环。
(3)打开球阀。
(4)将注油装置连接至球阀。
(5)接通注油装置并打开球阀,充注检测箱。
(6)根据油温,当油位达到油位指示器内的指定油位时,应关闭并断开注油装置。
(7)打开所有的蝶形阀。
(8)关闭牵引变压器的侧导流罩。

### (十)更换牵引变压器减压阀

1. 拆 卸

(1)如图3-36所示,更换减压阀。

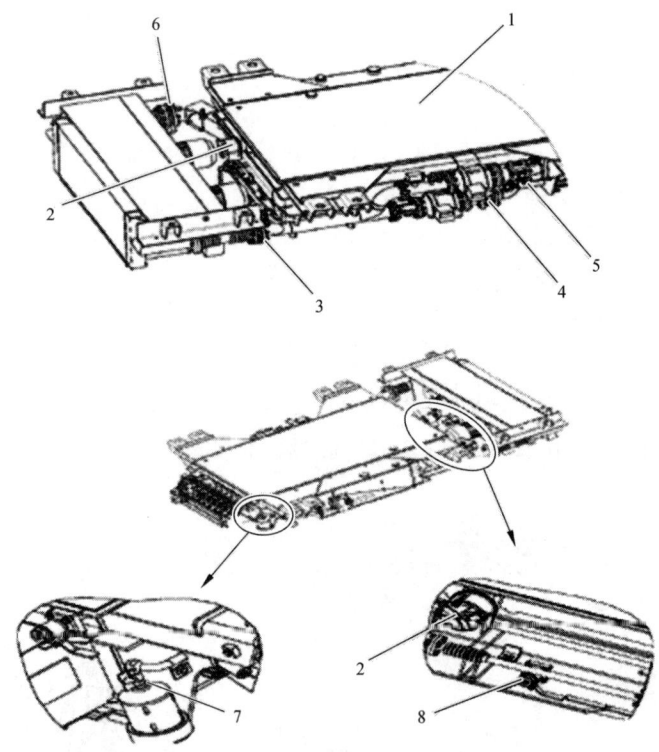

图3-36 更换牵引变压器减压阀

1—牵引变压器;2—减压阀;3、4、5、6—蝶形阀;7、8—球阀

(2)确保牵引变压器未通电,其辅助电路未投入使用。
(3)确保套管和辅助电路接地。
(4)断开所有的电气连接。
(5)关闭所有的蝶形阀。
(6)打开球阀。
(7)打开球阀,排出100 L油。
(8)关闭球阀,小心地断开减压阀,因为仍有1 L油留在减压阀内。

## 2. 组　装

（1）确保蝶形阀均关闭，球阀打开。
（2）用新的O形环安装新的减压阀。
（3）连接所有的电气连接。
（4）将注油装置连接至球阀。
（5）接通注油装置并打开球阀。
（6）当油位指示器内的油位到达指定油位时关闭球阀。
（7）关闭并断开注油装置。
（8）打开所有的蝶形阀。
（9）油泵运行1 h后再次测量油位，如有必要，在牵引变压器通电之前测量。

### （十一）更换牵引变压器温度传感器

#### 1. 拆　卸

（1）如图3-37所示，更换温度传感器。

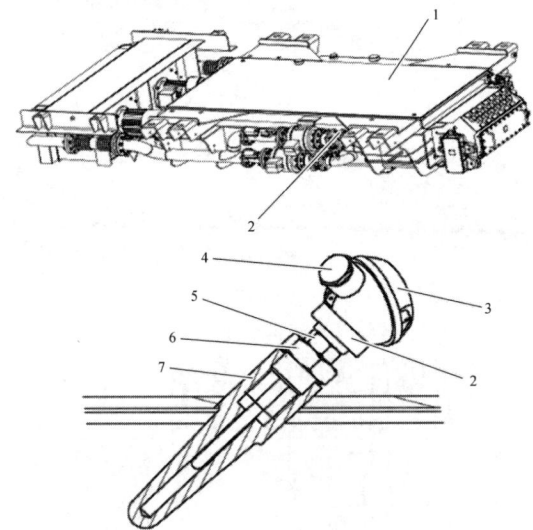

图3-37　更换牵引变压器温度传感器

1—牵引变压器；2—温度传感器；3—盖子 4—电缆通道；5—SW14定位螺母；
6—SW27固定螺母；7—温度计油袋

（2）拆除温度传感器的盖子。
（3）拧松并拆除2个螺钉，以断开电缆。
（4）拧松定位螺母和固定螺母。
（5）拧松并拆除温度传感器。

#### 2. 组　装

（1）确保温度计油袋内的油位处在1 cm处。

(2)在油袋中插入新的温度传感器。

(3)用新的密封件将固定螺母紧固至规定力矩 60 N·m。

(4)调节定位螺母,放置温度传感器头。将电缆插入传感器中,安装并紧固上螺钉。

(5)关闭温度传感器的盖子。

## (十二)更换牵引变压器油流指示器

### 1. 拆　卸

(1)如图 3-38 所示,更换油流指示器。

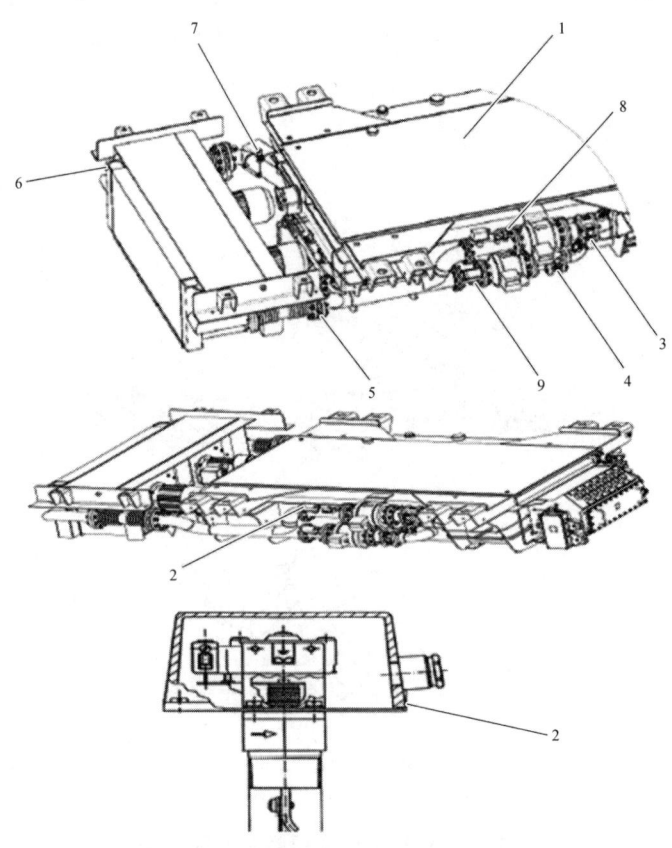

图 3-38　更换牵引变压器油流指示器

1—变压器;2—油流指示器;3、4、5—蝶形阀;6—冷却器通风塞;7—球阀;
8—油泵通风塞;9—放油螺钉

(2)关闭蝶形阀。

(3)拧松并拆除油泵的通风塞。

(4)拧松并拆除放油螺钉,排放油泵内的油。

(5)收集放出的油并将其存放在安全地点。

(6)断开电气连接。

(7)拆除油流指示器。

## 2. 组　装

（1）确保蝶形阀关闭，油泵通风塞打开。
（2）安装油流指示器。
（3）连接电气连接。
（4）安装并紧固放油螺钉。
（5）拧松并拆除球阀帽，连接注油装置。
（6）接通注油装置。
（7）打开球阀和蝶形阀，向油泵和管线内充注新油。
（8）当油从油泵通风塞中流出时，关闭油泵通风塞，打开其他的蝶形阀。
（9）拧松并拆除冷却器通风塞。
（10）当油从冷却器通风塞中流出时关闭通风塞。
（11）关闭注油阀，关闭和断开注油装置。
（12）打开油泵 30 min 后，检查冷却器和油泵通风塞。

## （十三）更换牵引变压器

### 1. 拆　卸

（1）如图 3-39 所示，更换牵引变压器。
（2）将适当的设备框架放在牵引变压器下方，准备放下变压器。
（3）拆除牵引变压器两侧的侧导流罩。
（4）断开高压套管上的预装配电缆。
（5）拆除所有的紧固件，以打开 DIN DT 3/630 套管的端盖。
（6）拧松并拆除 M14 螺钉、螺母及其垫圈。
（7）断开 DIN DT 3/630 套管上的高压电缆。
（8）拆除电气箱内插座上的 3 个护线罩。

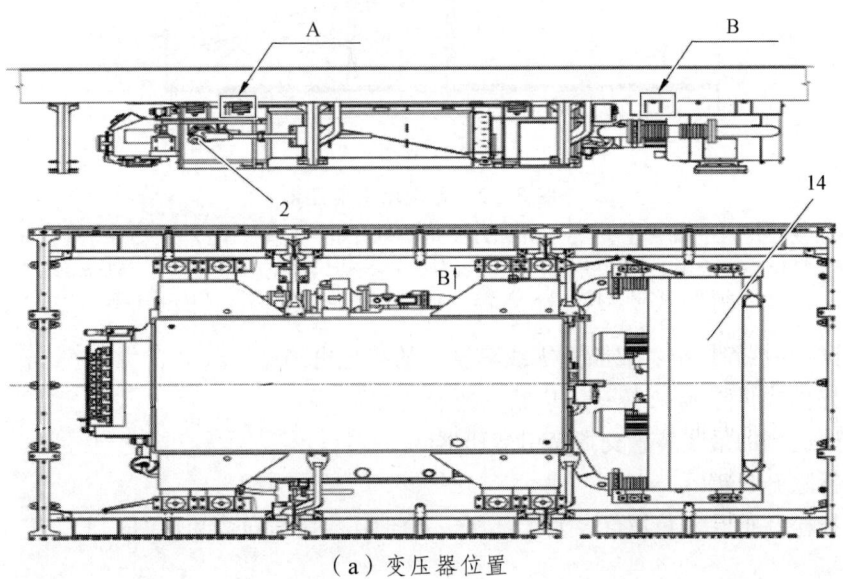

（a）变压器位置

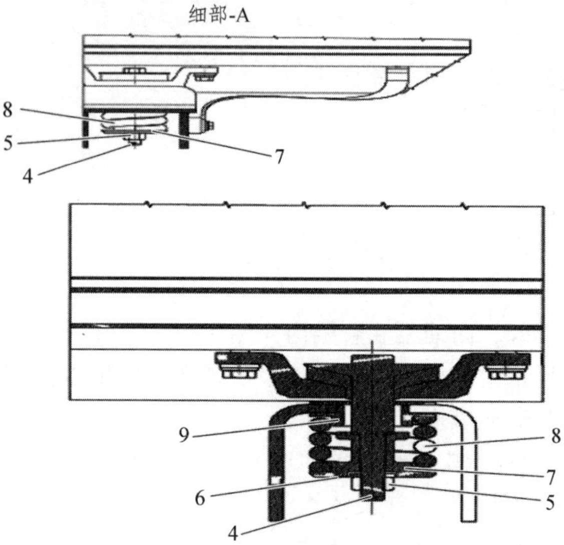

细部-A

（b）A 部细节图

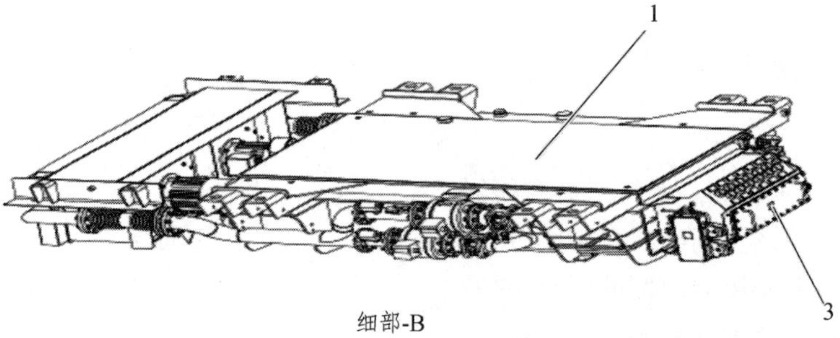

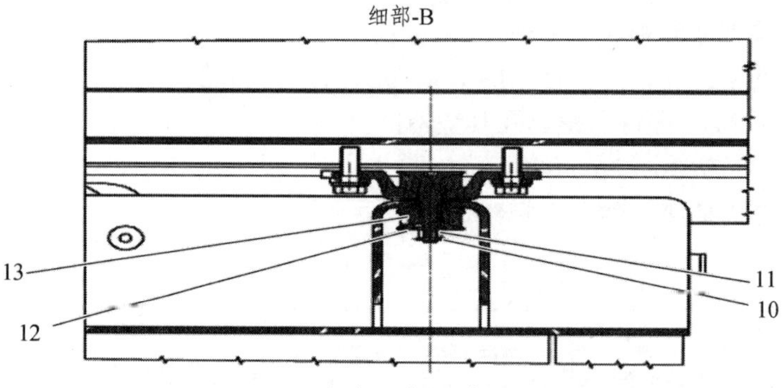

细部-B

（c）B 部细节图

图 3-39 更换牵引变压器

1—牵引变压器；2—高压套管；3—DIN DT 3/360 套管；4—开口销 3.2×28；5—M20 六角螺母；6—M20×4.6 垫圈；7—下部板；8—悬挂弹簧；9—上部板；10—开口销；11—M12 六角螺母；12—M12×2.8 垫圈；13—弹性悬挂下部元件；14—冷却器

（9）拧松并拆除螺钉，以断开零线套管上的接地电缆。

（10）拧松并拆除 M12 螺钉，以断开所有的接地辫。

（11）用适当的吊装装置支撑牵引变压器。

（12）拆除开口销。

（13）拧松并拆除六角螺母及其上部板、下部板、悬挂弹簧和垫圈。

（14）拆除开口销。

（15）拧松并拆除六角螺母及其垫圈以及弹性悬挂下部元件。

（16）使用吊装装置从底架上拆除牵引变压器及其冷却器，并将其缓慢地放在适当的设备框架上。

**2．组　装**

（1）检查所有紧固件的状况。如有必要，可将其更换。

（2）清洁牵引变压器的安装区。

（3）使用适当的吊装装置将新的牵引变压器和冷却器，安装在正确位置。

（4）安装并拧紧六角螺母及其上部板、下部板、悬挂弹簧和垫圈。

（5）安装开口销。

（6）安装并拧紧六角螺母及其垫圈和弹性悬挂下部元件。

（7）安装并拧紧 M12 螺钉，以连接所有的接地辫。

（8）安装并拧紧螺钉，以将接地电缆连接至零线套管。

（9）连接电气箱内插座上的 3 个护线罩。

（10）将高压电缆连接至 DIN DT 3/630 套管，并用 M14 螺钉、螺母和垫圈对其进行紧固。

（11）关闭 DIN DT 3/630 套管的端盖。安装并紧固所有的紧固件。

（12）将预装配电缆连接至高压套管。

（13）关闭牵引变压器两侧的侧导流罩。

## （十四）更换油泵电机

**1．拆　卸**

注：使用适当的支撑装置支撑油泵电机。

（1）如图 3-40 所示，关闭蝶形阀。

（2）旋松并拆除带垫片的管道通风塞。

（3）打开放油螺钉，排放管中的油。

（4）断开所有的电气连接。

（5）拧松并拆除两侧法兰上的螺栓。

（6）拆除垫片。

（7）拧松并拆除支撑托架上的螺栓。

（8）拆除故障的油泵电机。

**2．组　装**

（1）将所有的垫片更换为新垫片。

（2）将新的油泵电机置于正确位置。

（3）将螺栓安装在支撑托架上，并用手紧固螺栓。

（4）安装法兰和油泵电机之间的垫片。

（5）安装两侧法兰上的螺栓，用手紧固螺栓以正确对正。

（6）将螺栓紧固至 18 N·m，将螺栓紧固至 140 N·m。

（7）安装管道通风塞及其垫片。将通风塞紧固至 40 N·m。

（8）重新连接电气连接。

注：注油前请勿运行油泵，否则会损坏电机。

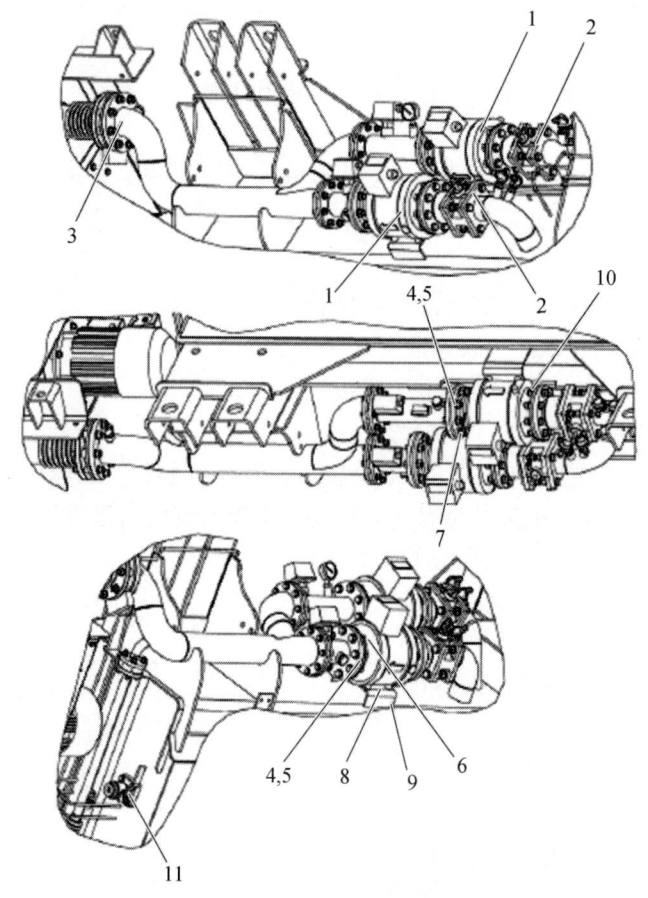

图 3-40　更换油泵电机

1—油泵电机；2、3—蝶形阀；4—管道通风塞；5、7—垫圈；6—M16 螺栓；8—M8 螺栓；9—支撑托架；10—油泵通风塞；11—球阀

（9）向油泵内注油，并按以下步骤进行布管：

① 旋松并拆除油泵通风塞。

② 旋松球阀帽及垫片。确保周围区域无灰尘。

注：确保油的流速不大于 5 L/min。确保所有的仪表和附近区域干净、无灰尘和潮气。如有必要，可在油箱或容器通气口处安装硅胶通气装置。

③ 将一根柔性管安装至油箱或容器的排油口。

④ 启动油泵，排出注油系统内存留的空气。

⑤ 将注油设备连接至球阀。

⑥ 打开球阀，接通注油设备。

⑦ 慢慢地打开蝶形阀，向油泵和管线中注入新油。

⑧ 当油从通风塞流出时，关闭通风塞。
⑨ 打开蝶形阀。
⑩ 旋松冷却器通风塞。当油从冷却器通风塞流出时，关闭冷却器通风塞。
⑪ 将油位调整到膨胀油箱的 20℃ 位置处。
⑫ 安装垫片和球阀帽，并将其紧固至 15 N·m。
⑬ 关闭注油装置。
⑭ 30 min 后打开油泵电机。
（10）安装侧导流罩和底板。

## （十五）更换电机风机

### 1. 拆 卸

（1）如图 3-41 所示，更换电机风机。

注：使用适当的支撑装置支撑电机风机。

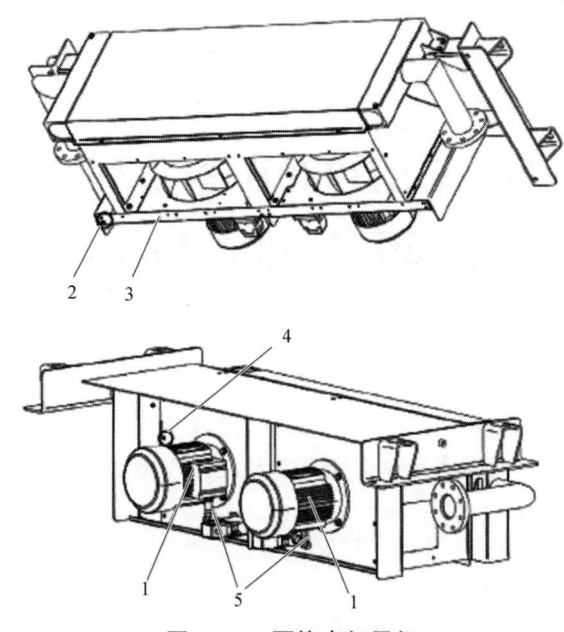

图 3-41　更换电机风机

1—电机风机；2—M8×16 螺栓；3—连接板；4—M12×25 螺栓；5—电气电缆

（2）拆除侧导流罩和底板。
（3）接通电机风机的电源。
（4）断开电气电缆。
（5）拧松并拆除螺栓，以拆开连接板。
（6）拧松并拆除螺栓。

注：确保固定好电机风机以防坠落。否则会对设备造成损坏。

（7）将电机风机朝变压器方向在风机轴线上至少移动 40 mm，以防拆卸过程中损坏进风口。
（8）拆除故障的电机风机。

## 2. 组　装

（1）起吊新的电机风机，并将其置于正确位置。
（2）用螺栓紧固电机风机。
（3）将电机风机与进风口对齐，均匀地留有至少 2 mm 的旋转间隙。否则按以下步骤进行：
① 拆卸所有的噪声隔离板和孔板。
② 旋松喇叭口上的螺栓，将电机风机单元与喇叭口对齐。
③ 对齐后拆除电机风机。
④ 重新装上噪声隔离板和孔板。
⑤ 重复步骤②和③。
（4）将螺栓紧固至 65 N·m。
（5）将连接板置于正确位置。
（6）安装并拧紧螺栓至 20 N·m。
（7）连接电气电缆。
（8）接通电机风机的电源。
（9）安装侧导流罩和底板。

# 任务四　CRH380B 型系列动车组牵引变压器维护与检修

## 【任务描述】

1. 掌握 CRH380B 型系列动车组牵引变压器的结构原理；
2. 掌握 CRH380B 型系列动车组牵引变压器的运用与维护方法。

## 【相关知识】

### 一、主电流牵引系统结构及设备组成

主电流牵引系统设备主要包括牵引变压器及其冷却系统、牵引变流器及其冷却系统、牵引电动机及传动装置、限压电阻、高压电器等，主电流牵引系统结构如图 3-42 所示。

架设在 TC02 车车顶的受电弓从接触网接收 AC25 kV 的交流电，然后通过布设在车顶和车端的高压电缆将电能输送到装在 TC02 车下的牵引变压器，变压器的副边感应出 $4 \times 1850$ V 的电压并通过车辆间的连接馈线到设在动车车下的变流器单元。变流器单元内部的四象限斩波器将 1 850 V 的交流电整流为 $2\,700 \sim 3\,600$ V 的直流电。直流电通过 PWMI 变频单元向牵引电机提供变压变频(VVVF)的三相交流电源。其中限压电阻接在中间直流电路的两极，防止出现过高电压，辅助变流器的输入也取自中间直流环节。

# 项目三 动车组牵引变压器维护与检修

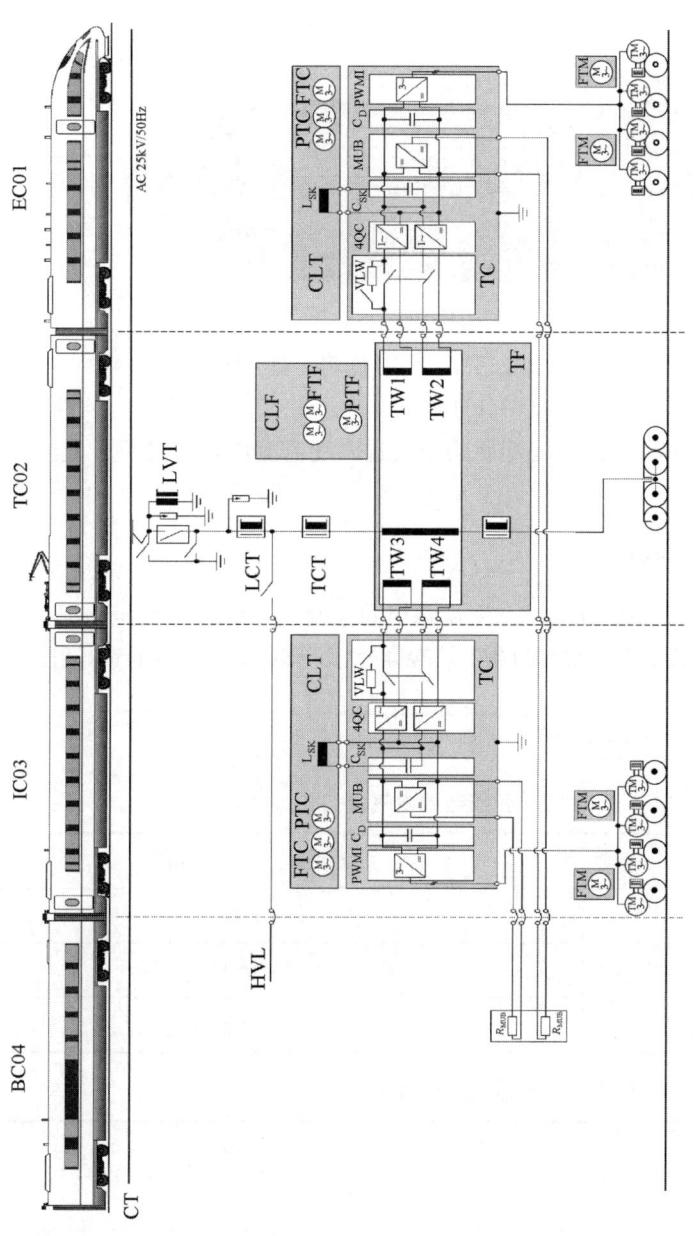

**图 3-42 主电流牵引系统结构图**

$C_D$—直流侧电容器；PTC—牵引箱泵；CLF—变压器冷却单元；PTF—变压器泵；CLT—牵引变压器冷却单元；PWMI—脉宽调制转换器；$C_{SK}$—电容器（串联谐振电路）；$R_{MUB}$—限压电阻器；CT—接触电网；TC—牵引变流器；FTC—牵引箱风扇；FTF—变压器电流互感器；TF—变压器；FTM—牵引电动机风扇；TM—牵引电动机；HVL—压线；TW1~TW4—牵引绕组；LCT—线路电流互感器；VLW—预充电电阻器；$L_{SK}$—电感器（串联谐振电路）；4QC—4象限斩波器；LVT—线电压互感器；MUB—过压限制器

## 二、牵引变压器

### 1. 概　述

CRH380BL 型动车组牵引变压器（TF）位于动车组 TC02/TC07/TC10/TC15 车下设备舱中，变压器及冷却单元集成在一个框架内，外形如图 3-43 所示。

图 3-43　牵引变压器外形

变压器为单相变压器，额定电压为 AC25 kV。变压器将一次绕组上的接触网 AC25 kV 转换为 4 个二次绕组[牵引绕组（TW1~TW4）]的电压，并给牵引变流器供电。

牵引变压器具有自保护功能，比如冷却回路中设置温度监测以防止过热，监测冷却介质的流量以及原边电路绝缘等。

### 2. 牵引变压器的特点和技术参数

该变压器结构系统符合 EN60310 标准，为铁路用固定变压比的单相变压器。变压器拥有一个原边绕组，4 个次级绕组（牵引绕组 TW1~TW4），用于牵引变流器的馈电(四象限斩波器输入电路)。

该变压器的电气接口如表 3-10 和表 3-11 所示。

表 3-10　变压器的电气接口

| 功率电缆接口 | 每个接口的电缆/mm$^2$ |
|---|---|
| 初级绕组 | 1×240 |
| 初级绕组接地 | 2×150 |
| TW 牵引绕组 | 2×240 |

表 3-11　变压器辅助设备的电气接口

| 设备名称 | 连接/接口类型 |
|---|---|
| 泵 | 接线盒 |
| 温度传感器 | 8 极 PT100 双向温度传感器的插头 |
| 瓦斯继电器 | 8 极插头 |
| 流量监控器 | 4 极插头 |
| 接地电流互感器 | 接地电流互感器接线盒 |

变压器的主要技术数据如下：

输入频率　　　50 Hz
额定功率　　　5 848 kV·A
　　一次　　　约 5 848 kV·A
　　二次　　　约 4×1 462 kV·A
额定电流
　　一次　　　234 A
　　二次　　　约 4×790 A
额定电压
　　一次　　　25 kV
　　二次　　　约 4×1 850 V
质量　　　　　约 6.3 t

牵引绕组的最大基频有效电流在电源额定电压（AC25 kV）时为 790 A，在电源低压（AC22.5 kV）时为 878 A。

牵引变压器的功率不是常数，变压器的瞬时功率取决于车辆、载荷、发热和交流负载的需求。另外，变压器还必须遵守下列空载运行参数，如表 3-12 所示。

表 3-12　变压器、空载运行参数

| 参　　数 | 要　　求 | 附　　注 |
|---|---|---|
| 空载耗损（额定电压时公差十15%） |  | （最多为额定功率的 0.1%） |
| 空载电流（额定电压时公差十30%） | ≥0.4 | （最多为初级绕组额定电流的 3%） |

### 3. 牵引变压器的结构

CRH380BL 型动车组牵引变压器为芯式变压器，由车上和车顶两部分组成，主变压器的组成如图 3-44 所示，图 3-45 所示为铁心柱和带框架的下磁轭结构，图 3-46 所示为变压器铁心结构。

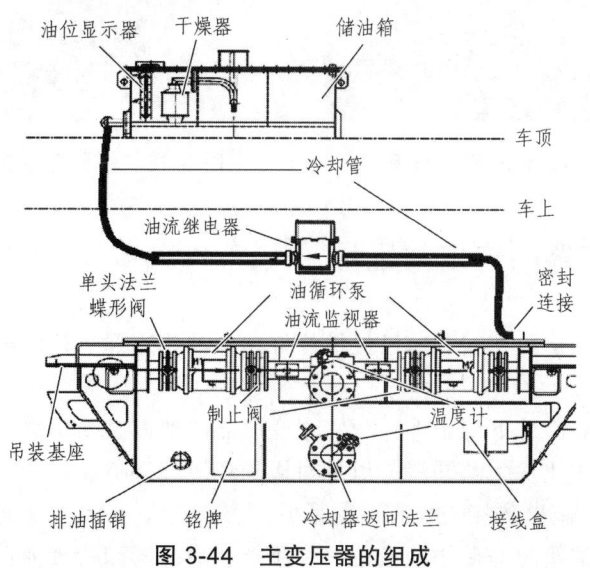

图 3-44　主变压器的组成

图 3-45 铁心柱和带框架的下磁轭

图 3-46 变压器铁心结构

牵引变压器油箱安装在变压器框架内，油箱的设计结构适合承担活动部件的质量以及绝缘和冷却液等所有成分的质量。变压器系统配有膨胀油箱，如图 3-47 所示，它位于 TC02/TC07/TC10/TC15 车顶部，从而补偿因温度变化而产生的冷却剂量的变化。

CRH380BL 型动车组牵引变压器冷却单元集成在变压器安装框架内的牵引变压器旁边，其外形如图 3-48 所示。冷却类型为 ODAF，绝缘和冷却介质为符合标准 IEC 60310 的矿物油，散热能力约为 330 kW。

大多数冷却液在油箱中，通过油泵将油箱中的热液抽入到冷却器中，经过冷却处理的冷却液通过另外一根管流回油箱中，为补偿冷却液的体积，油箱通过管路与膨胀油箱连接起来。

图 3-47 变压器系统的膨胀油箱

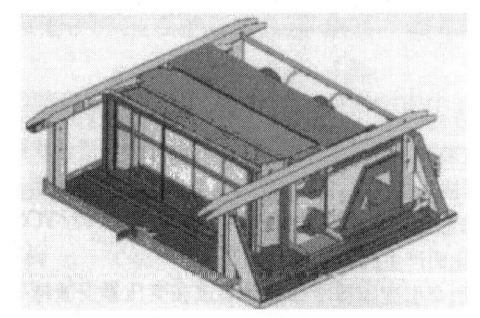

图 3-48 牵引变压器冷却单元示意图

## 三、牵引变压器的运用与维护

牵引变压器及冷却单元在安装前已经填注好油，油位达到运行所需油位，膨胀油箱通过连接装置同变压器连接。

储存变压器时需要满足下列条件：放置主变压器的地方必须足够坚固、水平，对地下流水需进行防护。必须防止发生油漏泄，以免对周围环境产生负面影响。必须采取适当的气候防护(顶棚、储存室)措施以防接头处有冷凝形成。

要及时检查膨胀油箱内的矿物油液位，变压器、冷却器和膨胀油箱组成的整套系统必须完全填注矿物油，达到正常液位（从膨胀油箱的观察窗中可以看到），并且要及时检查脱水式吸湿器中的硅胶颜色，必须更换过期硅胶。

在调试牵引变压器之前需要对重要部件的电气连接以及接地连接进行检查；目视检查变压器所有密封件和阀、循环泵、连接膨胀油箱的管道、瓦斯继电器、膨胀油箱的密封性；检查膨胀油箱的油位指示器，确定油位正常；对瓦斯继电器进行通风及功能检查；检查脱水吸湿器中硅胶的颜色；变压器与冷却单元之间的法兰阀必须打开；循环油泵在使用前须进行通风并检查其旋转方向是否正确；检查流量监视器、温度传感器运转是否正常；检查所有的紧固螺钉及防腐保护。

定期维护很重要，可以避免变压器出现严重损坏，检测排除可能的故障，变压器维护内容见表3-13。

表3-13 维护内容与时间进度表

| 部件 | 检查与检修工作 | 运行距离/万 km |
|---|---|---|
| 冷却单元 | 目视检查防护网上有无泄漏和污物 | 10 |
| 主变压器 | 检查油位：检查膨胀油箱上的油位指示器，查看油位是否正常，如出现油缺失，必须找出漏泄处并修复，缺少的油必须再次填注，并对冷却系统进行通风 | 40 |
| 脱水吸湿器 | 必须检查硅胶，如果水晶体有半数以上均改变颜色，则整个水晶体必须使用新的硅胶替换 | |
| 冷却单元防护网 | 检查有无污物 | |
| 主变压器 | 建议对溶解的气体进行分析 | 80 |
| 空气过滤器 | 检查有无污物，必要时清洁/湿洗 | |
| 冷却器 | 检查有无污物，必要时清洁/湿洗 | |
| 主变压器 | 目视检查漆涂层及所有接头、法兰以及管接头密封性 | 120 |
| 循环油泵 | 检查油循环泵的电气连接，如出现不断增大的异常运行噪声，则必须更换轴承 | |
| 主变压器 | 检查油位：检查膨胀油箱上的油位指示器，查看油位是否正常，如出现油缺失，必须找出漏泄处并修复。缺少的油必须再次填注并对冷却系统进行通风 | 240 |
| 瓦斯继电器 | 清洁瓦斯继电器，检查控制电缆接头的连接，进行功能测试并进行通风 | |
| 温度传感器 | 目视检查温度计中带的油，查看传感器有无泄漏或损坏 | |
| 监视器 | 一旦泵通电，油流量监视器的辅助触点必须接通 | |
| 主变压器 | 采集油样进行分析 | 480 |
| 冷却风机 | 按照制造商规范进行维护 | |
| 风机外壳 | 更换缓冲器 | |
| 制冷装置 | 更换蝶形阀和密封件 | |

【复习思考题】

1. 试述 ATM9 型牵引变压器的结构。
2. 试述 ATM9 型牵引变压器冷却系统的组成及工作原理。
3. 试阐述金属网过滤器的维护方法。
4. 试说明温度继电器的更换及注意事项。
5. 试述 ATM9 型牵引变压器常规检查项目有哪些及处置方法。
6. 试述 CRH380BL 型动车组牵引变压器的结构。
7. 试述牵引变压器保养及检查时的注意事项。
8. 试阐述牵引变压器保护装置动作的原因。
9. 什么情况下,牵引变压器自动切除,引起 DJ1 断开?
10. 试阐述 CRH2 牵引变压器副边绕组的构成及负载。

# 项目四　动车组牵引变流器维护与检修

## 【项目描述】

通过本项目学习，使学生掌握电力变换的基本原理，动车组牵引变流器的组成及作用，动车组牵引变流器的主要性能指标、故障、诊断及维护方法。

## 【知识目标】

（1）掌握动车组牵引变流器的基本工作原理；
（2）掌握动车组牵引变流器的结构及性能参数；
（3）掌握动车组牵引变流器冷却系统的结构及基本工作原理。

## 【能力目标】

（1）掌握动车组牵引变流装置的拆卸、移动及安装方法；
（2）掌握动车组牵引变流装置常规维护及检修项目的处理方法；
（3）掌握动车组牵引变流器应急故障的处理方法。

## 【情景分析】

案例1：CRH2-008动车组担当D456次车底调车，从上海南动车运用所到上海南站，司机发现6号车MON报牵引变流器故障（代码141），随车机械师切除该车牵引变流器。

CRH2-008动车组担当D428次，上海站14:05发车后，司机发现7号车牵引电机电流时有时无，并且有较大的冲击，MON报牵引变流器故障（代码004），同样按应急故障处理手册中规定采取了RS复位，牵引变流器恢复正常。14:09上海西站调度呼叫司机，反映发现第7、8号车连接处冒烟，要求司机停车检查。停车后，随车机械师下车检查7、8号车连接处和相连两个转向架，制造厂方随车售后服务人员在车上检查运行配电柜和服务配电柜，均没有发现异常，14:16开车继续运行。开车后司机发现7号车MON报牵引变流器故障（代码004），采取RS复位不能消除故障，同时在7、8号车连接处有明显焦煳味，15:27运行至丹阳站，制造厂方随车售后服务人员下车再次检查7、8号车连接处，仍然没有发现异常后运行到南京站。

D428次16:23到达南京站后，对7号车下部进行了检查，发现该车1、3、5、7车轮盘闸片温度均达到100 ℃，100 min后再次测量为80 ℃，采取切除7号车牵引变流器和空气制动的处理方案，16:03开D437次返程上海。

D437次17:20到达上海站，使用备用CRH2-020动车组替换CRH2-008动车组开D448

次，CRH2-2008 动车组空送运用所检查故障。9:40 进入运用所四线库 D6 道，由川崎公司售后服务人员组织对该动车组进行了故障检查，故障原因是牵引电机通风网堵塞，造成牵引电机过热烧损。

故障原因：

（1）牵引变流器控制电源异常。

（2）牵引变流器中间直流环节过电压。

（3）牵引电机过流或者电流不平衡。

故障处理：

（1）在运行状态下，确认【牵引变流器状态】页面，使用 RS 复位按钮复位 2～3 次，恢复时，正常运行。

（2）牵引变流器 1NFB 断开 30 s 以上再闭合。

（3）故障无法消除，切除相应 M 车。

# 任务一　电力电子器件及变流技术基础

【任务描述】

（1）掌握常用电力电子器件的性能及应用；

（2）掌握电力变换的基本工作原理。

【相关知识】

## 一、概　述

变流器就是将一种直流或交流电变为另一种直流或交流电的供电设备。可以说变流器是各种变流装置的总称。

在电力电子变换装置中，通常意义上的变流器包括从电源侧至电力变换装置输出侧的所有环节，例如对一个交-直-交电力传动系统，变流器将包括从整流器，中间直流环节，到逆变器及其控制系统。值得特别说明的是，在许多场合下，同一个电力变换电路既可以作整流电路，又能作逆变电路，所以我们也称这样的电力变换装置为变流器。换言之，整流和逆变，交流和直流在变流器中是互相联系的，并在一定条件下可互相转化。

交流电路是随着电力电子器件的发展而发展的，正像 20 世纪 60 年代出现了晶闸管，随之而来的是铁道牵引领域中的相控机车及动车。70 年代末期到 80 年代初期，大功率自关断器件 GTO 出现，确立了电压型变流器——交流异步电机传动系统的优势地位。

在铁道牵引交流传动初期，限于当时的电力半导体器件的水平，围绕变流系统争论的焦点集中在变流电路的复杂程度，各种元器件的数量、变流器的数量、质量及体积等。但随着电力半导体器件的发展，尤其是性能优越的大功率自关断电路半导体器件 GTO 和 IGBT 的出现，使铁道牵引电传动系统的主要矛盾发生了很大的变化，关注的焦点转向了牵引性能、谐波含量、电磁干扰、控制特性及运用成本等，从而影响和推动了变流技术的发展。

根据变流系统中直流环节性质的不同可分为两种类型，在直流环节接有大电感，相当于电流源的称为电流型变流系统；在直流环节接有大电容，相当于电压源的称为电压型交流系统。由于电流型变流器电路比较简单，对电力半导体器件的要求不高，控制相对也比较容易，而且造价相应便宜，因此在交流传动初期，电流型变流器主要用于动车牵引。20 世纪 80 年代初，德国也曾研制出一台采用电流型变流器的电力机车，但电流型变流器控制性能不如电压型变流器，对电机设计又有特殊要求，因此，随着电力半导体器件的发展，电压型变流器越来越显示出其优越性。目前，电压型变流器在高速列车牵引领域占主导地位，法国的欧洲之星，德国的 ICE，日本的新干线 90 年代以来制造的各种型号的高速列车，都采用电压型异步电机传动系统。

铁道牵引变流器功率一般为 1 000 ~ 2 000 kW，直流电压最高为 2 800 V 或者更高，在这样的功率和电压等级上，牵引变流器一般采用两电平电路为好，与三电平相比较，两电平电路线路简单、控制容易、质量轻、体积小及运行可靠性高，而且易于维护，因此只有在电力半导体器件电压水平达不到要求时，才采用三电平电路。在 GTO 元件应用初期，出现过 GTO 三电平变流器（瑞士联邦铁路 Re460 型电力机车），但随着 GTO 元件阻断电压的提高，很少再有三电平电路了。

目前，IGBT 元件的电压为 3 300 V，在直流环节电压小于 1 800 V 的情况下，一般采用两电平电路，当超过 1 800 V 后，多采用三电平电路。众所周知，三电平电路除了可提高电压水平外，还能带来越来越少的谐波，降低噪声，提高效率等优点。电路半导体器件的开关过程都在微妙级的时间内完成，电压和电流变化率很高，如 GTO 的 $di/dt$ 达到 300 A/μs，$du/dt$ 可达到 1 000 V/μs，因此电力半导体器件在应用中一般均要设计吸收电路，以控制开关过程中电压及电流的轨迹，抑制电压及电流的变化率，降低开关损耗。

设计吸收电路一般依据下述原则：

（1）减少开关过程中电压、电流的大小及变化率。

（2）保证器件工作在安全区内。

（3）减少器件开关损耗和系统总损耗。

（4）改善器件的过载和短路能力。

诸如 IGBT，IPM，由于对 $di/dt$，$du/dt$ 耐受能力增强，通过合理地设计驱动电路可以简化吸收回路，甚至可以取消吸收回路。

电力半导体器件的特性由两个方面确定：一是电工性能；二是热工性能。

### 1. 热工性能

冷却技术就是要满足电力半导体器件的热工性能要求，保证器件安全可靠地工作。对高速列车牵引变流器冷却技术的基本要求是效率高、体积小、质量轻，易于运用维修，而且不污染环境。半导体器件的冷却方式多种多样，应根据实际需要来选用。

（1）风冷。风冷散热方式结构简单、成本低、维护方便，主要用于电流额定值为 50 ~ 500 A 的器件。

（2）沸腾冷却。电力半导体器件浸放在沸腾液（R113）中，冷却器中上半部为沸腾气体，在德国 ICE 高速动车上采用这一冷却方式。

（3）油浸冷却方式。半导体器件浸泡在冷却油中，冷却油循环，将热量带到油-空气热交换器中散掉，Adtranz 公司的大多数干线机车、动车均采用这种冷却方式。

（4）热管冷却。热管冷却是一种高效冷却方式，尤其是采用水作为冷却介质的热管，又具有不污染环境的优点，日本新干线高速动车牵引变流器均采用热管冷却方式。

**2．电工性能**

为了在高速列车上使用性能优越的三相交流异步牵引电机，必须采用比直流传动系统技术复杂得多的变流装置。交流传动系统的变流装置是将单相交流电转变为调频调压的三相交流电，这种大功率的牵引变流器不同于应用在一般工业领域中的变流器，它的技术特点可以归纳如下：

（1）调速范围宽。根据列车速度的要求，变流器调频范围从 0.4 Hz 到 200 Hz 以上，而且调频要连续平稳，无冲击。

（2）控制特性复杂。一般高速列车的牵引性能由恒转矩区、恒功率区及自然特性区组成，并且要求启动转矩大，恒功区宽。

（3）有良好的稳态控制特性和快速动态响应特性。电力机车或者动车由弓网获得能量，通过轮轨传递牵引力。空转、打滑、跳弓离线及网压波动等均能引起功率的急剧变化，牵引变流器应该能够适应这种负载及外界环境的急剧变化。

（4）输出电压波形质量好。为了减少谐波分量对牵引电机谐波热损耗和转矩脉动影响，输出波形应尽量接近正弦波。由交流电网供电时，应使功率因数尽可能地接近 1，电网电流波形接近正弦波，从而降低对供电系统的影响和对外界的干扰。

（5）牵引与再生制动频繁，能量双向流动。

（6）效率高，利用率高，可靠性高。

（7）由于安装在车上，对质量、体积和耐振动性能要求严格。

（8）有利于安装、调速及维修。

## 二、电力电子器件基础

国际电器和电子工程师学会（IEEE）的电力电子学会将电力电子技术表述为：有效地使用电力半导体器件，应用电路和设计理论及分析开发工具，实现对电能的高效变换和控制的一门技术，它包括电压、电流、频率和波形方面的变换，是电力、电子及控制三大电气工程技术领域之间的交叉学科，与现代控制理论、材料科学、电机工程及微电子技术等诸多领域密切相关。

现代电力电子技术的发展，是从低频技术处理问题为主的电力电子学，向以高频技术处理为主的现代电力电子学方向转变。电力电子技术起始于 20 世纪 50 年代末 60 年代初的硅整流器件，其发展先后经历了整流器时代、逆变器时代，并促进了电力电子技术在许多新领域的应用。80 年代末期到 90 年代初期发展起来的，以功率 MOSFET 和 IGBT 为代表的，集高频、高压和大电流于一身的功率半导体复合器件，表明传统电力电子技术已经进入现代电力电子时代。

电力电子器件是列车牵引变流器的基础与核心,电力电子器件的性能直接决定了牵引变流器的性能。其发展经历了两个重要阶段,即以 SCR 为代表的传统半控型电力电子时代,和以 IGBT 为代表的全控型自关断现代电力电子器件时代。

电力电子器件可分为双极性、单极型和混合型三大类型。除了晶闸管、RCT、ASCR 和 TRIAC 等器件之外,GTO、IGBT/IPM、IGCT 等均为全控型器件。

### 1. 晶闸管

晶体晶闸管(Thyristor)简称晶闸管,由于晶闸管最初应用于可控整流方面,所以又称为可控整流元件,简称为可控硅 SCR。在性能上,可控硅不仅具有单向导电性,而且还具有可控性,可控硅只有导通和关断两种状态。

可控硅一旦导通后,即使控制极的电流消失,可控硅仍然处于导通状态,由于触发信号只起触发作用,没有关断功能,因此这种可控硅是不可关断的,导通和关断的条件如表 4-1 所示。

表 4-1 可控硅导通和关断条件

| 状态 | 条件 | 说明 |
| --- | --- | --- |
| 从关断到导通 | 1. 阳极电位高于阴极电位;<br>2. 控制极有足够的正向电压和电流 | 两者缺一不可 |
| 维持导通 | 1. 阳极电位高于阴极电位;<br>2. 阳极电流大于维持电流 | 两者缺一不可 |
| 从导通到关断 | 1. 阳极电位低于阴极电位;<br>2. 阳极电流小于维持电流 | 任一条件即可 |

### 2. 门极可关断晶闸管(GTO)

门极可关断晶闸管也具有单向导电特性,即当其阳极 A、阴极 K 两端为正向电压,在门极 G 上加正的触发电压时,晶闸管将导通,导通方向 A→K。在门极关断晶闸管导通状态,若在其门极 G 上加一个适当的负电压,则能使导通的晶闸管关断

近年来,GTO 元件的性能不断提高,可关断电流达 4 000 A,阻断电压达 6 000 V 以上,开关速度也有所提高。一个由 ABB 公司生产的三相逆变器 GTO 模块,采用 6 个 GTO 元件,容量可达 4 000 kV·A,单位质量容量可以达 10 kV·A/kg,目前,最大的 4 轴交流传动电力机车,功率超过 7 000 kW。

GTO 元件在应用中也存在不足,由于它增益比较小,关断 2 000~3 000 A 电流,需要高达 700~800 A 的门极电流,这对门极驱动装置的要求很高。另外,GTO 元件在高电压下导通,大电流下关断,电流、电压变化率及应力很大,需要设置性能良好的吸收电路,这就增加了开关损耗,降低了效率,并对冷却系统提出了更高要求。

### 3. 绝缘栅双极晶体管(IGBT/IPM)

绝缘栅双极型晶体管 IGBT 是双极型晶体管(BJT)和 MOSFET 的复合器件,其将 BJT 的电导调制效应引入到 VDMOS 的高阻漂移区,大大改善了器件的导通性,同时它还具有

MOSFET 的栅极高输入阻抗，为电压驱动器件。开通和关断时均具有较宽的安全工作区，IGBT 所能应用的范围基本上替代了传统的晶闸管（SCR）、可关断晶闸管（GTO）、晶体管（BJT）等器件，与其他电力电子器件相比，IGBT 具有高可靠性、驱动简单、保护容易、不用缓冲电路和开关频率高等特点。IGBT 的开关作用是通过加正向栅极电压形成沟道，给 PNP 晶体管提供基极电流，使 IGBT 导通。反之，加反向门极电压消除沟道，流过反向基极电流，使 IGBT 关断。IGBT 的驱动方法和 MOSFET 基本相同，只需控制输入极 N 沟道 MOSFET，所以具有高输入阻抗特性。

智能型功率模块 IPM 是以 IGBT 技术为基础的电力电子开关，由高速低功耗的管芯和优化的门极驱动电路以及快速保护电路构成。与 IGBT 器件相比，IPM 还具有以下特点：（1）快速的过流保护；（2）过热保护；（3）桥臂对管互锁保护；（4）器件布局合理，无外部驱动线，抗干扰能力强，工作可靠性高；（5）驱动电源欠压保护。

GTO 与 IGBT/IPM 基本性能比较如表 4-2 所示。

表 4-2　GTO 与 IGBT/IPM 基本性能比较

| 性能 | GTO 元件 | IGBT/IPM 元件 |
|---|---|---|
| 电压 | 4 500 V（>6 000 V） | 3 300 V（>4 000 V） |
| 电流 | 3 000～4 000 A（可关断电流） | 1 200 A |
| 开关频率 | ca.500 Hz | 5 kHz |
| 开关损耗 | 大 | 小 |
| 通态损耗 | 小 | 大 |
| 吸收回路损耗 | 大 | 小 |
| 驱动功率 | 大（电流控制型） | 小（电压控制型） |
| d$i$/d$t$，d$u$/d$t$ 限制 | 严格（需加阳极电抗器） | 不严（无需加阳极电抗器） |
| 保护功能 | 外设 | 完善的自我保护 |

需要指出的是，IGBT 开关频率的提高，带来了很多好处，例如，PWM 调制频率提高，在电机侧，可使得电机电流的高次谐波减少，使电机的损耗、噪声下降；在电网侧，可降低电网电流的谐波，减小等效干扰电流，减少变压器的损耗和噪声。

IGBT 模块的使用应特别注意以下几方面的问题：

（1）防静电对策。

IGBT 的 VGE 保证值为 ±20 V，在 IGBT 模块上加上超出保证值的电压有损坏的危险，因而在栅极 – 发射极之间接一只 10 kΩ 左右的电阻器为宜。

（2）驱动电路设计。

严格地说，能否充分利用 IGBT 器件的性能，关键取决于驱动电路的设计。IGBT 驱动电路必须能提供适当的正向栅压、足够的反向栅压、足够的输入输出电隔离能力，以及具有栅压限幅电路等。

（3）保护电路的设计。

IGBT 模块因过电流、过电压等异常现象有可能损坏。因此，必须在对器件的特性充分了解的情况下，设计出与器件特性相匹配的过电压、过电流、过热等保护电路。

（4）散热设计。

取决于 IGBT 模块所允许的最高结温（$T_j$），在该温度下，首先要计算出器件产生的损耗，该损耗使结温升至允许值以下来选择散热片。在散热设计不充分的场合，实际运行在中等水平时，也有可能超过器件允许温度而导致器件损坏。

（5）栅极串联电阻（$R_c$）。

对 IGBT 来说，增大栅极电阻能够减少 IGBT 开通时续流二极管的反向恢复过电压，减少通态下出现短路的冲击电流值；与此同时，增大栅极电阻的结果将使开通关断损耗增加，延长开通和关断时间。因此最好的办法是配置两个串联电阻器，即 $R_G$（on）和 $R_G$（off），在实际设计时应考虑具体的应用要求。如在高压二极管的情况下，恢复时间趋长，$R_G$（on）应比产品目录的推荐值大 2~4 倍。

IPM（Intelligent Power Module——智能功率模块）元件是在 IGBT 模块中集成了驱动和保护电路而派生出来的。IPM 的触发信号可和 TTL 电平兼容，它本身具有短路、过流、过热及电流实时控制等完善的保护功能，更有利于应用。目前，日本新干线 E2 系高速动车的牵引变流器即采用 IPM 元件。

### 三、脉冲整流器技术基础

脉冲整流器是列车牵引传动系统电源侧变流器。脉冲整流器在牵引时作为整流器，将单相交流电转变成直流电，运行于第一象限；再生制动时作为逆变器，将直流电转变成单相交流电，运行于第四象限，因此亦称为四象限脉冲整流器。

图 4-1 为脉冲整流器电路原理图，由交流回路、功率开关桥路以及直流回路组成。其中交流回路包括变压器牵引绕组的输出电压 $u_N$、漏电感 $L_N$ 和绕组电阻 $R_N$（$R_N$ 很小，可以忽略不计）；直流回路包括二次滤波环节 $L_2$、$C_2$ 和中间支撑电容 $C_d$。其简化的等效电路如图 4-2 所示。

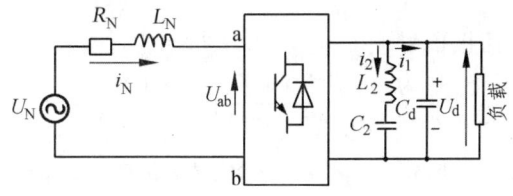

图 4-1 脉冲整流器模型电路

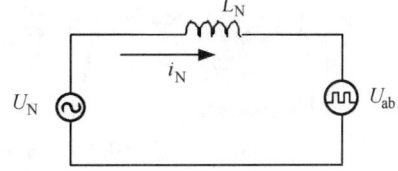

图 4-2 脉冲整流器的简化等效电路

脉冲整流器的电压矢量平衡方程为

$$\dot{U}_N = j\omega L_N \dot{I}_N + \dot{U}_{ab} \tag{4.1}$$

式中 $\dot{U}_N$——二次侧牵引绕组电压相量；

$\dot{I}_N$——二次侧牵引绕组电流的基波相量；

$\dot{U}_{ab}$——调制电压的基波相量。

当二次侧牵引绕组电压 $\dot{U}_N$ 一定时，$\dot{I}_N$ 的幅值和相位仅由 $\dot{U}_{ab}$ 的幅值及其与 $\dot{U}_N$ 的相位差来决定。改变基波的幅值和相位,就可以使 $\dot{I}_N$ 与 $\dot{U}_N$ 同相位或反相位。在牵引工况下,$\dot{I}_N$ 与 $\dot{U}_N$ 的相位差为 0°,该工况下的矢量图如图 4-3(a)所示,此时 $\dot{U}_{ab}$ 滞后 $\dot{U}_N$;而对于再生制动工况,$\dot{I}_N$ 与 $\dot{U}_N$ 的相位差为 180°,该工况下的矢量图如图 4-3(b)所示,此时 $\dot{U}_{ab}$ 超前 $\dot{U}_N$,电机通过脉冲整流器向接触网反馈能量。

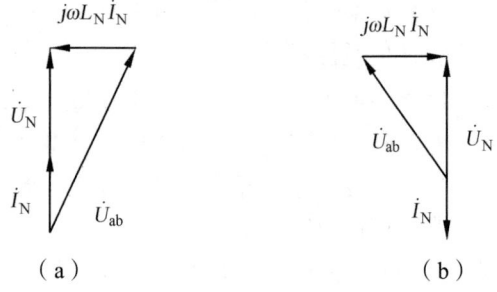

图 4-3 脉冲整流器简化基波相量图

由图 4-3 可以得到

$$\begin{cases} U_{ab} = U_d \cdot M_\alpha / \sqrt{2} \\ U_{ab}^2 = U_N^2 + (\omega L_N I_N)^2 \\ \omega L_N I_N = K U_N \end{cases} \quad (4.2)$$

式中　$U_d$ ——直流侧电压;

$M_\alpha$ ——变流器的调制深度,从系统工作的安全可靠性和电网的特性考虑,控制系统应保证 $0.8 \leqslant M_\alpha \leqslant 0.9$;

$K$ ——短路阻抗的标幺值,一般取 0.3~0.35。

由式(4.2)可得

$$U_d = U_N \cdot \sqrt{2(1+K^2)} / M_\alpha \quad (4.3)$$

式(4.3)表明了中间直流电压 $U_d$ 与变压器牵引绕组电压 $U_N$、变压器短路阻抗标幺值 $K$ 以及调制深度 $M_\alpha$ 的关系。

由图 4-3 可知,如果保持 $\dot{I}_N$ 与 $\dot{U}_N$ 同方向,即位移因数为 1,则 $M_\alpha$ 随负载电流变化。显而易见,当 $\dot{I}_N = 0$ 时,$\dot{U}_{ab\min} = \dot{U}_N$,这时调制深度 $M_\alpha$ 为最小,即 $M_{\alpha\min} = \sqrt{2} U_{ab\min} / U_d = \sqrt{2} U_N / U_d$。而 $M_\alpha$ 的最大值主要取决于元件的开关频率及调制比。

在图 4-4 中,当调制比达到其最大值时,门极信号相邻两个开关点的间距须满足 $t_{de} \geqslant t_{on} + t_D$,其中 $t_{on}$ 是为了复原吸收回路所需的最短时间;$t_D$ 是保证一个器件开通之前另一个器件必须完全关断所需的最小时间,假定载波信号的幅值为 1,则由 $\triangle ABC \cong \triangle Ade$ 有

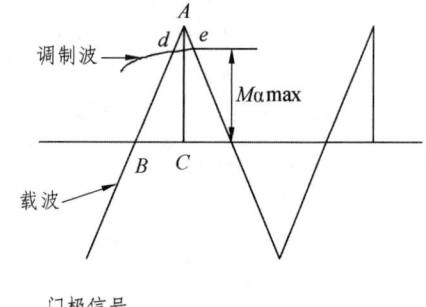

图 4-4 最大调制深度计算示意图

$$\frac{1 - M_{\alpha\min}}{1} = \frac{\frac{1}{2}(t_{on} + t_D)}{\overline{BC}} \quad M_{\alpha\max} = 1 - \frac{t_{on} + t_D}{2\overline{BC}} \quad (4.4)$$

假定对于高速列车,满足 $U_d = 3\,000 \text{ V}$,$K = 0.3$,当 $M_{\alpha\max} = 0.9$ 时有

$$U_{ab\max} = U_d \cdot M_\alpha / \sqrt{2} = 3\,000 \times 0.9 / \sqrt{2} = 1\,909.2 \text{ (V)} \quad (4.5)$$

$$U_{N\max} = U_d \cdot M_\alpha / \sqrt{2(1+K^2)} = 3\,000 \times 0.9 / \sqrt{2(1+0.3^2)} = 1\,828.67 \text{ (V)} \quad (4.6)$$

考虑网压波动范围为 22.5~29 kV,如果上述最大值只有在网压为 29 kV 的工况下才允许出现,而在系统设计时,变流器的输入电压通常对应于 25 kV 工况,因此折算到 25 kV 时的额定电压为

$$U_N = U_{N\max} \times \frac{25}{29} = 1\,576.44\ (V) \quad U_{ab} = U_{ab\max} \times \frac{25}{29} = 1\,645.85\ (V) \qquad (4.7)$$

折算到 22.5 kV 时的额定电压为

$$U_{ab} = U_{ab\max} \times \frac{22.5}{29} = 1\,481.3\ (V) \quad U_N = U_{N\max} \times \frac{22.5}{29} = 1\,418.8(V) \qquad (4.8)$$

## 四、牵引逆变器技术基础

牵引逆变器可以分成电压源型和电流源型两种,为同步电机供电的大多采用电流源型逆变器,为异步电机供电的大多采用电压源型逆变器,我国高速列车全部采用电压源型逆变器。根据输出电平数的不同,电压源型牵引逆变器又可分为两电平和三电平两种。

### 1. 两电平式牵引逆变器主电路构成及工作模式

两电平式逆变器主电路如图 4-5 所示,每时刻都有 3 个开关管导通,共有 $T_1T_2T_3$,$T_2T_3T_4$,$T_3T_4T_5$,$T_4T_5T_6$,$T_5T_6T_1$,$T_6T_1T_2$,$T_1T_3T_5$ 和 $T_2T_4T_6$ 导通 8 种工作状态,从而获得三相对称输出电压波形。

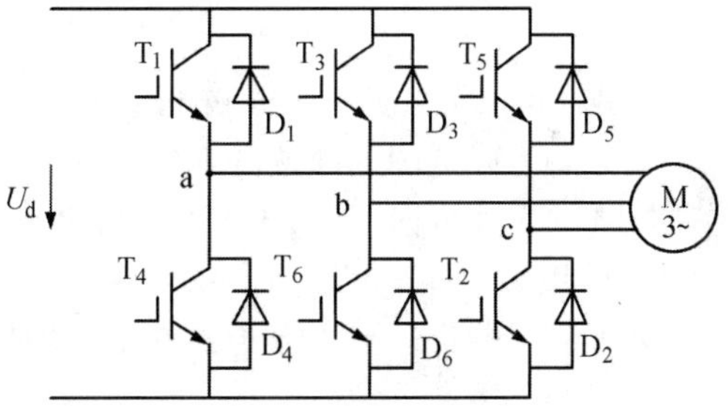

牵引逆变器采用 PWM 控制方式,包括正弦 PWM、特定谐波消除 PWM、滞环电流控制 PWM 和空间矢量 PWM。空间矢量 PWM 是通过对电压矢量进行适当的切换控制,就可以用尽可能多的多边形磁通轨迹来接近理想的磁通圆形轨迹。轨迹越接近于圆,引起的电流、转矩波动越小,谐波损耗也会下降,电机运行性能也越好。

图 4-5 两电平式逆变器主电路图

当逆变器向电动机供电时,可以利用空间矢量概念,建立逆变器开关模式及其输出电压与电动机磁链之间的关系。然后根据要跟踪的磁链空间矢量的运动轨迹,选择逆变器的开关模式,使逆变器输出适当波形的电压,这就是空间矢量 PWM 的基本原理。

在复平面建立电压空间矢量

$$\bar{U}_s = \frac{2}{3}(u_{sa} + \bar{a}u_{sb} + \bar{a}^2 u_{sc}) \qquad (4.9)$$

定子磁链空间矢量

$$\bar{\psi}_s = \frac{2}{3}(\psi_{sa} + \bar{a}\psi_{sb} + \bar{a}^2 \psi_{sc}) \qquad (4.10)$$

转子磁链空间矢量

$$\bar{\psi}_r = \frac{2}{3}(\psi_{ra} + \bar{a}\psi_{rb} + \bar{a}^2\psi_{rc}) \tag{4.11}$$

异步电动机定子电压空间矢量方程式为

$$\bar{U}_s = R_s \bar{I}_s + \frac{d\bar{\Psi}_s}{dt} \tag{4.12}$$

式中　$\bar{U}_s$——定子三相电压合成空间矢量；
　　　$\bar{I}_s$——定子三相电流合成空间矢量；
　　　$\bar{\Psi}_s$——定子三相磁链合成空间矢量。

当转速较高时，定子电阻压降较小，可忽略不计，则定子电压与磁链的近似关系为

$$\bar{U}_s \approx \frac{d\bar{\Psi}_s}{dt} \quad 或 \quad \bar{\Psi}_s \approx \int \bar{U}_s dt \tag{4.13}$$

在由三相平衡电压供电时，电机定子磁链空间矢量为

$$\bar{\Psi}_s = \Psi_{sm} e^{j\omega_s t} \tag{4.14}$$

式中，$\Psi_{sm}$为$\Psi_s$的幅值；$\omega_s$为其旋转角速度。

磁链矢量顶端的运动轨迹形成圆形的空间旋转磁场（一般简称为磁链圆）。由式（4.13）和式（4.14）可得

$$\bar{U}_s = \frac{d}{dt}(\Psi_{sm} e^{j\omega_s t}) = j\omega_s \Psi_{sm} e^{j\omega_s t} = \omega_s \Psi_{sm} e^{j(\omega_s t + \pi/2)} \tag{4.15}$$

由式（4.15）可见，当磁链幅值$\Psi_{sm}$一定时，$\bar{U}_s$的大小与$\omega_s$（或供电电压频率$f_s$）成正比，其方向为磁链圆形轨迹的切线方向。当磁链矢量的空间旋转一周时，电压矢量也连续地沿磁链圆的切线方向运动$2\pi$弧度，其轨迹与磁链圆重合。这样，电机旋转磁场的形状问题就可转化为电压空间矢量运动形状问题。

为了便于分析，电力电子器件采用理想开关表示，定义开关函数为$S_i$（$i$为$A,B,C$）。

$$S_A = \begin{cases} 1 & T_1导通 \\ 0 & T_4导通 \end{cases} \quad S_B = \begin{cases} 1 & T_3导通 \\ 0 & T_6导通 \end{cases} \quad S_C = \begin{cases} 1 & T_5导通 \\ 0 & T_2导通 \end{cases}$$

三相不同开关组合有$2^3 = 8$种工作状态，当列车运行速度大于额定速度时就是采用这种方式。

对于每一个有效的工作状态，相电压都可用一个合成空间矢量表示，其幅值相等，只是相位不同而已。如以$\bar{U}_{s_1}$、$\bar{U}_{s_2}\cdots\bar{U}_{s_6}$依次表示100、110$\cdots$101六个有效工作状态的电压空间矢量，它们的相互关系如图4-6所示。设逆变器的工作周期从100状态开始，其电压空间矢量$\bar{U}_{s_1}$与$x$轴同方向，它所存在的时间为$\pi/3$。在这段时间以后，工作状态转为110，电机的电压空间矢量为$\bar{U}_{s_2}$，它在空间上与$\bar{U}_{s_1}$相差$\pi/3$ rad。随着逆变器工作状态的不断切换，电机电压空间矢量的相位也作相应的变化。到一个周期，$\bar{U}_{s_6}$的顶端恰好与$\bar{U}_{s_1}$的尾端衔接，一个周期的6个电压空间矢量共转过$2\pi$ rad，形成一个封闭的正六边形。至于111与000这两个工作状态，可分别冠以$\bar{U}_{s_7}$和$\bar{U}_{s_0}$，并称之为零矢量，它们的幅值为0，也无相位，可认为坐

落在六边形的中心点上。

设在逆变器工作的第一个 π/3 期间，电机的电压空间矢量为图 4-7 中的 $\vec{U}_{s_1}$。此时定子磁链为 $\vec{\Psi}_{s_1}$。逆变器进入第二个 π/3 期间，电压空间矢量变为 $\vec{U}_{s_2}$，按式（4.13），可写为

$$\vec{U}_s \Delta t = \Delta \vec{\Psi}_s \tag{4.16}$$

此处 $\vec{U}_s$ 是 $\vec{U}_{s_1} \sim \vec{U}_{s_6}$ 的广义表示。就第二个工作期间而言，式（4.16）表明在 $\Delta \vec{\Psi}_s$ 对应的 π/3 期间内，在 $\vec{U}_{s_2}$ 的作用下，$\vec{\Psi}_{s_1}$ 产生增量 $\Delta \vec{\Psi}_{s_1}$，其 $|\vec{U}_{s_2}|\Delta t$ 方向与 $\vec{U}_{s_2}$ 一致。最终形成图 4-7 所示的新的磁链矢量 $\vec{\Psi}_{s_2} = \vec{\Psi}_{s_1} + \Delta \vec{\Psi}_{s_1}$，依此类推，可知磁链矢量的顶端运动轨迹也是一个正六边形。

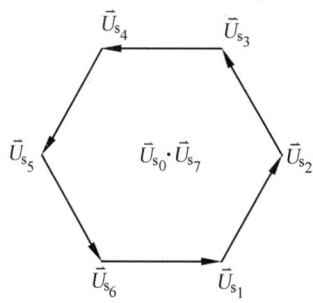
图 4-6 电机的电压空间矢量图

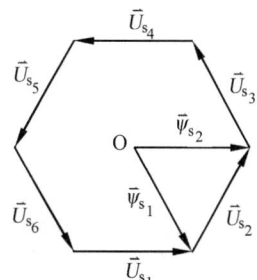
图 4-7 磁链矢量图

（1）近似圆形旋转轨迹。

常规六拍逆变器供电的异步电机只产生正六边形的旋转磁场，显然这不利于电机的匀速旋转。如果想获得更多边形或逼近圆形的旋转磁场，就必须有更多的逆变器开关状态，以形成更多的空间电压矢量。为此，必须对逆变器的控制模式进行改造。可以利用基本空间电压矢量的线性组合，以获得更多的与 $\vec{U}_{s_0} \sim \vec{U}_{s_7}$ 相位不同的新的空间电压矢量，最终构成一组等幅、不同相的空间电压矢量，从而形成尽可能逼近圆形旋转磁场的磁链多边形，如图 4-8 所示。这样，在一个周期内，逆变器的开关状态会多次重复出现，逆变器的输出电压是一系列等幅不等宽的脉冲波，这就形成了空间电压矢量控制的 PWM 逆变器（图中小圆圈表示零矢量），空间电压矢量扇区分布如图 4-9 所示。

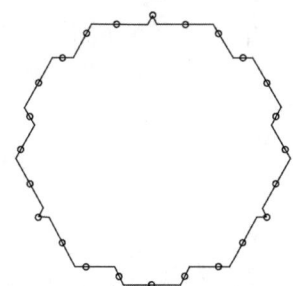
图 4-8 12 分频的磁链轨迹图

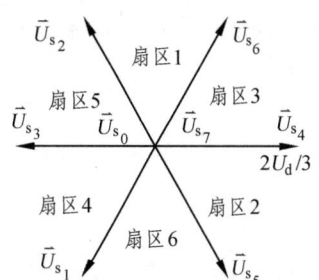
图 4-9 空间电压矢量扇区分布图

（2）模式的应用。

在大功率牵引领域，由于功率开关元件的开关频率有限，因而在整个调速范围内，须应用空间电压矢量脉宽调制策略构成多种调制方式，以满足控制要求。在低频启动区段，采用

异步调制可充分利用开关器件允许的开关频率，使磁链轨迹逼近理想圆，转矩脉动小；在输出频率较高时，为了保证三相输出电压、电流间的对称性，消除寄生谐波，宜采用同步调制。

同步调制时，不同的矢量拟合方式将得到不同的多边形磁链轨迹和输出结果，所以应选择磁链对称高的矢量拟合方式，同步 11、5、3 分频及方波工况对应的磁链圆轨迹分别如图 4-10（a）(b)(c)(e) 所示。当逆变器由 3 分频工况直接进入方波工况时，输出电压的基波分量将突然增大，该增量加在电机定子漏抗上，使电机电流迅速增大。中间直流环节电压越高，电流增量越大，极易引起系统功率冲击，影响系统的正常工作，因此必须实现同步 3 分频和方波工况之间的平滑转换，以避免电压跳变和系统的功率冲击，折角调制就是一种很好的过渡方案，对应的磁链轨迹如图 4-10（d）所示，当传动系统工作在恒功阶段时，一般采用方波运行方式，对应为六边形磁链，如图 4-10（e）所示。

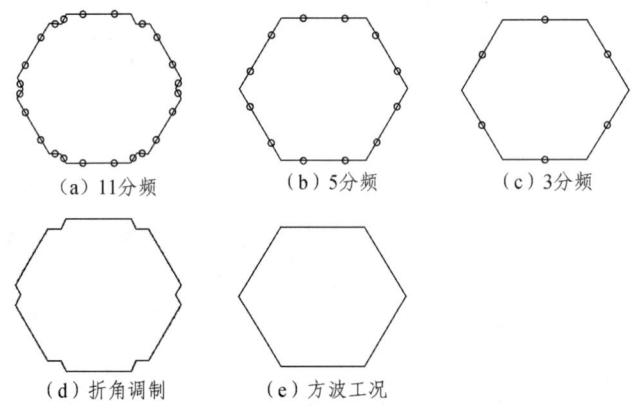

图 4-10 不同调制磁链轨迹

不同调制方法之间转换时，为保证空间电压矢量的连续性，转换时刻宜选择在前一扇区结束，后一扇区刚开始工作处。过渡过程必须保证逆变器输出电压不会发生幅值和相位的跳变。因此应根据转换前后两种调制方法的不同，选择适当的矢量拟合方式进行过渡，这是整个控制过程很重要的一个问题。

**2．三电平式牵引逆变器**

（1）主电路结构及工作状态。

三电平三相逆变器电路如图 4-11 所示。由于三相桥臂工作过程完全相同，因此以 a 相桥臂为例进行说明。

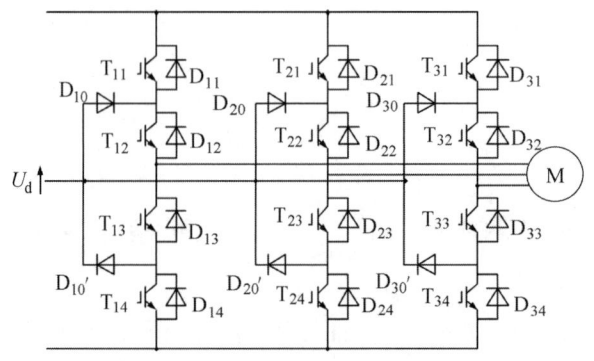

图 4-11 三电平式逆变器主电路原理图

两电平逆变器中相电压为 +0.5$U_d$、−0.5$U_d$，三电平逆变器中相电压为 +0.5$U_d$、0 和 −0.5$U_d$。两电平逆变器中线电压为 +$U_d$、0 和 −$U_d$，三电平逆变器中线电压为 +$U_d$、+0.5$U_d$、0、−0.5$U_d$ 和 −$U_d$。

忽略中点电位的偏移，可以看到每一个开关器件所承受的电压均为 0.5$U_d$。

当上桥臂开关器件导通时，即状态 P，下桥臂的开关 $T_{13}$、$T_{14}$ 各承受 0.5$U_d$ 的电压；当下桥臂开关器件导通时，即状态 N，上桥臂的开关 $T_{11}$、$T_{12}$ 各承受 0.5$U_d$ 的电压；当辅助开关器件导通时，即状态 O，主电路中的开关 $T_{11}$、$T_{14}$ 各承受 0.5$U_d$ 的电压。

## 五、中间直流环节工作原理及技术方案

在交-直-交变流器中，中间直流回路属于储能环节，是入端脉冲整流器和负载端逆变器之间的联结纽带。在电压型脉冲整流器中，其组成部分包括：相应于 2 倍电网频率的串联谐振电路；支撑电容器和过压限制电路。

### 1. 二次串联谐振电路

由于脉冲整流器输出的电流含有大量的高次谐波，其中二次谐波对系统的性能影响最大。二次串联谐振电路的作用就是消除二次谐波，下面首先分析二次谐波产生的机理。

交流电源提供的瞬时功率为

$$P_N(t) = u_N(t) \times i_N(t) = \sqrt{2}U_N \sin\omega_N t \times \sqrt{2}I_N \sin\omega_N t \\ = U_N I_N - U_N I_N \cos 2\omega_N t \tag{4.17}$$

其中包含一个恒定分量和一个以 2 倍电源频率脉动的交变分量。

变压器漏抗上的瞬时无功功率为

$$Q_{LN}(t) = u_{LN}(t) \times i_N(t) = \sqrt{2}U_{LN} \sin\omega_N t \times \sqrt{2}I_N \sin\left(\omega_N t + \frac{\pi}{2}\right) \\ = U_{LN} I_N \sin 2\omega_N t \tag{4.18}$$

变流器输入瞬时功率为

$$P_s(t) = u_{ab}(t) \times i_N(t) = \sqrt{2}U_{LN} \sin(\omega_N t - \phi) \times \sqrt{2}I_N \sin\omega_N t \\ = U_N I_N - U_N I_N \cos 2\omega_N t - U_{LN} \sin 2\omega_N t \tag{4.19}$$

变流器输出电流可根据变流器为无损耗和无储能器件的简化假设，由以下功率平衡关系求得

$$i_N(t) u_{ab}(t) = i_{dc}(t) U_d$$

则

$$i_{dc} = \frac{\sqrt{2}U_{ab} \sin(\omega_N t - \phi) \times \sqrt{2}I_N \sin\omega_N t}{U_d} = \frac{U_{ab} I_N}{U_d}[\cos\phi - \cos(2\omega_N t - \phi)] \tag{4.20}$$

从式（4.20）可知，变流器的输出电流包含直流分量和 2 倍于供电频率的交流两个重要的分量，一个和一个其中直流分量 $U_{ab}I_N \cos\varphi / U_d$ 流入负载，幅值为 $U_{ab}I_N/U_d$ 的二次谐波电

流分量从串联谐振电路流过，而串联谐振电路吸收漏抗产生的无功功率，因而可以降低电源瞬时功率的脉动分量。

### 2．支撑电容器

在电压源型变流器中，支撑电容器作为储能器可以支撑中间回路电压并使其保持稳定。支撑电容 $C_d$ 值的大小直接决定着中间直流环节的工作性质，因此合理选择 $C_d$ 的值十分重要。

由于中间回路与两端变流器之间存在着复杂的能量交换过程，迄今还没有简单实用的方法来选择合适的支撑电容器 $C_d$ 的值。但可以通过系统仿真，并按照以下准则来判定经验取值的正确性。这些准则包括：

（1）中间回路直流电压保持稳定，峰-峰波动值不超过规定的允许值。

（2）中间回路直流电流是连续的，没有间断，其峰-峰波动值不超过规定的许可值。

（3）中间回路的损耗应保持最小。

（4）所选择的电容器的参数不会影响整个系统的稳定性。

（5）应当成功地抑制逆变器和电机中发生的暂态过程，保持系统稳定。

（6）防止高频电流可能引起对通信和信号系统的电磁干扰。

# 任务二　CRH2/CRH380A 型动车组牵引变流器维护与检修

## 【任务描述】

（1）掌握 CRH2/CRH380A 型动车组牵引变流器的基本结构原理及性能参数；

（2）掌握 CRH2/CRH380A 型动车组牵引变流器维护与检修方法及注意事项。

## 【相关知识】

### 一、CRH2 动车组主变流器的工作原理、组成及结构

#### 1．基本工作原理

CRH2 动车组采用 CI11 型牵引变流器，一个基本动力单元 2 个，全列 4 个，车下吊挂，液体沸腾冷却。

主电路结构为三电平式，由脉冲整流器、中间直流电路及逆变器构成，不设网侧谐波滤波器和二次谐振滤波装置。控制采用 PWM 方式。随着牵引电机输出功率的变化，变流器的中间直流环节的电压在 2 600 V 到 3 000 V 间变化，每一个牵引变流器采用矢量控制原理控制 4 台并联的牵引电机。

功率元器件为 3 300/1 200 A 等级的 IGBT 或者 IPM，冷却介质为氟化碳（FX3250）。

## 2．牵引变流器的组成及结构

牵引变流器的外形如图4-12所示。牵引变流器输入为1 285 kV·A（AC1 500 V，857 A，50 Hz），中间直流电路为1 296 kW（DC 3 000 V，432 A），牵引变流器输出为1 475 kV·A（3XAC2 300 V，424 A，0～220 Hz），外形尺寸 $L×W×H$ 为3 240 mm×2 400 mm×650 mm。

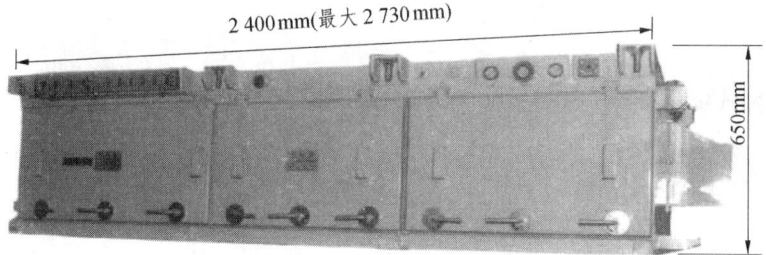

图4-12　主变流器外形

牵引变流器装置中心有变频功率单元2台，逆变功率单元3台，使功率单元能够集中布置，图4-13是主变流器内部结构图。

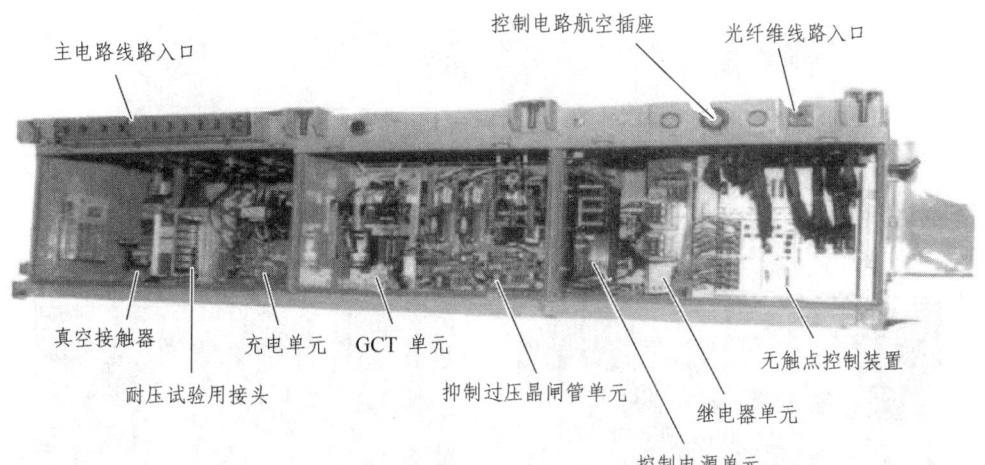

（a）主变流器打开检查罩的状态

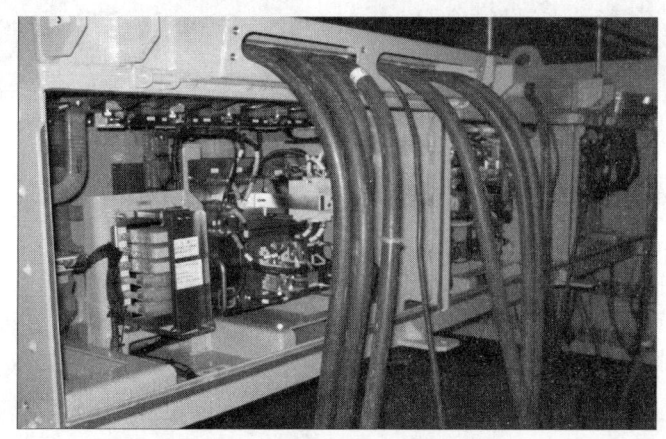

（b）主变流器外部接线

图4-13　为打开检查罩的状态

在牵引变流器功率单元车辆侧配置有两排气口的两轴电动通风机,向功率单元冷凝器送风,图 4-14 所示是主变流器吸气侧外观,图 4-15 所示是主变流器拆下吸气过滤网的状态,图 4-16 所示是主变流器箱体外形。

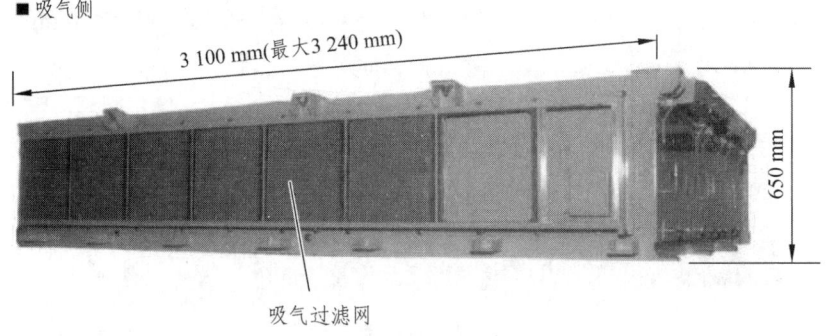

图 4-14 主变流器吸气侧外观

图 4-15 主变流器拆下吸气过滤网的状态

图 4-16 主变流器箱体外形

真空接触器和继电器单元、无触点控制装置等集中布置,便于检修。另外,检查面考虑其工作性和密封性,采用板簧式手动型夹紧装置。

牵引变流器的零部件,考虑到其操作和维修的方便,采用模块化设计。例如,半导体冷却装置分成变频器两台,逆变器 3 台的单元,分别具有互换性。图 4-17 所示为牵引变流器箱外形尺寸及技术说明。

箱内接线规格为:① 主电路接线,母线 3.5~150 $mm^2$SQWL2 电线;② 控制电路接线,0.5~2.0 $mm^2$SQWVO 电线或特氟隆电线;③ 接线布置时分离高低压接线。按类别分开不同信号线并分别构成不同的线束,以尽可能地避免在信号线之间产生相互干扰。

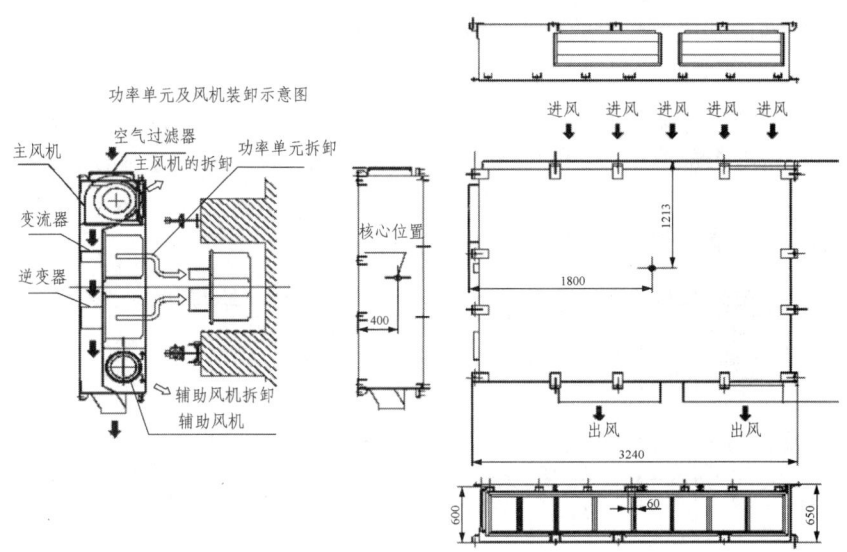

图 4-17 牵引变流器箱外形尺寸及技术说明

### 3．主变换电路结构

CRH2/CRH380A/CRH380AL 型动车组牵引变流器由三电平整流器回路、三电平逆变器回路及中间直流回路组成。

CRH2 型动车组主变换装置分别在 M1、M2 车上各装载一台，其除了在加速时向牵引电机供电和实施制动时的电力再生控制外，还有保护功能。

图 4-18 所示是牵引变流器内部设备布置。

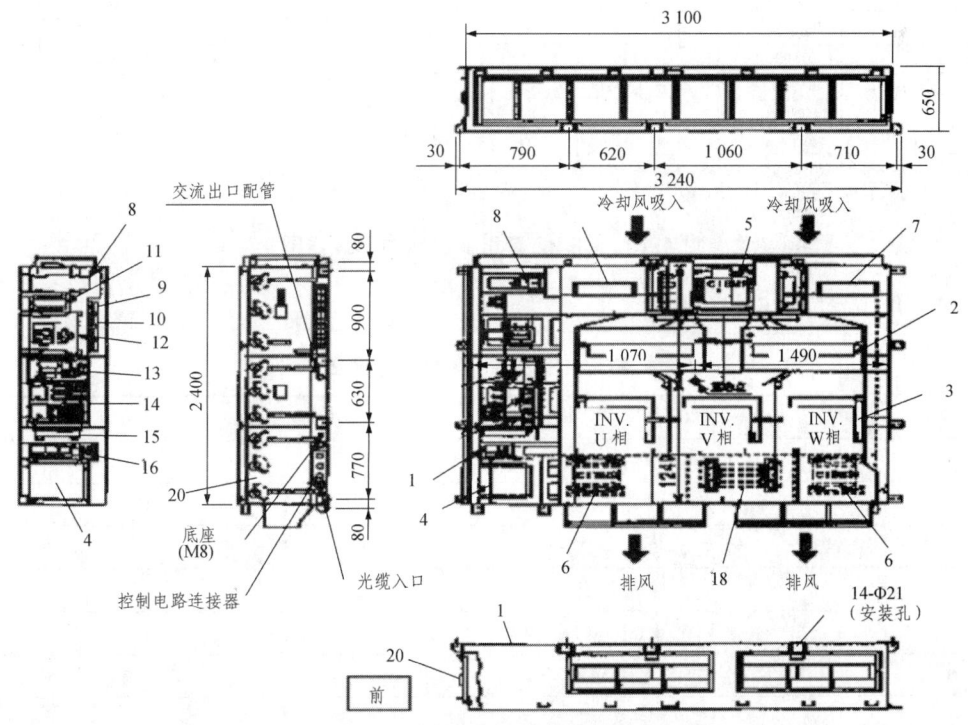

图 4-18 牵引变流器内部设备布置

此外，将车辆信息控制装置的信息在换流器之间进行载波相位差运行，以减少接触网电流的高次谐波。

车轴端装有速度传感器，用于主变换装置、制动控制装置的速度（旋转频率）的检出。

主变换装置由3个部分组成：① 从单向交流得到的直流功率的整流器；② 从直流电流得到三相交流的逆变器；③ 吸收脉冲电压得到直流电压的直流平滑电路（滤波电容）。

图4-19所示是CRH2牵引变流器内部接线图。

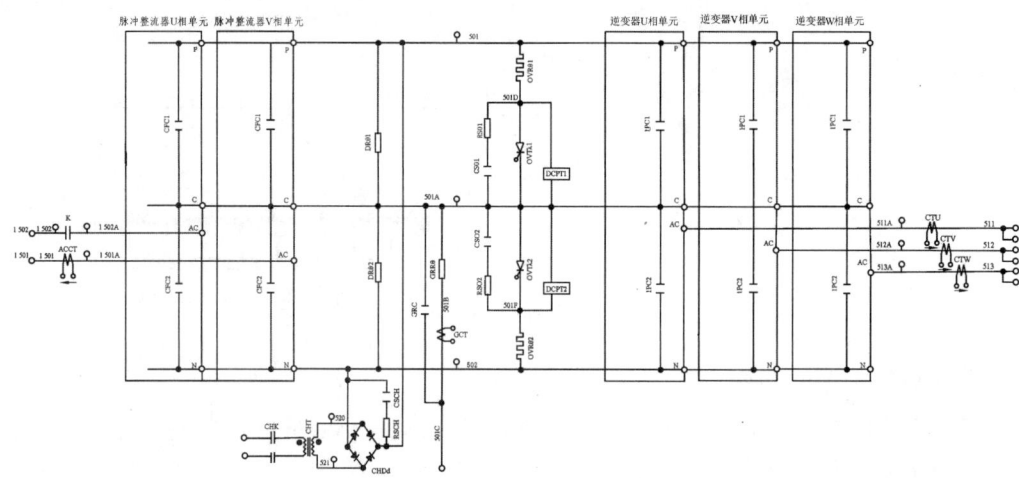

注：表示耐压试验连接销

| NO. | 设备记号 | 型号 | 规格 | 数量 |
|---|---|---|---|---|
| 1 | K | VMC-100AL | AC1 500V,1 000A | 1 |
| 2 | ICF1,2 | | 2 500μF×2S | 3 |
| 3 | CFC1,2 | | 4 250μF×2S | 2 |
| 4 | CHK | SD-N65 | 440V,62A | 1 |
| 5 | CHT | | 400V/2 100A | 1 |
| 6 | CHDd | (15MA400X4) | 4 000V,40A×4 | 1 |
| 7 | CSCH | HACB-3G-183K | 4 000V,0.18μF | 1 |
| 8 | RSCH | HCN-10 | 22Ω,5W | 1 |

| NO. | 设备记号 | 型号 | 规格 | 数量 |
|---|---|---|---|---|
| 9 | GCT | | 25A/10V | 1 |
| 10 | GRRθ | RT-200-20Ω | 20Ω,200W×2S2P | 1 |
| 11 | GRC | | 1 950V,1.0μF | 1 |
| 12 | OVTA1,2 | 5STP04D4 200 | 4 200V,425A | 1 |
| 13 | OVRθ1,2 | | 1.3Ω,1kW×4S | 1 |
| 14 | RSO1,2 | SKRT40 | 30Ω,40W | 1 |

| NO. | 设备记号 | 型号 | 规格 | 数量 |
|---|---|---|---|---|
| 15 | CSO1,2 | | 2 000V,0.2 2S | 1 |
| 16 | DCPT1,2 | EX9235 | 2 000V/10V | 1 |
| 17 | DRθ1,2 | RT-400-12kΩ | (12kΩ,400W×2S) | 2 |
| 18 | ACCT | | 3 000A/10V | 1 |
| 19 | CTU,V,W | | 3 000A/10V | 3 |

图4-19 CRH2牵引变流器内部接线图

表4-3是主变流器的设备清单。

表4-3 主变换装置的构成设备

| 序号 | 名称 | 数量/每组 | 备注 |
|---|---|---|---|
| 1 | 箱形框架 | 1 | |
| 2 | 换流器功率单元 | 2 | |
| 3 | 逆变器功率单元 | 3 | |
| 4 | 无接点控制装置 | 1 | |
| 5 | 主鼓风机（CIBM1） | 1 | |
| 6 | 辅助鼓风机（CIBM2、3） | 2 | |
| 7 | 热交换器 | 2 | |

续表

| 序号 | 名　称 | 数量/每组 | 备注 |
|---|---|---|---|
| 8 | 真空接触器 | 1 | |
| 9 | 电流检出器（ACCT） | 1 | |
| 10 | 电流检出器（CTU·CTV·CTW） | 3 | |
| 11 | 耐压试验接插件 | 1 | |
| 12 | 充电单元 | 1 | |
| 13 | 接地电流检出（GCT）单元 | 1 | |
| 14 | 抑制过电压晶闸管（OVTH） | 1 | 包括 DCPT 单元 |
| 15 | 门用电源 | 1 | |
| 16 | 交流电压检出器（ACPT） | 1 | |
| 17 | 继电器单元 | 1 | |
| 18 | 电阻器单元 | 1 | |
| 19 | 空气过滤器 | 1 式 | |
| 20 | 检查面盖板 | 3 种 | |

（1）整流器部分。

整流器以主变压器二次侧输出 AC 1 500 V、50 Hz 为输入，它由单相三级 PWM 换流器、交流接触器 K 组成。

整流器的功能是：通过无接触点控制装置的 IGBT 点弧控制，使输出电压在 2 600 V 到 3 000 V 范围内变化，主变压器一次侧的电压、电流功率因数达到 1。再生制动时，进行逆变换，输入滤波电容的直流电压为 3 000 V，将交流 1 500 V、50 Hz 供给主变压器侧。

作为输入侧的主电路的接通与断开，是使用交流接触器 K 来实现的。图 4-20 是变流器单元的外形图。

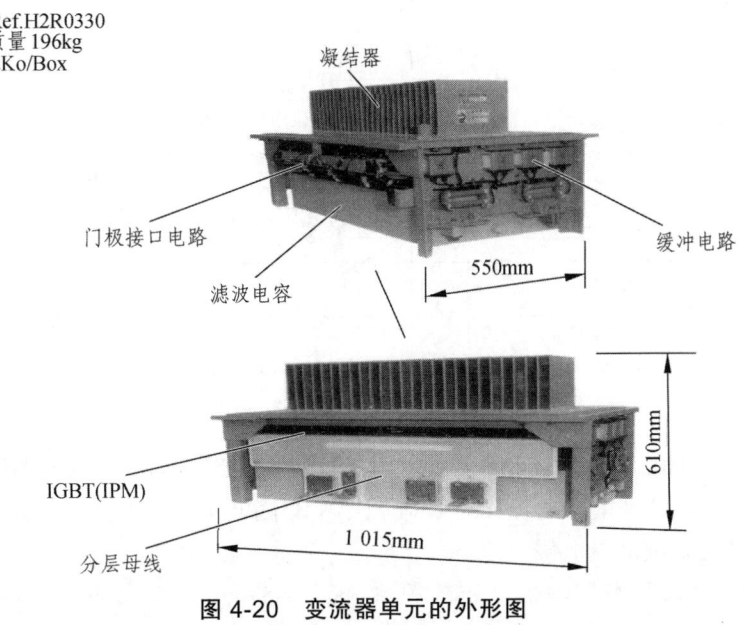

图 4-20　变流器单元的外形图

脉冲整流器功率模块外观如图 4-21 所示（图中数字所示设备见表 4-4），中央为框架，上部为冷却通风部，用于配置冷凝器。冷却器下面为高压绝缘的 IPM 元件、钳位二极管和缓冲二极管等元件单体。冷却器的沸腾容器作为接地，表 4-4 是脉冲整流器功率模块主要构成设备。

图 4-21　脉冲整流器外形结构图

表 4-4　脉冲整流器功率模块主要构成设备

| 编号 | 品　名 | 件数/单元 | 备　注 |
| --- | --- | --- | --- |
| 1 | 缓冲电容器 | 8 只 | DC2150 V、2 μF |
| 2 | 缓冲电阻器 | 8 只 | 10 Ω |
| 3 | 门极接口电路板 | 4 块 | |
| 4 | 平衡电阻器 | 4 组 | 160 kΩ×2P |
| 5 | 层压板母线 | 1 组 | |
| 6 | 冷却器 | 1 套 | |
| 7 | 支撑电容器 | 1 组 | DC2050 V、4 250 μF×2S |
| 8 | IPM | 8 只 | 3 300 V，1 200 A |
| 9 | 钳位二极管 | 4 支 | 3 300 V，1 200 A |
| 10 | 缓冲二极管 | 8 支 | 1 200 V，100 A |

利用 PWM 脉冲整流器可实现输入电压基波分量功率因数为 1 的运行状态，从而减小设备体积、降低电力消耗。此外，由于脉冲整流器、逆变器部采用 3 点式电路结构实现电压控制，主电路半导体元件采用高速开关的 IPM 减小了交流电压波形失真，可有效降低牵引电机和牵引变压器的力矩波动、电磁噪声。

主电路元件导通状态和输出电压的关系见表 4-5。功率模块部主电路连接如图 4-22 所示。

表 4-5 主电路元件导通状态和输出相电压的关系

| 输出状态 | 高电位点电位输出 | 中性点电位输出 | 低电位点电位输出 |
|---|---|---|---|
| PWM 信号 Gsw | Gsw = +1 | Gsw = 0 | Gsw = -1 |
| 门极指令 IPM1 | ON | OFF | OFF |
| 门极指令 IPM2 | ON | ON | OFF |
| 门极指令 IPM3 | OFF | ON | ON |
| 门极指令 IPM4 | OFF | ON | ON |
| 输出电压 | $+U_d/2$ | 0 | $-U_d/2$ |
| 等效电路 | | | |

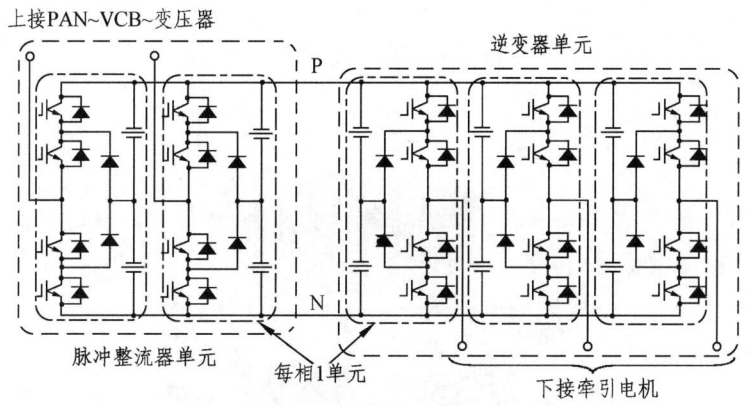

图 4-22 功率模块连接图

减少接触网电流高次谐波,同一动车组内的 M1 车、M2 车的 2 台换流器间其载波相位差 -90°,每个动车组间相差 -67.5°,按此来进行设定。

(2)逆变器。

逆变器以滤波电容电压输入,通过无接点控制装置(IGBT)控制信号,输出电压频率可变的三相交流电压,控制 4 台并联的感应电动机的速度、转矩。再生制动时,功能的进行顺序变化,感应电动机输入发电的三相交流,向滤波电容输出直流电压。

感应电动机的控制是采用矢量控制方式,独立地控制转矩电流及励磁电流,以提高转矩控制的精度、转矩应答的高速化和提高电流控制性能。电路的结构与换流器相同,采用三级结构。图 4-23 是逆变器的外形图。

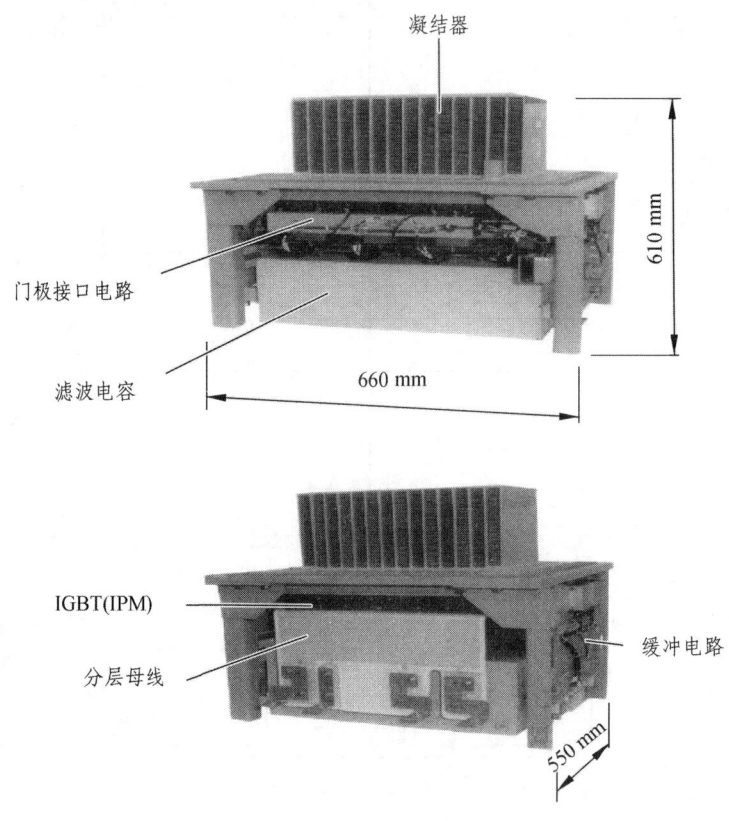

图 4-23　逆变部分的外形

逆变器功率模块外观如图 4-24 所示(图中数字所示设备见表 4-6)。

图 4-24　逆变器功率模块外形结构图

各设备基本配置与脉冲整流器功率模块相同,主要设备见表 4-6。

表 4-6 逆变器功率模块主要构成设备

| 编号 | 品名 | 件数/单元 | 备注 |
|---|---|---|---|
| 1 | 缓冲电容器 | 4 只 | DC2150 V、2 μF |
| 2 | 缓冲电阻器 | 4 只 | 10 Ω |
| 3 | 门极接口电路板 | 4 块 | |
| 4 | 平衡电阻器 | 2 组 | 160 kΩ×2P |
| 5 | 层压板母线 | 1 组 | |
| 6 | 冷却器 | 1 组 | |
| 7 | 支撑电容器 | 1 组 | DC2050 V、2 500 μF×2S |
| 8 | IPM | 4 只 | 3 300 V,1 200 A |
| 9 | 钳位二极管 | 2 支 | 3 300 V,1 200 A |
| 10 | 缓冲二极管 | 4 支 | 1 200 V,100 A |

牵引变流器的零部件,考虑到其操作、维修方便,采用模块化设计。例如半导体冷却装置分成脉冲整流器用两台,逆变器用 3 台的单元,分别具有互换性。控制装置分为无接点控制装置(控制逻辑部)、继电器单元、电源单元等。

半导体冷却装置和电动通风机等大型装置采用下部拆装的结构。小型控制单元内的各零部件可以采用不同厂家的产品,维修和检查时需要更换的控制单元,其结构和功能必须具有互换性。

(3)直流平滑电路部分。

中间电路主要由均压电阻、支撑电容器和过压保护电路构成,目的是获得直流恒压。中间直流电路如图 4-25 所示,支撑电容器 5 个并联,分别组装于各个功率模块内,CRH2/CRH380A 型动车组中间回路分别设置了 2 台整流器功率单元、3 台逆变器功率单元的滤波电容器,两台脉冲整流器模块各装 1 个,3 台逆变器模块也各装 1 个,合计容量 8 000 μF。

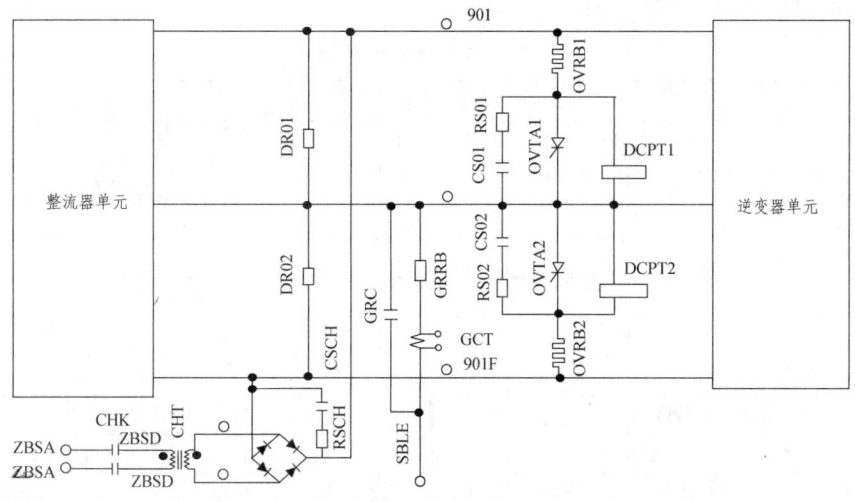

图 4-25 中间直流电路

滤波电容器在换流器功率单元有 2 组,在逆变器功率单元有 3 组,总共容量为 8 000 μF。

滤波电容与备用充电电源相连接，启动时经过内有电阻分量的充电变压器，由3次电路进行初次充电，防止因K线接通时产生过大的冲击电流。

此单元由充电变压器、二极管电桥、电磁接触器构成，滤波电容器备用充电电路结构如如图4-26所示。

随着驾驶台逆变器的投入和电磁接触器动作，从3次绕组通过充电变压器和二极管桥对滤波电容器进行充电。充电变压器为充电电阻一体型结构，将3次绕组的电压AC400 V升至2 100 V，由二极管电桥整流后对滤波电容器进行充电。逆变器闭合时接入预充电接触器CHK，充电（约1 s）后CHK切段，然后接通牵引变流器输入回路。

以下表示从充电开始到K投入为止的流程。

① 换向器（reverser）投入。
② 输出充电用接触器（CHK）投入。
③ 支撑电容器充电。
④ 充电用接触器（CHK）断开。
⑤ K投入。

部分器件的功能简介如下：

图4-26 支撑电容器预备充电电路构成

GCT：检测牵引变压器2次侧接地电流。根据设定值，OVTh-on、脉冲整流器·逆变器gate-off及牵引变流器1次侧电源接触器（K）断开。

过电压抑制可控硅单元（OVTh单元）：

OVTh单元：由可控硅、缓冲器（snubber）阻抗器、缓冲器（snubber）电容、栅级驱动基板、直流电压检测器等构成。当检测到支撑电容器的过电压，且控制电源为Off时，可控硅为ON，让支撑电容器具有放电的功能。

DCPT：组装在OVTh单元内，对直流电压进行检测。当检测到OVTh false firing（误点弧）、直流过电压、直流低电压、电压异常等时，根据条件，脉冲整流器·逆变器gate-off、牵引变流器1次侧电源接触器（K）等断开。

中间直流电路器件参数如表4-7所示。

表4-7 中间直流电路器件

| No | 设备记号 | 数量 | No | 设备记号 | 数量 |
|---|---|---|---|---|---|
| 1 | 支撑电容器（变流器）CFC1,2 | 2 | 11 | CSCH | 1 |
| 2 | 支撑电容器（逆变器）ICF1,2 | 3 | 12 | 接地电流互感器（GCT） | 1 |
| 3 | 接地阻抗器（GRRe） | 1 | 13 | 接地容抗器（GRC） | 1 |
| 4 | 抑制过电压电阻器（OVRe1,2） | 2 | 14 | 支撑电容放电用的可控硅(OVTh1,2) | 2 |
| 5 | 支撑电容器放电用电阻器（DRe1,2） | 2 | 15 | RSO1,2 | 2 |
| 6 | 交流接触器（K） | 1 | 16 | CSO1,2 | 1 |
| 7 | 交流接触器（CHK） | 1 | 17 | 直流电压互感器（DCPT1,2） | 2 |
| 8 | 变压器（CHT） | 1 | 18 | 交流电压互感器（ACCT） | 1 |
| 9 | 不控整流器（CHDd） | 1 | 19 | 三相输出电流互感器（CTU,V,W） | 3 |
| 10 | RSCH | 1 | | | |

（4）牵引变流器的冷却系统。

牵引变流器的冷却系统由通过外气进行冷却的主冷却部和不导入外气进行冷却的密封室

冷却部组成。图 4-27 所示是牵引变流器断面冷却风流向。

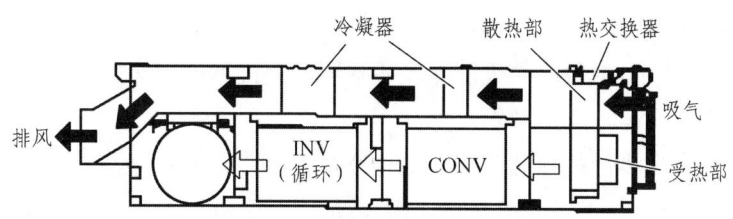

图 4-27　牵引变流器断面冷却风流向

① 主冷却风流向。

主冷却风流向模型如图 4-28 所示。冷却风（外气）经空气过滤器过滤后分为两部分，一部分经过热交换器（散热部）后被主鼓风机（CIBM1）吸入，一部分直接被主鼓风机吸入。主鼓风机（CIBM1）送出的冷却风经过脉冲整流器功率模块冷凝器、逆变器功率模块冷凝器后，由排风管道排出。

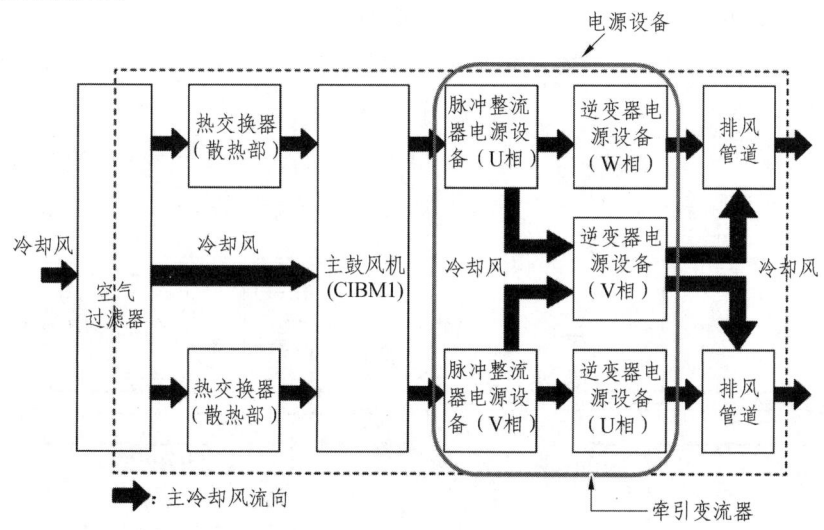

图 4.28　主冷却风流向

② 密闭室内冷却风流向。

密闭室内冷却风流向模型如图 4-29 所示。

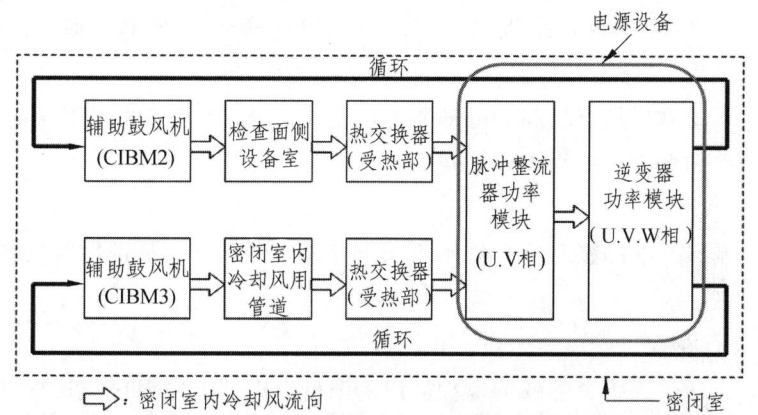

图 4-29　密闭室内冷却风流向

密闭室内冷却风为内部循环风。密闭室内热量通过热交换器释放到大气。两台辅助鼓风机（CIBM2、3）驱动冷却风循环。

冷却风流向分为：CIBM2→检查面侧设备室→热交换器（受热部）和CIBM3→密闭室内冷却风用管道→热交换器（受热部）2种。

吸收热交换器放出热量的冷却风在对脉冲整流器功率模块和逆变器功率模块的电气部件（门驱动器·支撑电容器等）进行冷却后，被辅助鼓风机（CIBM2、3）吸入，然后开始下一个循环。

③ 沸腾冷却。

电力功率开关模块和二极管模块冷却装置采用高效的散热装置，此装置采用内存制冷容器外壁直接接触元件的强化散热方式，可以有效提高功率器件性能、增强装置冷却性能、减小体积、减轻质量。

冷却器工作原理如图4-30所示，蒸发器外壁面直接接触元件，外壁面吸收的元件热量传递到内壁面后用于内部制冷剂沸腾，制冷剂沸腾的汽化潜热从内壁面吸收，上述过程能够达到良好的冷却效果。

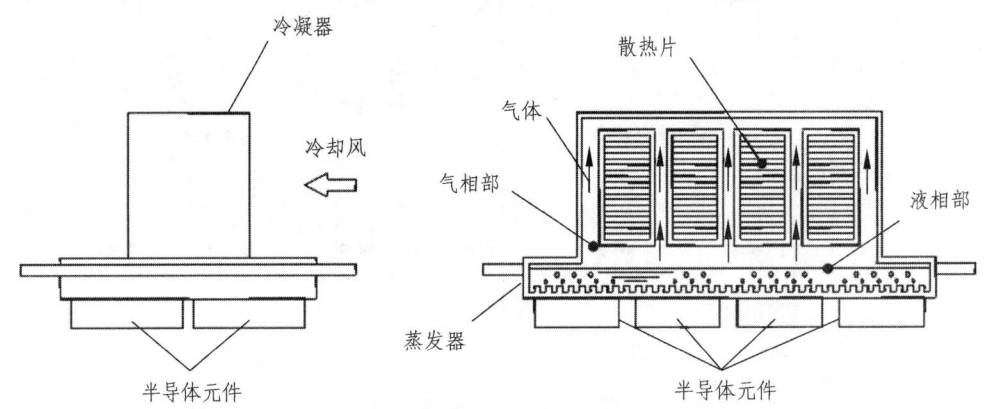

图4-30 冷却器工作原理图

制冷剂沸腾产生的蒸汽被直接导向冷凝器。冷凝器外部为数量众多的散热片，处于冷却风冷却状态。蒸汽接触到冷凝器内壁后放出汽化潜热并液化，在重力作用下流回蒸发器。

冷却器通过上述循环具有较高的冷却能力。此外，通过采用蒸发器内存制冷剂的构造，可以实现较高的冷却性能，从而有效减轻质量。

④ 制冷剂。

冷却器利用制冷剂的沸腾和冷凝作用冷却半导体元件，制冷剂选用替代氟利昂，属于非氟利昂系列制冷剂。

⑤ 冷却容器保护。

冷却单元装有通过沸腾容器壁面监控液温的温度继电器，当温度超过规定值时自动断开主电路，保护装置动作设定值如表4-8所示。

表 4-8　保护装置动作设定值

| 保护装置 | 脉冲整流器 | 逆变器 |
| --- | --- | --- |
| 温度继电器触点动作温度 | 80 ℃ | 84 ℃ |

制冷温度通过沸腾容器壁面传递到温度继电器，达到规定温度后，继电器内部保护动作，断开触点，如图 4-31 所示。

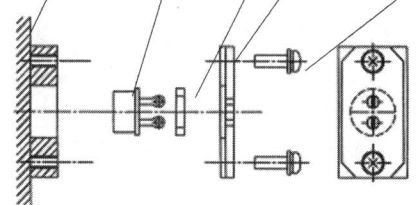

图 4-31　温度继电器安装构造

⑥ 冷凝器。

冷凝器外观如图 4-32 所示。

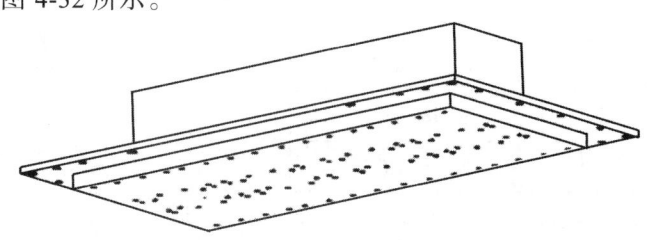

图 4-32　冷凝器外观（脉冲整流器用，斜下方视角）

（5）主鼓风机。

主鼓风机（MH1132—FK205 型电动送风机）用作 CI11 系主变换器的主冷却，在主变换装置内有 1 台。电动机使用单相笼型两轴感应电动机。送风机是用多翼型两扇类，由主鼓风机吸入的冷却风（外界空气）从 2 个口排出送风，冷却换流器功率单元及逆变器功率单元的冷凝器，图 4-33 所示是主鼓风机的外形。

图 4-33　主鼓风机

① 主鼓风机规格如表 4-9 所示。

表 4-9 主鼓风机规格

| 电动机 | | 送风机 | |
|---|---|---|---|
| 形　　　式 | MH1132 | 形　　　式 | FK205 |
| 结　　　构 | 笼型单相 | 结　　　构 | 多翼型 |
| 通 风 方 式 | 全闭外扇形 | 送风机静压 | 960 Pa |
| 相　　　数 | 单相 | 风　　量 | $50 \times 2$ m³/min |
| 电 极 数 量 | 4P | 旋 转 速 度 | 1 400 r/min |
| 输　　　出 | 4.0 kW | 质　　　量 | 120 kg |
| 电　　　压 | 400 V | 电 容 质 量 | 9 kg |
| 额 定 电 流 | 13 A | 防振橡胶：8 个 | |
| 频　　　率 | 50 Hz | | |
| 额 定 速 度 | 1 400 r/min | | |
| 绝 缘 种 类 | F | | |
| 电 容 器 | 90 μF-600VAC | | |
| 轴承（负载侧） | 6308ZZC3 | | |
| 轴承（非负载侧） | 6308ZZC3 | | |
| 使 用 油 脂 | SRL | | |

② 电动机。

本电动机是与主鼓风机的驱动机相配合的，全封闭，是附有外扇安装脚的横向两轴型电动机。电动机水平横向安装，送风机的翼片直接安装在电动机两轴端，电动机的冷却是通过自己的外扇风来实现，电容器另外设置在机械室内（检查面侧）。

③ 送风机。

送风机使用多翼叶轮，安装在电动机的两侧，套管安装后，吸入口均使用铝材，以减轻质量。电动机和箱一起安装在安装台上。主鼓风机用 8 个防振橡胶安装在主变换装置上。

（6）辅助鼓风机（MH1130—201 型号电动送风机）。

辅助鼓风机（MH1130—201 型号电动送风机）用作 CI11 型主变换装置密封室的冷却，该装置用 2 台辅助鼓风机。图 4-34 所示是辅助电动鼓风机外形，电动机使用单相笼型感应电动机，送风机使用轴流型。由于辅助鼓风机是 2 台运转，使密封室内的空气循环通过热交换放热。

① 辅助鼓风机规格如表 4-10 所示。

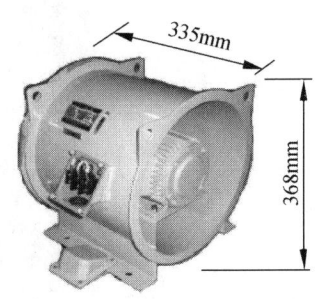

图 4-34 辅助电动鼓风机

表 4-10 辅助鼓风机规格

| 电动机 | | 送风机 | |
|---|---|---|---|
| 形　　　式 | MH1130 | 形　　　式 | FK201 |
| 结　　　构 | 笼型 | 结　　　构 | 斜流型 |
| 通 风 方 式 | 全闭型 | 送风机静压 | 265 Pa |
| 相　　　数 | 单相 | 风　　　量 | 30 m$^3$/min |
| 电 极 数 量 | 2P | 旋 转 速 度 | 2 830 r/min |
| 输　　　出 | 0.55 kW | 质　　　量 | 35 kg |
| 电　　　压 | 400 V | 电 容 质 量 | 1.4 kg |
| 额 定 电 流 | 2 A | | |
| 频　　　率 | 50 Hz | | |
| 额 定 速 度 | 3 000 r/min | | |
| 绝 缘 种 类 | F | 防振橡胶：4 个 | |
| 电 容 器 | 7 μF-880VAC | | |
| 轴承（负载侧） | 6308ZZC3 | | |
| 轴承（非负载侧） | 6308ZZC3 | | |
| 使 用 油 脂 | — | | |

② 电动机。

电动机的结构为全封闭型，通常通过外扇冷却电机。主变换装置为能够通过密封室内的循环达到冷却效果，去掉了外风扇，使之减轻质量。定子使用 0.5 mm 厚的硅夕钢片，槽数为 24 个，线圈使用脂亚氨基线，绝缘物使用诺曼克斯纸（聚酰胺绝缘材料商品名），是 F 类绝缘。转子是有高电阻的铝铸件，电容另行设置在机械室内（检查面侧）。

③ 送风机。

送风机是斜流型，由罩叶片导轨、叶轮组成，电动机与罩一起装在安装台上。辅助鼓风机是通过 4 块防振橡胶安装在主变换装置的密封室内。

（7）热交换器。

图 4-35 所示是热交换器的外形图。热交换器用于藏有电子产品的密封室内的冷却，每个主变换装置有 2 台，冷却媒介不是氟的替代品，而是使用纯水，这是此热交换器的特征，在设计上充分考虑了环境因素。

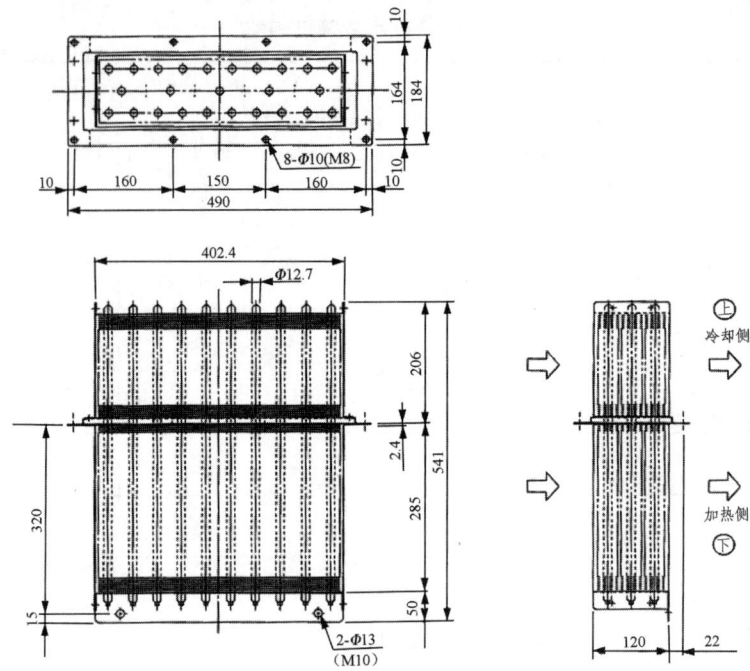

图 4-35 热交换器的外形图

① 动作原理。

热交换器使用重力型加热管,图 4-36 是热交换器的原理图。封入的液体(纯水)通过从管壁吸热蒸发,形成蒸汽流向冷凝器,蒸汽被冷却成为液体,同时通过冷凝热的释放进行热交换。

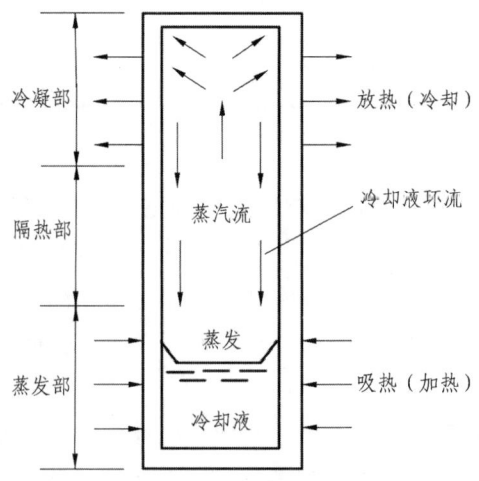

图 4-36 热交换原理

② 结构。

加热管使用铜管(表面镀锡),散热扇片使用铝(0.5T),以提高热交换器的性能和减轻质量。安装框使用 SUS304(1.2T)。热交换器的基本规格如表 4-11 所示。

表 4-11 热交换器基本规格

| 规 格 | 放热侧（上部） | 吸热侧（下部） |
|---|---|---|
| 风 量 | 15 m³/min | 20 m³/min |
| 压 损 | 100 Pa 以下 | 50 Pa 以下 |
| 热性能 | 0.013 3 K/W 以下（20 K/1 500 W） | |
| 冷却媒介 | 纯水 | |

## 二、CRH2 动车组主变流器的主要技术参数及性能

（1）形式：CI11。
（2）变频器：单相电压 3 电平 PWM 变频器。
（3）逆变器：3 相电压 3 电平 PWM 逆变器。
（4）额定参数：
① 输入：1 285 kV·A（单相交流 1 500 V，857 A，50 Hz）。
② 中间直流电路：1 296 kW（直流 3 000 V，432 A）。
③ 输出：1 475 kV·A（三相交流 2 300 V，424A，0～220 Hz）。
④ 效率：96%以上（在额定载荷条件下，除辅助电路和控制电路外）。
⑤ 功率因数：97%以上（在额定载荷条件下，除辅助电路和控制电路外）。
（5）开关频率：
① 变频器 1 250 Hz。
② 逆变器 500～1 000 Hz。
（6）冷却方式：液体沸腾冷却机械通用方式（冷却液：氟化碳 FX3250）。
（7）主要构件：
① 功率单元：
主开关元件：IGBT 或 IPM
滤波电容器：合计 8 000 μF
变频器功率单元：2 125 μF/台×2 台 = 4 250 μF
逆变器功率单元：1 250 μF/台×3 台 = 3 750 μF
② 过压抑制可控硅单元：过压抑制可控硅栅级驱动电路、直流变压器（DCPT）。
③ 充电单元：滤波电容备用充电用接触器、变压器及整流器。
④ 真空交流接触器。
⑤ 电阻器单元：过电压抑制电抗器、放电电阻器。
⑥ 交流变流器单元：空穴 CT。
⑦ 交流变压器单元：ACPT。
⑧ 控制电源单元。
⑨ 电动通风机：主电动通风机、辅助电动通风机。
（8）无触点控制装置（见图 4-37）。

无触点控制装置具有如下功能：① 变频器控制功能；② 逆变器控制功能；③ 程序控制功能；④ 维修、检查功能。

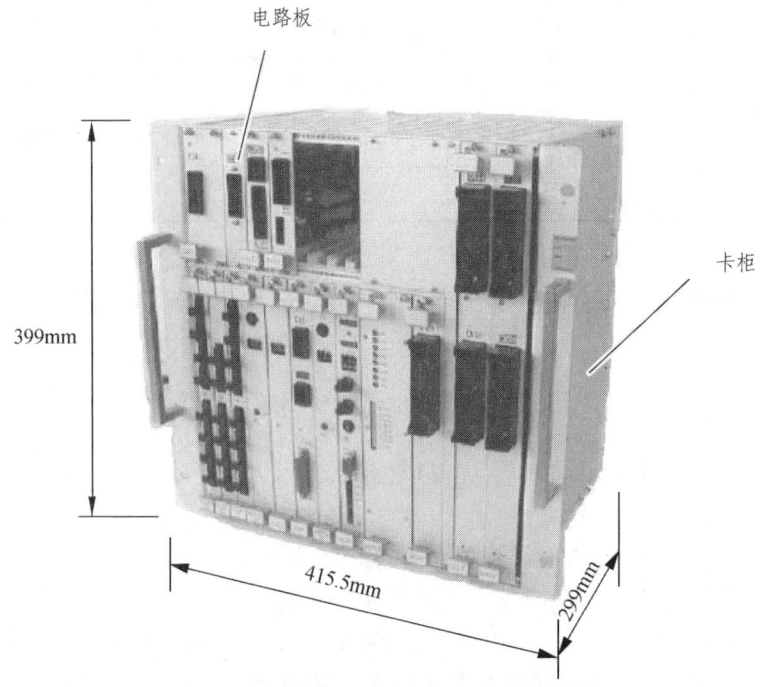

（a）无触点控制装置外形

（b）无触点控制装置安装位置

图 4-37　无触点控制装置

## 三、CRH2 动车组主变流器维护与检修

1．拆卸与安装

（1）主变换装置的拆卸要领。

① 从端子台拆卸主电路配线。
② 从端子台拆卸交流口的出线。
③ 从外部接地座卸下接地线。
④ 卸下控制电路仪表接插件。
⑤ 从无接点控制装置卸下仪表光缆。

拆卸光缆时一定要注意对光缆的施力、扭曲。此外，为使光缆端部及无接点控制装置光接插件的防尘，应使用专用盖加以保护。

（2）主变流器装置的移动。

如图 4-38 所示，预先设定挡板，使负重得到均匀负担，卸下装置的螺栓，将负载移至升降机上来移动装置。

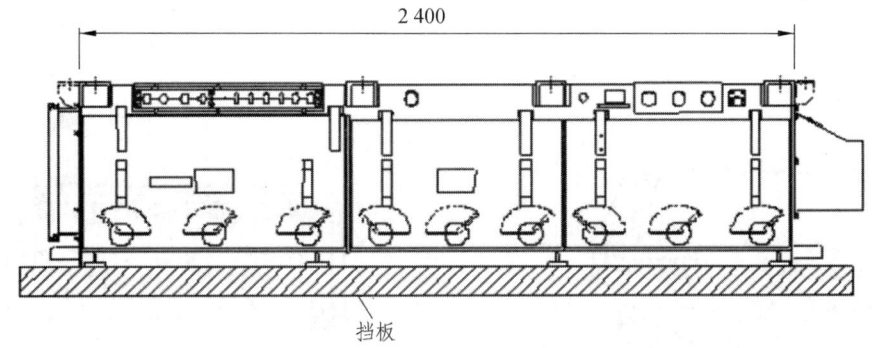

图 4-38 挡板的设定状态

采用吊车装置的场合，如图 4-39 所示，安装吊杆，用 4 支点的钢丝绳将装置吊起。

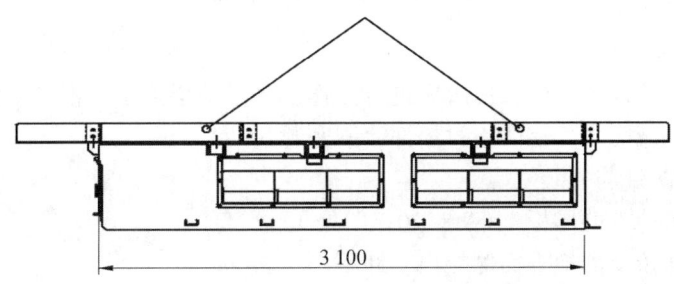

图 4-39 装置的吊起状态

（3）功率单元的拆卸。

① 首先在功率单元下面准备升降机，支撑功率单元。其次，在升降机与功率单元间放入能沿枕木方向移动的活动台。

② M12 螺栓：换流器部分 16 个×2 单元 = 32 个、逆变器部分 12×3 单元 = 36 个，使用长度为 500 mm 以上的套筒扳手。

③ 升降机降下，从主体中取出功率单元。

（4）功率单元的搬运（见图 4-40）。

使用吊车时，在法兰盘部的功率单元安装孔插入一个不会拔落的棒（长度为 100 mm 左右的螺栓等），并在法兰盘上用布绳卷缠后吊起。

① 在功率单元机架下面插入 100 mm 左右的方木，在不会发生翻转的状态下，承放在平板架上，要在这种平稳的场所保管。此外，为防止污损用尼龙罩等进行保护。

② 要避开光线直晒的场所。

③ 不要放置在有火、气或是易燃物的附近。

④ 尽可能地避开气密室。

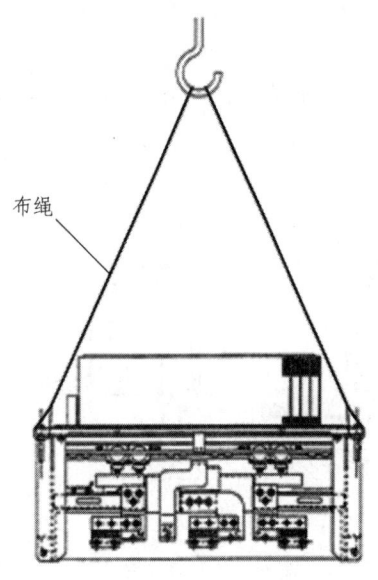
（a）吊起状态

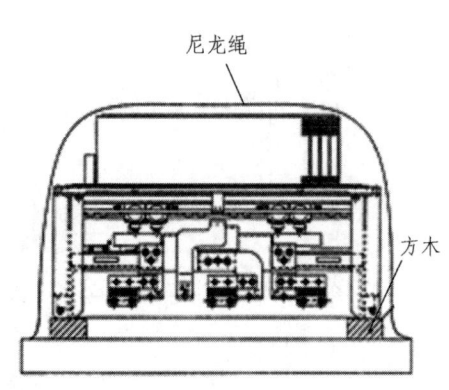
（b）放置状态

图 4-40　功率单元的搬运

（5）功率单元安装要领。

① 按上述所示拆卸要领的反向顺序进行操作。光缆的接插位置不要搞错。

② 为了切实执行防水，在防水衬垫部涂刷密封剂。

（6）鼓风机的拆卸与安装要点。

① 卸下空气清洁器的压板 1（M8×20；两处）。

② 将空气清洁器 2 的检查面侧拉出，卸下。

③ 从箱形框架中卸下过滤网安装框（M8×30；有 26 处）。

④ 从鼓风机端子箱 4 卸下配线（端子箱、端子台均用 M5 螺栓），从接地座卸下地线（使用 M6 螺栓）。

⑤ 用叉车或是转向架，使主鼓风机（包括安装框架，约重 135 kg）的安装框架 5 在有支撑的状态下卸开安装螺栓（M12×30；共 16 处）。

⑥ 让叉车后退约 20 mm。

⑦ 叉车下降约 200 mm 后，将主鼓风机搬出车外，其时要注意电线固定接头与主鼓风机的支撑配件不要相碰撞。

⑧ 从安装框架 5 取出主鼓风机（M10×22；8 处）。

⑨ 安装顺序正好与拆卸顺序相反。

(7)鼓风机的拆卸与安装要点。

① 卸下空气清洁器的压板 1（M8×20；两处）。

② 将空气清洁器的检查面侧拉出，卸下。

③ 从箱形框架中卸下过滤网安装框（M8×30；有 26 处）。

④ 从鼓风机端子箱 4 卸下配线（端子箱、端子台均用 M5 螺栓），从接地座卸下地线（使用 M6 螺栓）。

⑤ 用叉车或是转向架，使主鼓风机（包括安装框架，约重 135 kg）的安装框架 5 在有支撑的状态下卸开安装螺栓（M12×30；共 16 处）。

⑥ 让叉车后退约 20 mm。

⑦ 叉车下降约 200 mm 后，将主鼓风机搬出车外，此时要注意电线固定接头与主鼓风机的支撑配件不要相碰撞。

⑧ 从安装框架 5 取出主鼓风机（M10×22；8 处）。

⑨ 安装顺序正好与拆卸顺序相反。

(8)辅助鼓风机（CIBM2、CIBM3）的拆卸与安装要领。

① 卸开底盖板（M8×20；CIBM2 有 14 处，CIBM3 有 12 处）。

② 从端子盒 2 卸下配线（M4 螺丝），从接地座取下电线（M6 螺丝）。

③ 在叉车或转向架上设置辅助鼓风机 3，使辅助鼓风机（包括安装框架，约重 40 kg）在支撑状态下取下安装螺栓（M12×25；4 处）。

④ 使叉车下降约 450 mm 后，将辅助鼓风机搬至叉车外。

⑤ 卸下辅助鼓风机（M12×5；4 处）。

⑥ 安装顺序正好与卸下顺序相反。

(9)主鼓风机容性电容器（BMC1）的拆卸与安装要点。

① 从电容器端子台（M5）卸下配线（2 处）。

② 从电容器接地座（M5）卸下接地线（1 处）。

③ 从安装接点 3 卸下电容器（M6×20；4 处）。

④ 安装顺序与卸下顺序正好相反。

(10)辅助鼓风机用的电容器（BMC2、3）的拆卸。

① 从电容器的端子（M6）卸下配线（2 处×2 台）。

② 从电容器的接地座（M5）卸下接地线（1 处×2 台）。

③ 取下安装螺栓（M6×16；4 处×2 台）。

④ 安装顺序正好与拆卸顺序相反。

(11)开关门用的电源的拆卸与安装要点。

① 卸下控制接插件（有 5 处）。

② 卸下前面和后面的螺丝（M8×16；4 处）。

③ 卸下时利用支承台，则操作就方便多了。

④ 安装顺序与拆卸顺序正好相反。

(12)交流电压检出器（ACPT）的拆卸与安装要点。

① 从端子 2 卸下配线（M4 螺丝；有 5 处）。

② 卸下安装螺丝（M6×30；有 4 处）。

③ 安装顺序与拆卸顺序正好相反。

（13）继电器单元的拆卸与安装要点。

① 取下控制接插件 3。

② 卸下安装螺栓（M6×16；有 4 处）。

③ 安装顺序与拆卸顺序正好相反。

（14）无触点控制装置的拆卸与安装要点（见图 4-41）。

① 取下控制接插件 1（有 12 处）。

② 取下光缆 2 及仪表用光缆 3（有 22+1 处）。操作时要注意不要对光缆施力，不要使之扭曲。此外，为了防尘，在光缆端部及无触点控制装置的光接插件部用专用盖子加以保护。

③ 卸下光缆支撑件 4（M6×25；有 2 处）。此外，安装是与无触点控制装置共同紧固的。

④ 卸下剩余的螺丝（M6×25；有 2 处），拉出无触点控制装置。

⑤ 安装顺序与拆卸顺序正好相反。

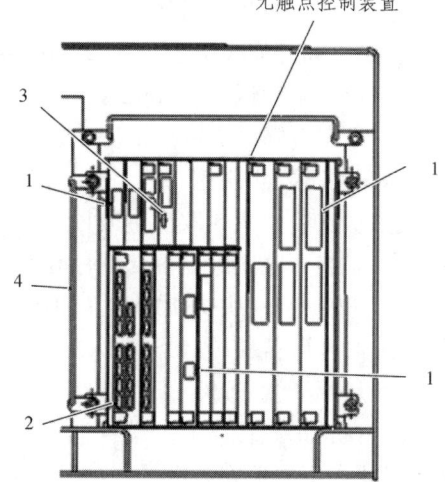

图 4-41　无触点控制装置拆卸顺序

**2．无触点控制装置进行维修及使用时的注意事项**

（1）在对本装置进行作业时，必须要在断电状态下进行。如果在电源接通状态下，一旦发生接插件等的脱落时，就会有冲击电压产生，可能会损坏半导体。

（2）无特殊需要不要去接触印刷电路板。

（3）即使是在无电源的场合，也不要随意地将零件、端子、引线等短接。由于电容器中会有剩余能量，上述的短路现象可能会破坏电子零件。

（4）进行配线导通试验时，必须使用高内阻仪表。

（5）卸下机器零部件的场合，应在满足以下条件的场所进行保管。

① 灰尘少的地方。

② 太阳直晒不到的地方。

③ 温度低的地方。

④ 不会受到热影响的地方。

⑤ 没有诸如电动机、发电机、空气压缩机等会发生振动的地方。

（6）不要施加像锤击那样大的冲击力进行试验。

（7）在清扫时不要使用吹气式，必须用吸引式清扫机（吸尘器）。在用吹气式的场合会将尘埃扩散，这样可能会被吸附到接插件开关等器件的接点上。

（8）将印刷电路板插入导轨时，必须确认印刷电路板和导轨各方所示名称的一致性，以避免插错。

（9）在卸下光接插件（位于控制逻辑部的前面）时，必须盖防尘帽。此外，在连接接插件时，必须确认是否有露水、尘埃。

# 任务三　CRH5 型动车组牵引/辅助变流器维护与检修

【任务描述】

（1）掌握 CRH5 型动车组牵引/辅助变流器的基本结构及工作原理；
（2）掌握 CRH5 型动车组牵引/辅助变流器的技术参数及基本性能；
（3）掌握 CRH5 型动车组牵引/辅助变流器的故障诊断及维护方法。

【相关知识】

## 一、牵引/辅助变流器的工作原理、组成及结构

### 1. 工作原理

牵引/辅助变流器 YGN2Q213（AY00000001050）系阿尔斯通技术引进经国产化后用于电动车组 CRH5 的变流装置，内部分别有两组四象限整流器（4QC）和逆变器，同时还有一组辅助逆变器，每一组逆变器控制一台 568 kW 牵引电机，辅助逆变器向车载三相 400 V/50 Hz 用电设备供电。

变流器的主要功能是将 25 kV/50 Hz 的单相交流电压通过牵引变压器降压后，输出单相 AC1770 V/50 Hz 的电压，经四象限整流得到 3 600 V 的中间直流电压，再经逆变器输出电压频率可调的 0~2 808 V 的三相交流电压来控制每台电机。

同时辅助逆变器从中间回路输入直流 3 600 V 电压经斩波降压逆变后输出三相 400 V/50 Hz 的交流电压，为辅助系统的设备供电。变流器由 8 个组件平台构成，它们分别是两个辅助组件平台，两个牵引模块组件平台，两个用户组件平台，一个冷却系统平台，一个电阻组件平台，8 个平台通过中央线槽连接形成一个整体。

### 2. 结　构

本装置由牵引整流逆变单元、辅助逆变单元、门控单元、冷却单元构成，与车辆底板总成在一起。

2 个四象限整流器（4QC）并联，给 2 个牵引逆变器和 1 个辅助逆变器供电。
2 个三相电压型两电平逆变器，分别给 1 台异步牵引电动机供电。
2 个制动斩波器，当列车处于过分相区时，消耗来自负载的能量（制动阶段中的动能）。
1 个辅助逆变器，给辅助设备提供 400 V-50 Hz 的交流电压。
1 个牵引控制单元（TCU），控制四象限整流器、制动斩波器、牵引逆变器的 IGBT 开关，以获得满足车辆牵引/制动性能要求的控制。
1 个辅助控制单元（ACU），控制辅助逆变器的 IGBT 开关，以获得 400 V-50 Hz 的三相交流电压。

辅助组件 1 主要包括辅助功率模块、辅助控制单元（ACU）、高频变压器和接口插座；辅助组件 2 主要包括斩波电感、滤波器、中压端子板、隔离开关、用于保护的开关组件；牵引组件 1 和牵引组件 2 的结构基本相同，主要由四象限整流模块、逆变模块、支撑电容和水冷回路接口组成。

用户组件 2 主要由中间直流滤波电容器、端子板、传感器组件组成；用户组件 1 主要由牵引控制单元（TCU）、电压、电流传感器组件、接地开关、辅助隔离开关、高压隔离开关组成；冷却组件主要由水冷散热器、风扇、风道、水泵和膨胀箱组成；电阻组件主要由放电电阻、辅助滤波器组成。各个组件的构成及位置如图 4-42 所示。

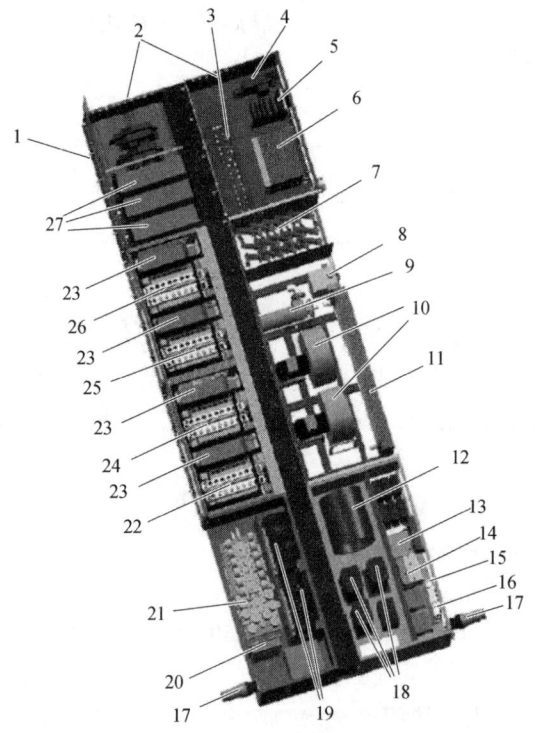

图 4-42　牵引/辅助变流器

1—牵引/辅助变流器；2—高压端子排；3—电压和电流传感器；4—辅助变流器高压隔离开关；5—接地隔离开关；6—牵引调节器（TCU）；7—放电电阻和输出滤波电容；8—油箱；9—油泵；10—风机；11—空气/水交换器；12—斩波器电感；13—隔离开关-SMT 400；14—远程输出控制开关；15—中压/高压板；16—中压端子排；17—外部中压插座；18—单相滤波电感；19—高频变压器；20—辅助变流器调节器（ACU）；21—辅助变流器模块；22—INV2/CHF2 模块；23—中间滤波器电容；24—4 QC2 模块；25—INV1/CHF1 模块；26—4 QC1 模块；27—中间滤波器附加电容

牵引/辅助变流器可在 40 ℃ 环境温度、高于或等于 22.5 kV 的接触网线电压下向每个电机轴提供 550 kW 的功率。由它提供电力牵引和制动-再生式（当线路可吸收回馈能量时）或电阻式（在电分相区段时）以及辅助负载所需的功率。

（1）双级（4QC1 和 4QC2）式 PMCF 输入变流器，采用 600 A-6 500 V IGBT，向 2 台牵引逆变器及 1 台用于辅助服务的变流器供电。

（2）2 个三相逆变器（INV-TRAZ1 和 INV-TRAZ2），属于两级上均外加电压的类型，采用 600 A-6 500 V IGBT，每一个均向一台异步牵引电机供电。

（3）2个制动斩波器（CHF1和CHF2），采用600 A-6 500 V IGBT，当列车处于电分相区段时用以在相应的变阻器上耗散动能（在电制动模式下）。

（4）1个辅助变流器（CH-INV AUX），采用600 A和1 200 A IGBT，以400 V AC、50 Hz向总成辅助服务供电。

（5）1个TCU（牵引控制单元），它控制着输入变流器、制动斩波器和牵引逆变器的IGBT，以实现驱动转矩和功率控制，并满足动态性能要求。

（6）电压和电流传感器，牵引控制器通过它监测牵引变流器的运行，并在牵引和电制动阶段调节牵引电机的输出转矩。

（7）1个附加控制器（ACU），控制辅助变流器的IGBT以产生向辅助服务供电的400 V AC、50 Hz三相电压。

（8）变流器IGBT装在5个模块中：

① 其中2个模块完全相同，构成PMCF输入级。每个模块均包含8个600 A IGBT及相关的反并联二极管。

② 另有2个模块完全相同，每一个均构成一个牵引逆变器和相应的制动斩波器。每个模块均包含7个600 A IGBT及相关的反并联二极管。

（9）第5个模块构成辅助变流器，它包括：

① 4个1200 A IGBT，构成2个辅助斩波器。

② 2个600 A IGBT和8个整流二极管，以实现有源谐振。

③ 6个1200 A IGBT和相关的反并联二极管，构成辅助逆变器。

### 3．冷却系统

冷却系统主要由1个热交换器，1个电动泵，2个风机，1个膨胀水箱，管路等构成。另外系统中还包括1个安全阀，1个除气留水器，1个水补给系统，1个温度传感器，1个压力传感器。热交换器和风机用于热量与空气温度的热交换，电动泵用于冷却液的循环流动，膨胀水箱用于存储冷却液，压力传感器和温度传感器用于控制和调节冷却系统中冷却液的温度和压力，其控制由牵引控制单元TCU来管理。

牵引变流器需要冷却的部件主要是4个牵引功率模块和1个辅助功率模块。通过冷却系统管路中的水乙二醇混合剂循环流过功率电子元件的安装基板，功率模块产生的热量被循环带走，然后水泵将此混合剂抽入到空气-水热交换器中，将热量散发到周围空气环境中，达到冷却的效果。此外冷却系统中的风机还有给辅助变流器中的电抗器冷却的作用。

为了便于维护，冷却系统组件的每个元件从变流器的侧面均很易接近，加冷却液的阀和液面水平指示仪在列车站台侧。牵引变流器冷却系统的结构及管道布置如图4-43所示。

牵引变流器冷却系统的气体回路布置如图4-44所示，交换器冷却空气由两个风机保证，从车辆相关侧吸入，然后通过位于变流器底侧的排放通道排出。

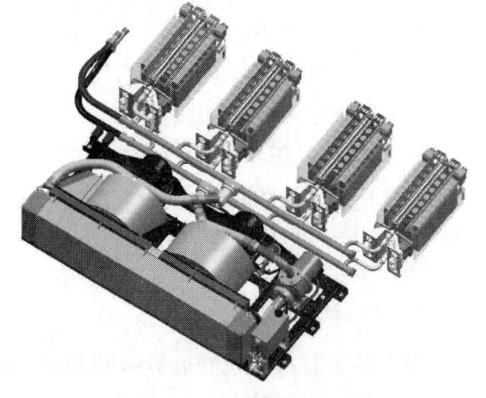

**图4-43 冷却系统结构图**

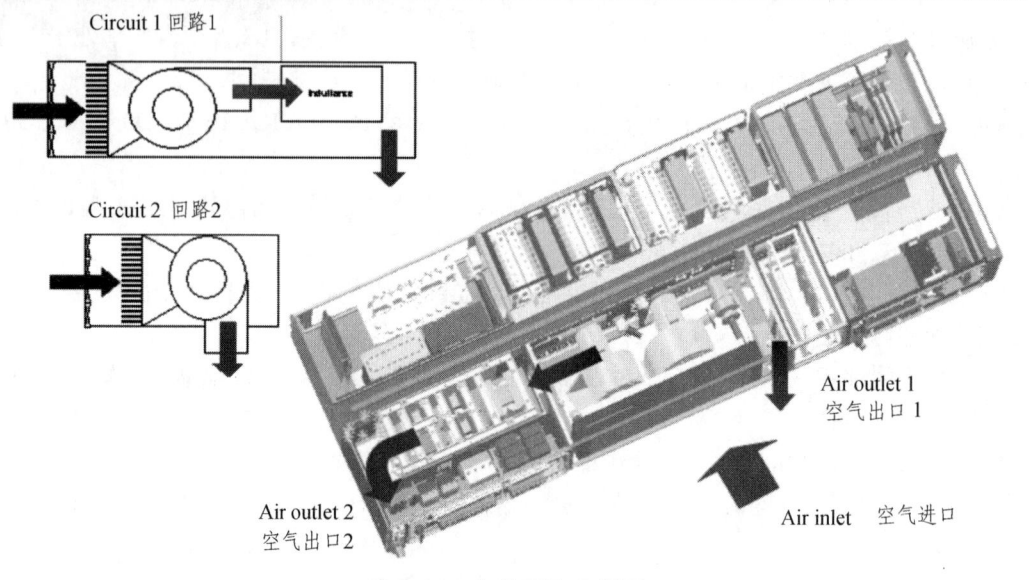

图 4-44　气体回路布置图

## 二、牵引/辅助变流器的技术参数及性能

### 1．输入变流器

输入变流器（PMCF 型）由 2 个采用 IGBT 的模块组成。在电制动阶段，它可以向接触网线供电，无须机电切换即可反转运行模式。

输入变流器将 2 个主变压器次级绕组提供的输出电压稳定为牵引和辅助逆变器所要求的值。

此变流器由 2 个相差为 180°的 PMCF 组成，从接触网线吸收电流（或在电制动阶段向其供电），其功率因数接近于 1，以噪声仪和谐波失真电流为指标对噪声值进行限制。

采用 IGBT 的模块被配置为在输出端并联，形成 2 个单相电桥。2 个电桥对来自 2 个相应牵引变压器次级绕组的单相交流电（1 770 V AC）进行整流，以获得稳定的直流电压输出。

输入变流器的特性如下：

类型：强制开关单相双电桥

功率半导体：6 500 V-600 A　IGBT 配以反并联二极管，模块在 9.5 kV 下被隔离

半导体冷却：水和乙二醇溶液

模块冷却：强制通风

额定输入电压：2 × 1 770 V AC

输出电压：3 200 ~ 3 700 V DC

IGBT 工作频率：250 Hz

### 2．牵引逆变器

牵引逆变器从中间滤波器吸收功率，向相应的牵引异步电机供以三相交流电。频率取决于电机速度。牵引逆变器为 2 级外加电压式，无须借助机械开关即可从电气牵引切换为电气制动。

牵引逆变器的特性如下：

类型：外加电压式

功率半导体：6 500 V-600 A　IGBT 配以反并联二极管，模块在 9.5 kV 下被隔离

半导体冷却：水和乙二醇溶液

模块冷却：强制通风

输出电压：10～2 808 V

#### 3．辅助变流器

辅助变流器从中间滤波器获得功率。它通过 2 个斩波器和 1 个高频解耦变压器产生电压，以便向辅助逆变器供电。辅助逆变器为辅助服务提供 400 V AC 线路。

辅助变流器的特性如下：

类型：双级型

功率半导体：3 300 V-1 200 A　IGBT 用于辅助斩波器，模块在 9.5 kV 下被隔离

　　　　　　1 700 V-600 A　IGBT 有源谐振整流二极管

　　　　　　1 200 V-1 200 A　IGBT 配以用于辅助逆变器的反并联二极管

半导体冷却：水和乙二醇溶液

输出电压：400 V AC 50 Hz

连续输出功率：环境温度在+45 ℃以下情况下，300 kV·A，$\cos\varphi = 0.8$

#### 4．制动斩波器

当车组处于电分相区段时，制动斩波器将在电机制动阶段（在相应的变阻器上）耗散动能。

制动斩波器的特性如下：

功率半导体：6 500 V-600 A IGBT 配以反并联二极管，模块在 9.5 kV 下被隔离

半导体冷却：水和乙二醇溶液

最大输出功率：2 × 522.1 kW

工作频率：250 Hz

## 三、主变流器的故障、诊断及维护

#### 1．检修及维护

定期检修是一套必要维修操作程序，用来防止列车系统（包括牵引辅助变流器）磨损、过早老化、消耗和润滑剂或其他各种液体泄漏。

执行维护程序时有必要仔细查看安全守则、穿着安全服饰（如外套、手套、眼罩等）。此外，确保执行所有列车系统要求的安全操作程序（高压电路接地、排气系统、停车制动）。

考虑到有时会在坑下作业，必须佩戴安全头盔。

检修日期并不是不变的，根据服务计划和系统有效性的不同检修会有相应的调整。所有一级二级维护操作允许有 10%的公差，来满足可能的计划要求，表 4-12 描述了牵引/辅助变流器的定期维护操作。

表 4-12 牵引/辅助变流器的定期维护操作

| 系统 | 子系统 | 任务 |
|---|---|---|
| 牵引变流器 | 辅助变流器隔离开关 | 电触点涂脂<br>一般清洁<br>连接紧固检查<br>滑动触头压力检查 |
| 冷却系统 | 风机 MVE1 和 MVE2 | 一般目测<br>电气连接和机械紧固检查<br>一般清洁 |
| | 热交换器 | 目测、清洁和渗漏检查 |
| | 液体装置<br>(管道和冷却液) | 目测可能发生的渗漏,加满并检查冷却液 |
| 辅助变流器 | 辅助电抗器(LINCH)<br>变压器(TR1-2)<br>斩波电抗器(LAUC)<br>输出电抗器(LU1-LU2-LU3) | 用高压空气清洁 |
| | 变流器横向盖板密封 | 目测胶条密封和渗油:侧部,下盖板,端子板 |
| | 辅助电抗器(LINCH);<br>斩波电抗器(LAUC);<br>输出电抗器(LU1-LU2-LU3) | 用低压给水栓清理并且在工作前完全烘干 |

**2.零部件的替换**

表 4-13 总结了建立在维护等级基础上的所有替换程序。

表 4-13 维修时部件的替换

| 系统 | 子系统 | 任务 | 备注 |
|---|---|---|---|
| 牵引变流器 | 辅助变流器隔离开关 | 替换 | |
| | 单相变流器模块(4QC) | 替换 | 用库存零件替代并发到专门的维修服务部门检修 |
| | 制动逆变器/斩波器模块 | 替换 | 用库存零件替代并发到专门的维修服务部门检修 |
| | 滤波放电电阻(Rris+Rdc) | 替换 | |
| | 中间支撑电容器(Cdc) | 替换 | |
| | 谐振滤波电容器(Cris) | 替换 | |
| | 逆变相电流传感器(TA1-2 M1-2) | 替换 | |
| | 4QC 输入电流传感器(TA1-2) | 替换 | |
| | 输出电流传感器(TA3) | 替换 | |

续表

| 系统 | 子系统 | 任务 | 备注 |
|---|---|---|---|
| 牵引变流器 | 中间电路电压传感器（TV1-2） | 替换 | |
| | 接地开关（SMT） | 替换 | |
| | 制动电阻电流传感器（TA4-5） | 替换 | |
| | TCU 风机（VREG1-2） | 替换 | |
| 冷却系统 | 风机（MVE1-MVE2） | 替换 | 水压系统的排放、填充、过滤和紧固测试的工具 |
| | 电动泵（MPOM） | 替换 | 水压系统的排放、填充、过滤和紧固测试的工具 |
| | 压力传感器 | 替换 | 水压系统的排放、填充、过滤和紧固测试的工具 |
| | 温度探针 | 替换 | |
| | 膨胀箱 | 替换 | 水压系统的排放、填充、过滤和紧固测试的工具 |
| | 热交换器 | 替换 | 水压系统的排放、填充、过滤和紧固测试的工具 |
| 牵引变流器 | LO.RE.模块 PT100 | 替换 | |
| | LO.RE.模块 TCAN | 替换 | |
| | LO.RE.模块 2 RELAYS RIL | 替换 | |
| 辅助变流器 | 辅助电抗器（LINCH） | 替换 | 提升机 |
| | 辅助功率模块（CH-INV_AUX） | 替换 | |
| | 辅助变流器输入电压传感器（TVAUXI N 1-2） | 替换 | |
| | 斩波输出电压传感器（TAOUTCH） | 替换 | |
| | 辅助功率模块散热器温度探针（STER） | 替换 | |
| | 变压器（TR1-2） | 替换 | 提升机 |
| | 变压器风扇 | 替换 | |
| | 斩波电感（LAUC） | 替换 | 提升机 |
| | 输出电抗器（LU1-LU2-LU3） | 替换 | 提升机 |

续表

| 系统 | 子系统 | 任务 | 备注 |
|---|---|---|---|
| 辅助变流器 | 滤波电容器 400 mF | 替换 | |
| | EMI 滤波器 | 替换 | |
| | 逆变器输出电压传感器（TV380） | 替换 | |
| | 输出电磁开关（TLU） | 替换 | |
| | 中压接地开关（SMT400） | 替换 | |
| 辅助 2 | 低压/高压板（MT1） | 维修 | |
| | 低压/高压板（MT2） | 维修 | |
| 辅助变流器 | 辅助平台风机 | 替换 | |
| | 变流器 RS232/485 | 替换 | |
| | 辅助控制单元（AA3） | 替换 | 用库存零件替代并发到专门的维修服务部门检修 |
| 牵引变流器 | TCU 架 | 替换 | 用库存零件替代并发到专门的维修服务部门检修 |

## 任务四　CRH380B 型系列动车组牵引变流器维护与检修

【任务描述】

（1）掌握 CRH380BL 型动车组牵引变流器的基本结构原理；

（2）掌握 CRH380BL 型动车组牵引变流器保养与检查方法及注意事项。

【相关知识】

### 一、概　述

CRH380BL 型动车组有 8 台牵引变流器，每台牵引变流器中有两组四象限斩波器（4QC）模块、1 个 PWM 逆变器模块、1 组牵引控制单元、冷却系统及中间直流环节，每一组逆变器控制 4 台牵引电机。变流器的主要功能是将牵引变压器输出的 AC 1 850 V/ 50 Hz，经四象限整流得到 3 200 ~ 3 600 V 的中间直流电压，再经逆变器输出电压、频率可调的三相交流电压为牵引电机供电，牵引变流器外形如图 4-45 所示。

牵引变流器(TC)位于 EC01/VC03/IC06/IC08/BC09/IC11/IC14/EC16 车底架下的设备舱中，牵引变流器冷却装置(CLT)在每个牵引箱的旁边，牵引控制单元集成在牵引变流器(TC)箱体中。

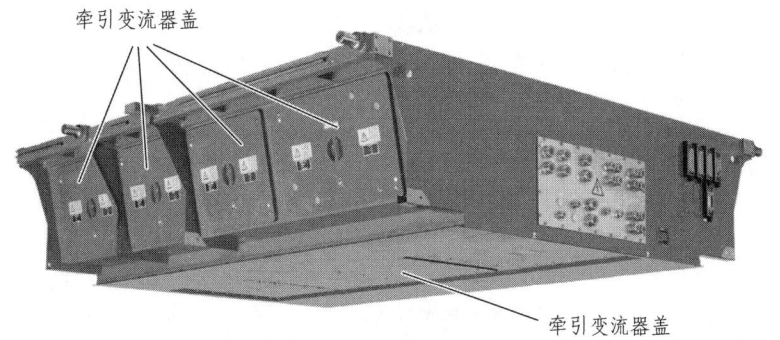

图 4-45 牵引变流器

牵引变流器的功能是进行电制转换，以满足牵引列车及牵引控制对电能形式的需要。CRH380BL 型动车组是交-直-交电传动电动车组，牵引变流器首先将来自受电弓的单相交流电转换成直流电，这一功能由网侧变流器模块（4QC）实现，该直流电又被电机变流器模块（PWMI）转换成三相交流电供给三相交流异步牵引电动机，通过对 4QC 和 PWMI 的控制实现列车的牵引、调速及制动。

牵引变流器的功率器件为 IGBT（绝缘栅双极晶体管），控制装置以微处理器为核心，可方便灵活地实现功率转换与保护，也可实现再生电气制动。每个牵引变流器基本上包括两个四象限斩波器（4QC）、1 个带串联谐振电路的中间电压电路、1 个过压限制器（MUB）和一个脉宽调制逆变器（PWMI）。

变流器内部主要组成如下：

（1）2 个四象限整流器（4QC）并联，给 1 个牵引逆变器供电。

（2）1 个三相电压型两电平逆变器，给 4 台异步牵引电动机供电。

（3）1 个牵引控制单元（TCU），控制四象限斩波器、牵引逆变器的 IGBT 开关，以获得满足车辆牵引/制动性能要求的控制。

（4）装置分通气部分和密封部分，把需要散热的冷却系统安装在通气部分，把有必要进行绝缘防止污损的部分安装在密封部分。

（5）冷却系统布置在变流箱的旁边。

## 二、牵引控制单元、冷却系统及限压电阻器

### 1. 牵引控制单元（TCU）

牵引控制单元（TCU）用于监控牵引变流器的操作，它们是位于 EC01/VC03/IC06/IC08/BC09/IC11/IC14/EC16 车底架下的牵引变流器的一部分。

TCU 的主要功能如下：

（1）调节指定的牵引或（电动）制动力，调节牵引变流器直流侧的电压，为牵引变流器

生成控制信号。

(2) 控制开关元件,如预充电接触器和线路断开开关。

(3) 监控和保护牵引组件。

(4) 车轮滑动保护。

车轮防滑系统软件持续监控车辆和从动轮的运动,若运动变量与容许值有偏差,引力会自动降低到一个级别。由于持续监控与车辆和车轮相关的运动变量,可以确保在所有轨道条件下牵引系统都受到控制。

车轮滑动保护功能包括:

(1) 提供持续的车辆滑动控制。

(2) 限制车辆加速度。

(3) 确定参考速度。

(4) 防止车轮制动(运行表面的平面区域)。

(5) 防止出现不容许的高轮轨滑动值。

(6) 规定牵引相关的诊断数据,有助于维护和提高可用性。

(7) 通过 MVB 与 CCU、BCU、司机 MMI 和辅助转换器装置进行数据交换。

**2. 冷却系统**

牵引变流器采用分体水冷式冷却系统,冷却单元安装在车下动力车牵引变流器的旁边,牵引变流器冷却单元外形如图 4-46 所示。

牵引变流器冷却系统主要包括冷却液、入口过滤器、污垢粗过滤器、冷却模块、冷却风扇、离心管道水泵、精过滤器、膨胀水箱、入口和出口温度传感器和压力传感器、入口阀和出口阀、带法兰的不锈钢波纹管、通气管以及串联谐振电感。

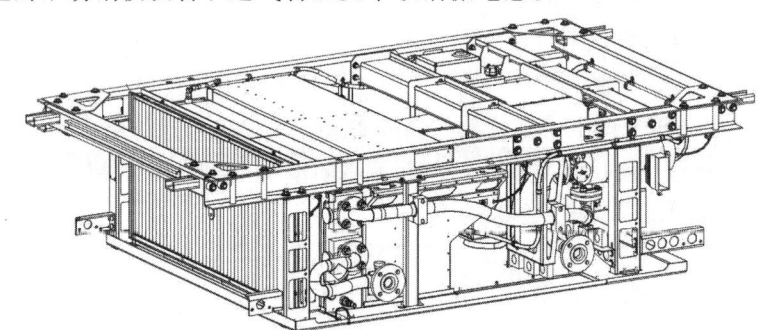

图 4-46 牵引变流器冷却单元外形

冷却单元中填充的冷却液为水和防冻液的混合物,体积比为 56%:44%,牵引变流器中冷却液溶剂大约为 30 L,冷却系统中大约为 58 L,冷却单元性能参数见表 4-14。

表 4-14 冷却单元冷却性能参数

| 功率 | 约 67 kW |
| --- | --- |
| 冷却液体积流量(冷却液温度为 50 ℃) | 200×(1±3%)L/min |
| 冷却液进口温度 | 62.4 ℃ |
| 冷却液出口温度 | 57 ℃ |

### 3. 限压电阻器

一列 CRH380BL 型动车组配有 4 个过电压限制电阻单元（MUB），分别位于 FC04/FC05/SC12/SC13 车的车顶，图 4-47 所示为限压电阻器外形，表 4-15 给出了限压电阻器的技术参数。

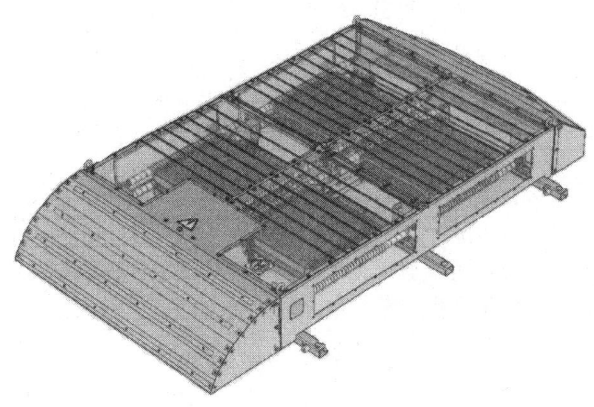

图 4-47　限压电阻器

表 4-15　限压电阻器的技术参数

| | |
|---|---|
| $R_N$ | 3.3 Ω（允差为—5%～+7%） |
| $R_{max}$ | 500 ℃ 时 4.5 Ω（$R_N$+7%+通过加热增加电阻） |
| $R_{min}$ | 3.0 Ω |
| $U_N$ | 4 100～4 500 V |
| $U_{max}$ | 4 500 V |
| $U_{Nm}$ | 4 000 V |
| 绝缘隔离间隙 | ≥240 mm 外部绝缘隔离，≥120 mm 内部绝缘隔离 |
| 空气间隙 | ≥32 mm 每个绝缘隔离（OV2/PD4；EN50124-1）<br>≥64 mm 从电阻材料到电阻器外壳的距离 |
| 能量消耗能力 | 3.08 MW·s（500 ℃） |

限压电阻器专用于电制动时保护牵引变流器，以防过压。当牵引变流器出现故障时，电阻器可以保证使中间电路以规定方式安全放电。

## 三、运用与维护

牵引变流器在存储时，应确保会对其功能造成负面影响的温度、潮气和灰尘等环境条件符合要求，在安装之前需要检查牵引变流器是否有压痕和机械损坏，盖板及密封性是否良好，油漆状态、电源线连接、控制连接器及冷却介质连接管路配件是否正常。

必须对牵引变流器进行定期维护来检测并排除可能的故障，维护内容参见表 4-16。

表 4-16 维护内容与时间进度表

| 部件 | 检查与检修工作 | 运行距离/万 km |
|---|---|---|
| 冷却单元 | 目视检查冷却单元有无泄漏,尤其是接头区域、螺旋塞等<br>目视检查保护格栅上是否存在泄漏和灰尘 | 10 |
| 牵引变流器箱盖 | 检查箱盖处密封都正确就位,未被压入或破裂 | 40 |
| 冷却单元防护格栅 | 目视检查保护格栅上有无灰尘 | |
| 冷却液体连接管路配件 | 检查冷却液体连接管路处的密封性,保证无泄漏 | |
| 牵引变流器 | 检查冷却介质液体<br>清洁设备箱内部区域<br>检查冷凝水出口的密封<br>检查断路器的触点是否腐蚀<br>检查接触器的灭弧室是否有机械损坏或金属沉积<br>检查辅助接触器触点有无损坏 | 80 |
| 冷却单元 | 目视检查空气过滤器上有无灰尘<br>目视检查冷却器上有无灰尘 | |
| 冷却单元冷却液 | 检查防冻剂的防冻特性 | 120 |
| 牵引变流器 | 更换牵引控制单元备用电池<br>检查冷却系统内部区域和风扇电机轴承<br>检查电源线是否有颜色变化或过热标记 | 240 |
| 冷却单元冷却液 | 检查防腐剂的防腐特性 | |
| 牵引变流器 | 检查涂漆表面是否有裂纹、油漆是否脱落,是否生锈<br>测量 DC 链路电容器的电容 | 480 |
| 冷却单元 | 检查集尘器滤网,必要时进行更换<br>根据规定对冷却液泵进行维护<br>根据规定对冷却风扇进行维护<br>膨胀水箱更换螺纹式阀门<br>更换风机外壳缓冲器<br>更换泵护圈缓冲器<br>更换双法兰蝶形阀和密封件 | 720 |

## 【复习思考题】

1. 试述脉冲整流器及牵引逆变器的基本工作原理。
2. 试述 PWM 控制原理。
3. 试述中间直流环节的基本组成结构及作用。
4. 试述 CI11 型牵引变流器的结构及基本工作原理。
5. 试述 CRH2 型动车组预充电电路的作用及动作过程。
6. 试述 CRH2 型动车组牵引变流器过压抑制电路的作用。
7. 试述动车组冷却系统的组成及冷却原理。
8. 试阐述主变流装置拆卸、移动及安装的要领。
9. 试阐述主变流装置冷却系统的维护与检查方法。
10. 试述牵引变流器检查及清洁过程。
11. 试述牵引变流器滤网更换方法及注意事项。

# 项目五　动车组牵引电机维护与检修

## 【项目描述】

通过本项目学习，使学生掌握动车组牵引电机的组成及作用，动车组牵引电机的基本性能参数及工作原理，牵引电机的运用与检修方法及注意事项。

## 【知识目标】

（1）掌握动车组牵引电机的基本工作原理；
（2）掌握动车组牵引电机的结构及性能参数；
（3）掌握动车组牵引电机冷却系统的结构及基本工作原理。

## 【能力目标】

（1）掌握动车组牵引电机的拆卸、移动及安装方法；
（2）掌握动车组牵引电机常规维护及检修项目的处理方法；
（3）掌握动车组牵引电机应急故障处理方法。

## 【情景分析】

故障现象：CRH2-063C 03 号车，牵引过程中，MON 报牵引变流器故障（005），2 车 VCB 断开，MON 牵引变流器（车）画面中 03 号车二次侧接地 1 变红。

故障分析：03 号车 4 轴牵引电机绝缘特性下降。

故障处理：CRH2-063C 编组在京津城际线运行时，牵引过程中，MON 报 03 号车牵引变流器故障（代码 005），02 号车 VCB 断开，MON 牵引变流器（车）画面中 03 车二次侧接地 1 变红。随车机械师联系司机进行复位操作，确认监视器故障报警消除后，重新闭合 02 号车 VCB，再次牵引时故障重现，确认故障无法复位后，远程切除 03 号车牵引，动车组维持运行。

# 任务一　交流电机控制基础

## 【任务描述】

（1）掌握交流电机调速控制方法；
（2）了解牵引电机最近发展状况。

【相关知识】

## 一、概　述

　　电气传动诞生于19世纪，20世纪初被广泛应用于工业、农业、交通运输和日常生活中。电气传动系统按照驱动电动机的电流制式，可分为直流传动系统与交流传动系统。根据负载对象的速度控制运行要求，电气传动可分为恒速系统和调速系统。受当时科学技术水平的制约，交流平滑调速无法实施，直流电传动用于高性能的调速系统，而交流传动多用于恒速系统。

　　长期以来，在调速传动的生产领域内，大多采用直流电动机传动系统，因为直流电动机的磁场电流和电枢电流可以独立控制，其起动、调速性能和转矩控制特性都比较理想，并容易获得良好的动态响应。但是，直流电动机在结构上存在接触式的机械换向器，它不仅工艺复杂、价格昂贵，而且在运行中很容易产生换向火花和发生环火故障。另外，由于换向问题的存在，要求电动机各换向片之间的电压不能过高，这样使得直流电动机的设计容量和高速时的功率利用都受到限制，远远不能适应现代生产向高转速、大容量化方向发展的要求。

　　20世纪70年代中期，在世界范围内出现能源危机，节约能源成为人们关注的问题。许多过去一般不调速的传动装置，如风机、水泵等类负载，为了减少无谓的电能损失，也都采用了调速传动。由此，对交流电动机调速技术的发展起了很大的推动作用。

　　20世纪90年代以来，随着大功率电力电子器件和微电子技术的飞速发展，以及现代控制理论和控制技术的应用，交流传动调速技术取得了突破性的进展，逐步具备了调速范围宽、稳速精度高、动态响应快以及可作四象限运行等优良的技术性能。

　　目前，交流传动正大举进入电气传动调速控制的各个领域，容量从数百瓦的伺服系统到数万千瓦级的大功率系统，从工业传动到现代列车牵引，从单机传动到多机协调运转，调速范围达到$1:10^5$以上，调速精度可达4～10级。许多国家已实现了产品的系列化，正逐步取代直流调速系统。

　　电力牵引作为电气传动的一个单独类别，过去一直采用直流电动机牵引或脉流电动机牵引。近20年来，由于电子技术尤其是大功率变流技术的发展、控制理论和控制技术的完善，以及静止变频器研究技术的成熟，使三相交流电动机在列车牵引中的应用得到了关键性突破，获得了极为迅速的发展。

　　三相交流异步电动机作为牵引电动机有着优越的技术经济指标，一般说来有以下优点：

　　（1）良好的牵引性能。

　　合理地利用系统的调压、调频特性，可以实现宽范围的平滑调速，提高机车的高速区功率利用、恒功率调速比。另外，调节控制调频特性提高机车起动转矩。

　　（2）电网功率因数高、谐波干扰小。

　　在交-直-交流电力机车上，其电源侧变流器可以采用四象限调节变流器（4qc），它通过PWM斩波控制方法，可以调节电网输入电流的相位，使所取电流接近正弦波形，并能在广泛的负载范围内使机车的功率因数接近于1，这在减小对通信信号的谐波干扰和充分利用电网的传输功率方面都有很重要的意义。另外，四象限变流器能很方便地实现牵引和再生制动之间的能量转换，能取得显著的节能效果。

（3）功率大、体积小、质量轻、运行可靠。

异步电动机没有换向器，在相同几何空间内，能够做到功率大、质量轻。与带换向器的直流（脉流）电动机相比，其单位质量千瓦数（kW/kg）是直（脉）流电机的 3 倍。在机车总体提供的空间范围内，异步电动机的功率可以达到 1 400 ~ 2 000 kW。国际上异步牵引电动机单台功率最大已达到 1 840 kW（德国 12k 型机车），而采用 1 200 ~ 1 600 kW 的居多；单位功率质量指标已从 3 kg/kW 降到 1.7 kg/kW；在高速动车组上采用的异步牵引电动机，最先进的已达到了 1 kg/kW。

异步牵引电动机运行转速可达 4 000 r/min 以上。另外，异步牵引电动机没有换向器和电刷装置，机车主电路系统又可以省去许多有触点电器，因此，运行可靠性可以进一步提高。

（4）动态性能和黏着利用好。

由于交流异步电动机有较硬的自然特性，其防空转（机车黏着利用）性能较好。当机车轮对发生空转（黏着破坏）时，牵引力会急剧下降，使黏着牵引力很快恢复。经过近 10 年的研究，机车牵引控制已采用矢量控制或直接转矩控制取代了滑差-电流控制。这些控制技术，不仅能使系统稳态精度高，而且能获得高的动态性能，可以使牵引力沿着轮轨之间蠕滑极限进行控制，极适合于当代机车高速、重载牵引的要求。

## 二、交流电动机控制基础

### 1．三相定子绕组的电势

根据电磁感应定律可以证明，三相异步电动机定子绕组的相电动势 $E_1$ 为

$$E_1 = 4.44 f_1 N_1 \Phi_m k_w \tag{5.1}$$

式中　$f_1$ ——三相定子绕组中电流的频率；

　　　$N_1$ ——每组定子绕组总的串联匝数；

　　　$\Phi_m$ ——异步电动机的每极磁通；

　　　$k_w$ ——绕组系数，其与线圈间距和线圈分布有关。

### 2．三相定子绕组的磁势

在三相定子绕组中通过三相正弦波的电流，则在三相定子绕组中的每一个单相绕组中都要产生脉动磁势。脉动磁势就是磁势的曲线在空间固定不动，但振幅随时间不断变化的磁势，包括基波磁势和高次谐波磁势。

单相绕组磁势 $f_\Phi(x,t)$ 的数学表达式可以写成

$$f_\Phi(x,t) = f_\Phi \cos x \cos \omega t \tag{5.2}$$

式中　$f_\Phi$ ——基波磁势的幅值；

　　　$x$ ——空间坐标；

　　　$t$ ——时间坐标；

　　　$\omega$ ——绕组中正弦交流电的角频率。

可以看出，在任意一个瞬间，磁势的空间分布为一个余弦波，但在空间任意一点的磁势

又随着时间作余弦变化。

三相绕组由3个单相绕组组成，这3个单相绕组分别产生脉动磁势，在三相异步电动机中，这3个单相绕组是对称的，即U、V、W三相绕组在空间相互间隔120°电角度。电机在对称运行时，通入三相绕组中的三相电流也是对称的，即其幅值相等，在时间相位上互相差120°电角度，因此，U、V、W三相绕组的磁势分别为

$$f_{\Phi U} = F_\Phi \cos x \cos \omega t \tag{5.3}$$

$$f_{\Phi V} = F_\Phi \cos(x-120°)\cos(\omega t - 120°) \tag{5.4}$$

$$f_{\Phi W} = F_\Phi \cos(x-240°)\cos(\omega t - 240°) \tag{5.5}$$

把上述3个公式相加，得到合成磁势为

$$f(x,t) = 1.5 F_\Phi \cos(x-\omega t) \tag{5.6}$$

式（5.6）表明，当三相对称电流通过三相对称绕组时，三相绕组的合成磁势为一个圆形的旋转磁势。圆形旋转磁势的幅值为单相绕组脉动磁势幅值 $F_\Phi$ 的1.5倍，其旋转速度为同步转速，用 $n_1$ 来表示，$n_1 = 60f/p$，其中，$f$ 为三相定子绕组中电流的频率，$p$ 为三相异步电动机的磁极对数。

三相电机中，三相合成的基波旋转磁势是主要的，对于高次谐波的磁势，其中3次谐波的在空间上同向，在时间上相互差120°，使三相3次谐波脉振磁势彼此相互抵消，合成磁势为0，而其他高次谐波幅值较小，例如5次谐波幅值 $f_{\Phi 5} = f_\Phi / 5$，谐波阶次越高，幅值越小，合成后所占的比重也比较小。因此，一般主要考虑三相合成的基波磁势。

三相对称绕组流过三相对称电流时，它所产生的合成基波磁势一定是一个圆形旋转磁势，要改变旋转磁势的转向，只要改变通入定子电流的相序，即只要把三相绕组中的任何流过出线端的位置对换就可以了。

综上所述，三相绕组合成磁势具有以下性质：

（1）三相合成磁势在任何瞬间保持着恒定的振幅，它是单相脉振磁势幅值的1.5倍。

（2）三相绕组合成磁势的旋转方向决定于电流的相序，而转速仅取决于电流频率和电机的极对数。

（3）当某相电流达到最大值时，合成磁势的幅值就与该绕组的轴线重合。

### 3．三相异步电机的等值电路

根据电机学原理，忽略空间和时间谐波，忽略磁饱和及铁损，异步电机的稳态等效电路如图5-1所示。

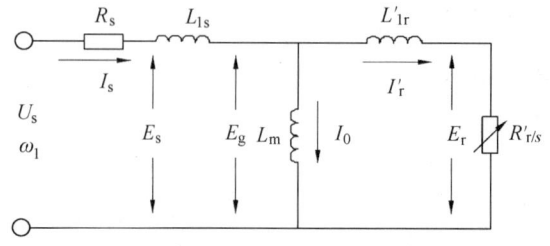

图5-1　异步电机稳态等效电路

图 5-1 中，$E_g$ 为气隙（或互感）磁通在定子每相绕组中的感应电动势；$E_s$ 为定子全磁通在定子每相绕组中的感应电动势；$E_r$ 为转子全磁通在转子绕组中折合到定子边的感应电动势。$R_s$、$R'_r$ 为定子每相电阻和折合到定子侧的转子每相电阻；$L_{ls}$、$L'_{lr}$ 为定子每相漏感和折合到定子侧的转子每相漏感；$L_m$ 为定子每相绕组产生气隙主磁通的等效电感，即励磁电感；$U_s$、$\omega_1$ 为定子相电压和供电角频率；$s$ 为转差率，可以推导出以下表达式

$$T_e = \frac{P_m}{\omega_{m1}} = \frac{3n_p}{\omega_1} I_r'^2 \frac{R'_r}{s} = \frac{3n_p U_s^2 R'_r / s}{\omega_1 \left[ \left(R_s + \frac{R'_r}{s}\right)^2 + \omega_1^2 (L_{ls} + L'_{lr})^2 \right]} \tag{5.7}$$

式（5.7）就是异步电机的机械特性方程式，它表明当转速或者转差率一定时，电磁转矩 $T_e$ 与定子电压 $U_s$ 的平方成正比。因此，改变定子电压就可以改变电机的机械特性，从而改变电机在一定输出转矩下的转速。

**4．三相异步电动机的机械特性**

不同电压下三相电机的机械特性如图 5-2 所示，其中 $U_{sN}$ 表示定子的额定电压。

可以推导出对应于最大转矩时的静差率和最大转矩为

$$s_m = \frac{R'_r}{\sqrt{R_s^2 + \omega_1^2 (L_{ls} + L'_{lr})^2}} \tag{5.8}$$

$$T_{e\max} = \frac{3n_p U_s^2}{2\omega_1 [R_s + \sqrt{R_s^2 + \omega_1^2 (L_{ls} + L'_{lr})^2}]} \tag{5.9}$$

由图 5-2 所示，带恒转矩负载工作时，普通笼型异步电机变电压时的稳定工作点为 $A$、$B$、$C$，转差率 $s$ 的变化范围不超过 $0 \sim s_m$，调速范围有限。因此适当带风机一类的负载，工作点为 $D$、$E$、$F$，调速范围可以大一些。

为了能在恒转矩负载下扩大调速范围，并使电机能在较低转速下运行而不发热，就要求电机转子有较高的电阻值，这样的电机在变电压时的机械特性如图 5-3 所示。此时因转子电阻 $R'_r$ 增大，使 $s_m$ 增大，最大转矩点下移，可以看出此时带恒转矩负载时的变压调速范围最大，堵转工作也不会烧坏电机，交流力矩电机就是采用此原理。

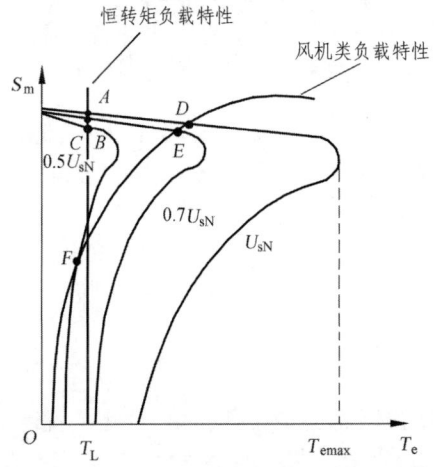

图 5-2 异步电机在不同电压下的机械特性

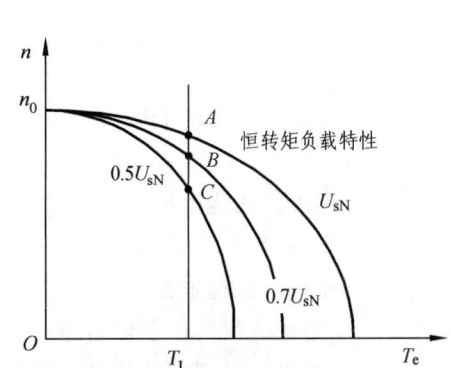

图 5-3 高转子电阻电动机在不同电压下的机械特性

同样，如果将绕线性异步电机转子串联上电阻，当电阻达到一定值时，在一定转矩下，电机可以从电动状态转移到制动状态，即从第一象限（$0<n<n_1, 0<s<1$）转移到第四象限（$n<0, s<1$）。

直接利用$T_e$电压$U_s$的平方成正比的机械特性，通过改变电压$U_s$来调节$n$称为转差功率消耗型调速系统，异步电机降压调速、转子回路电阻调速和利用电磁转差离合器调速都属于转差功率消耗型调速系统。

## 三、变压变频调速控制基础

目前应用最广泛、调速性能最好的是异步电动机变压变频（VVVF）调速系统-转差功率不变型调速系统。异步电动机在进行 VVVF 调速时，要求对变频器的电压、电流及频率进行适当的控制，到目前为止，VVVF 调速控制的发展大体分为 3 个阶段：

（1）普通功能型$U/f$控制方式的通用变频器。其转速开环控制，不具有转矩控制功能。

（2）高功能型的转差频率。其转速需要闭环检测，具有转矩控制功能，能使电机在恒磁通或者恒功率下运行，能发挥电机的运行效率，其输出静态特性较$U/f$控制方式有较大的改进。

（3）高性能矢量控制或者直接转矩控制。其可以实现直流电机的控制特性，具有较高的动态性能。

前两种方法是基于异步电动机稳态数学模型建立的，而矢量控制是基于异步电动机动态数学模型的基础上建立的。

### 1．变压变频的基本控制方式

在进行电机调速时，希望保持电机中每极磁通量$\Phi$为额定值不变。如果磁通太弱，没有充分利用电机的铁心；如果过分增大，又会使铁心饱和，从而导致过大的励磁电流，严重时会因绕组过热而损坏电机。对于主流电机，励磁系统是独立的，只要对电枢反应有恰当的补偿，$\Phi_m$保持不变是很容易实现的。交流异步电机的磁通$\Phi_m$由定子和转子磁势合成产生，要保持磁通恒定是有困难的，特别是笼型异步转子异步电机中，转子电流还是不可测和不可控的。

由图 5-1 异步电动机的稳态等效电路可知，定子的每项电动势

$$E_g = 4.44 f_1 N_s k_{NS} \Phi_m \tag{5.10}$$

式中　$E_g$——气隙磁通在定子每相绕组中感应电动势的有效值；

　　　$f_1$——定子频率；

　　　$N_s$——定子每相绕组串联匝数；

　　　$k_{Ns}$——基波绕组系数；

　　　$\Phi_m$——每极气隙磁通量。

由上式可以知道，只要控制好$E_g$和$f_1$，就可以达到控制磁通$\Phi_m$的目的，对此，就需要考虑基频（额定频率）以下和基频以上两种情况。

（1）基频（额定频率）以下调速。

要保持 $\Phi_m$ 不变，当频率 $f_1$ 从额定值 $f_{1N}$ 向下调节时，必须同时降低 $E_g$，使

$$\frac{E_g}{f_1} = 常数 \tag{5.11}$$

即采用恒值电动势频率比的控制方式，但绕组中的感应电动势是难以直接控制的，当电动势较高时，可以忽略定子绕组的漏磁阻抗压降，而认为是定子相电压 $U_s \approx E_g$，则得到

$$\frac{U_s}{f_1} = 常值 \tag{5.12}$$

这是恒压频比的控制方式，但是，在低频时 $U_s$ 和 $E_g$ 都较小，定子阻抗压降所占的份量就比较显著，不再能忽略。这时，需要人为地把电压 $U_s$ 抬高一些，以近似地补偿定子压降。

带压降补偿的恒压频比控制特性如图 5-4 所示，图中 $b$ 线是带定子压降补偿的恒压频比控制特性，$a$ 线是无补偿的控制特性。

（2）基频以上调速。

在基频以上调速时，频率应该从 $f_{1N}$ 向上升高，但定子电压 $U_s$ 却不可能超过额定电压 $U_{sN}$，最多只能保持 $U_s = U_{sN}$，这将迫使磁通与频率成反比地降低，相当于直流电机弱磁升速的情况。把基频以下和基频以上两种情况的控制特性画在一起，如图 5-5 所示。

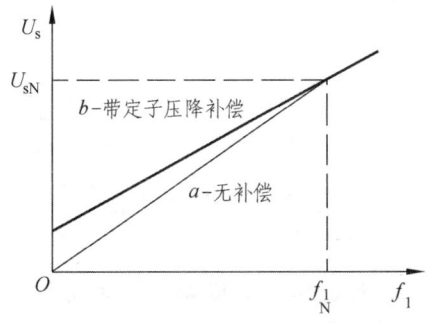

图 5-4 恒压频比控制特性

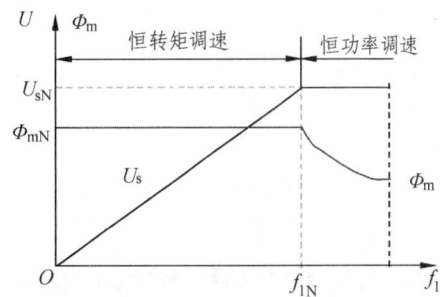

图 5-5 异步电机变压变频调速的控制特性

如果电机在不同转速时，所带的负载都使电流达到额定值，即都能够在允许温升下长期运行，则转矩基本随磁通变化。按照电力拖动原理，在基频以下，磁通恒定时转矩也恒定，属于"恒转矩调速"性质，而在基频以上，转速升高时，转矩降低，基本上属于"恒功率调速"。

**2．几种不同控制方式的机械特性比较**

在正弦波供电时，按不同规律实现电压-频率协调控制可得不同类型的机械特性。

（1）恒压频比（$U_s/\omega_1 = 恒值$）控制最容易实现，它的变频机械特性基本上是平行下移，硬度也较好，能够满足一般的调速要求，但低速带载能力有限，须对定子压降实行补偿，如图 5-6 所示。

（2）恒 $E_g/\omega_1$ 控制是通常对恒压频比控制实行电压补偿的标准，可以在稳态时达到恒值，从而改善了低速性能。线性调节范围比恒压频比宽，为恒值时，恒定不变，稳态性能优于恒 $U_s/\omega_1$，但机械特性还是非线性的，产生转矩的能力仍受到限制，如图 5-7 所示。

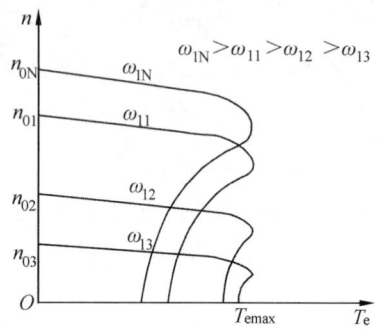
图 5-6　恒压频比控制时变频调速的机械特性图

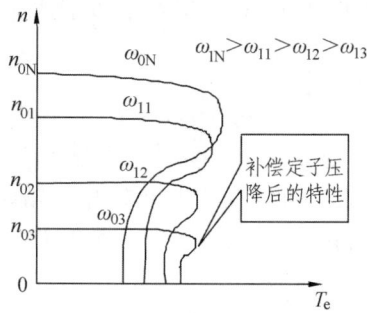
图 5-7　恒 $E_g/\omega_1$ 控制时变频调速的机械特性

（3）恒 $E_r/\omega_1$ 控制可以得到和直流他励电机一样的线性机械特性，比较理想。按照转子全磁通恒定进行控制，即得恒值，在动态中也尽可能保持恒定是矢量控制系统要实现的目标，当然实现起来是比较复杂的，如图 5-8 所示。

（4）基频以上恒压变频时的机械特性。基频以上恒压变频时的机械特性如图 5-9 所示，可以看出，形状基本不变，但机械特性在上移。由于频率提高而电压不变，气隙磁通势必减弱，导致转矩减少，但转速升高了，可以认为输出功率基本不变，所有基频以上调速属于弱磁恒功率调速。

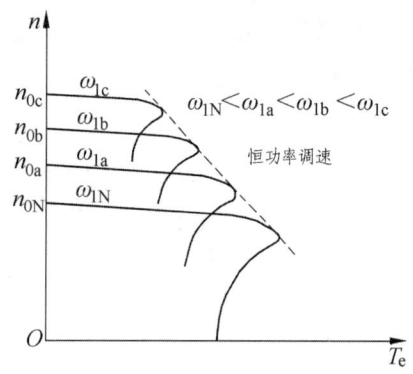
图 5-8　不同电压频率协调控制方式时的机械特性

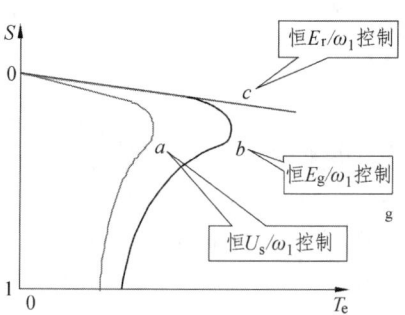
图 5-9　基频以上恒压变频调速时的机械特性

### 3．转速开环恒压频比交流调速系统—通用变频器

通用变频器是根据异步电动机稳态模型来设计其控制系统，为了实现电压-频率协调控制，它采用转速开环恒压频比带低频电压补偿的控制方案。主要可以应用在和通用的笼型异步电机配套使用，同时具有多种可供选择的功能，适用于各种不同性质的负载。近年来自动控制功能的变频器质量不断提高。

目前，通用变频器都是采用二极管整流和由快速全控开关器件 IGBT 或者功率模块 IPM 组成的 PWM 逆变器，构成交-直-交电压型变压变频器，已经占领了全世界 0.5～500 kV·A 中、小容量变频调速装置的绝大部分市场，PWM 变压变频器的基本控制原理如图 5-10 所示。

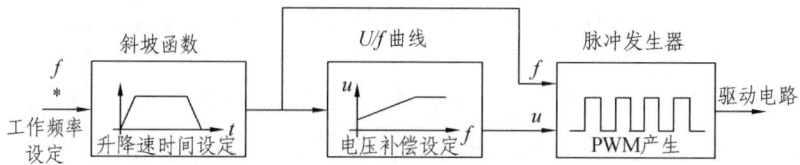
图 5-10　PWM 变压变频器的基本控制原理

目前 PWM 变频器的控制电路大多是以微处理器为核心的数字电路，其功能主要是接受各种设定的信息和指令，再根据它们的要求形成驱动逆变器工作的 PWM 信号。微机芯片主要采用 8 位或者 16 位的单片机，或者 32 位的 DSP，现在已经有应用 RISC 的产品出现。

PWM 变频器主要完成以下功能：

（1）PWM 信号产生。可以由微机本身的软件产生，PWM 端口输出，也可以采用专用的 PWM 生成电路芯片。产生的信号去控制 IGBT 等开关元件。

（2）检测与保护电路。由电压、电流、温度等经信号处理电路进行光电隔离、滤波、分压、放大等处理，再进入 A/D 转换器，输入给 CPU 作为控制算法，或者作为各种故障的保护依据，产生保护信号和显示信号。

（3）给定积分。由于系统本身没有自动限制制动电流的作用，因此工作频率设定信号必须通过给定积分算法产生平缓升速或者降速信号，升速和降速的积分时间可以根据负载需要，由操作人员分别选择。

（4）信号设定。需要设定的控制信息主要有：$U/f$ 特性、工作频率、频率升高时间、频率下降时间等，还可以有一系列特殊功能的设定。由于通用变频器-异步电动机系统是转速或者频率开环、恒压频比控制系统，低频时由于线圈电阻的影响比较大，得靠改变 $U/f$ 函数发生器的特性来补偿，使系统达到恒定的功能。

在通用产品中称作"电压补偿"或者"转矩补偿"，补偿方法主要有两种：

（1）在微机存储多条不同斜率和折线段的 $U/f$ 函数，用户根据需要选择最佳特性。

（2）采用霍尔电流传感器检测定子电流或直流回路电流，按电流大小自动补偿定子电压。无论如何都存在过补偿或欠补偿的可能，这是开环控制系统的不足之处。

## 四、矢量控制的交流调速系统

异步电动机是一个多变量的输入输出系统，而电压、电流、频率、磁通、转速之间又互相有影响，所以是强耦合的多变量系统，故针对异步电动机的动态数学模型也是一个高阶、非线性、强耦合的多变量系统。当需要异步电动机具有高动态性能时，必须面对这样一个动态模型，因此产生了按转子磁链定向的矢量控制系统。

矢量控制原理的特点是认为异步电机与直流电机具有相同的转矩产生机理。因为直流电动机的励磁电流和电磁转矩电流是独立的、解耦的。而异步电动机是一个多变量（多输入多输出）系统，而电压、电流、频率、磁通及转速之间又是相互影响、相互作用的，所以是强耦合的多变量系统。

**1. 矢量控制系统的基本概念**

异步电动机的矢量控制就是仿照直流解耦控制的思想，把定子电流分解为磁场电流分量和力矩电流分量，并加以控制。实际上是把异步电动机的物理模型等效地变换成类似于直流电机的物理模型，它是借助坐标等效变换完成的。变换前后在不同坐标系下电动机模型的功率相同、磁动势不变。

## 2. 异步电动机的坐标变换

在三相坐标系上的定子交流电 $i_A$，$i_B$，$i_C$，通过三相/两相交换可以等效成两相静止坐标系上的交流电流 $i_α$，$i_β$，再通过同步旋转变换，可以等效成同步旋转坐标系上的直流电流 $i_m$ 和 $i_t$，产生同样的旋转磁动势。如果观察者站在铁心上与坐标系一起旋转，看到的就是一台直流电机，可以控制使交流电机的转子总磁通 $Φ_r$ 就是等效直流电机的磁通，则 M 绕组相当于直流电机的励磁绕组，$i_m$ 相当于励磁电流，T 绕组相当于伪静止的电枢绕组，$i_t$ 相当于与转矩成正比的电枢电流。如图 5-11 所示。

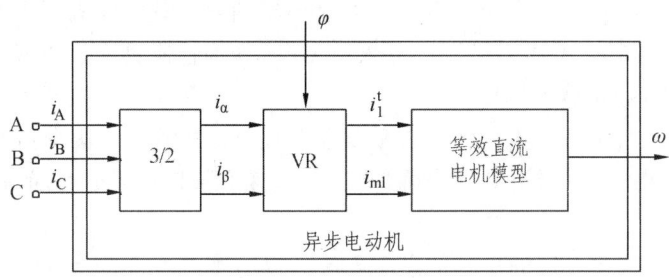

**图 5-11　异步电动机的坐标变换结构图**

3/2—三相/两相变换；VR—同步旋转变换

等效关系的结构，从整体上看，输入 A，B，C 三相电压，输出为转速 $ω$，是一台异步电机。从内部看，经过 3/2 变换和同步旋转变换，变成一台由 $i_m$ 和 $i_t$ 输入，由 $ω$ 输出的直流电机。

既然异步电机经过坐标变换可以等效为直流电机，那么就可以仿效直流电机的控制策略，得到直流电机的控制量，经过相应的坐标反变换，就能够控制异步电机。

## 3. 坐标反变换

图 5-12 是矢量控制系统的结构原理图，图中给定和反馈信号经过类似于直流调速系统所用的控制器，产生励磁电流给定值 $i_{m1}^*$ 和电流给定值 $i_{t1}^*$，经过反向旋转变换器 $VR^{-1}$ 得到 $i_{α1}^*$ 和 $i_{β1}^*$，再经过 2/3 变换得到 $i_A^*$、$i_B^*$、$i_C^*$。把这 3 个电流控制信号和由控制器直接得到的频率控制信号 $ω_1$ 加到带电流控制器的变频器上，就可以输出异步电机所需要的三相变频电流。

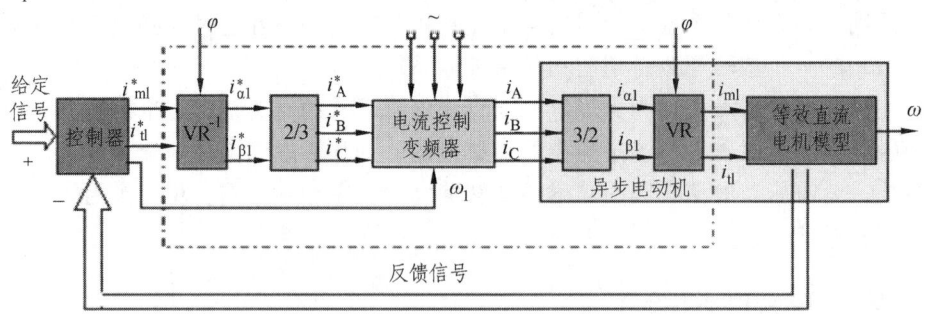

**图 5-12　矢量控制系统结构原理图**

在实际矢量控制系统时，可以认为，在控制器后面引入的反旋转变换器 $VR^{-1}$ 与电机内部的旋转变换环节 VR 抵消，2/3 变换器与电机内部的 3/2 变换环节抵消，如果再忽略变频器中可能产生的滞后，则图 5-12 中虚线框内的部分可以完全删去，虚线框外就是一个直流调速系统了,所以矢量控制变流变频调速系统的动、静态特征完全能够和直流调速系统相媲美。

**4. 矢量控制系统的结构**

矢量控制可以用在电压源的传动系统中,也可以用在电流逆变器的传动系统中,一般用电流控制来实现磁场定向能够使系统更为简单。

在按照转子磁场定向的矢量控制中,关键是磁链的测量(观测)。根据求得磁链向量所用的不同方法可以分为两类:直接磁场控制和间接磁场控制。

直接磁场控制是借助于贴在定子内表明的霍尔片或者其他磁敏元件,来获得实际的磁链信号,理论上直接检测法应该比较直观、准确,但实际上,由于工艺问题,使检测出的信号中有较大的脉动分量,在低速时影响更加严重,因此直接检测磁链用得不多。

目前,实际系统多采用间接观测磁链的方法,即测量电机电压、电流和转速等容易测得的物理量。利用转子磁链的观测模型,实时计算转子磁链的大小和相位。转子磁链的观测模型是建立在异步电机动态数学模型的基础上的。

在 PWM 传动控制系统中,每个 MCM 模块的三相电流一般有 2 个电流传感器(U、V 两相),1 个速度传感器,能够实现转速及电流闭环的矢量控制系统。

速度偏差信号经速度调节器产生力矩给定值 $T^*$,而速度信号送到磁通函数发生器,该发生器在基速以下提供恒定的转子磁化电流给定值(恒力矩运行区),在超过基速以后实现磁场削弱(恒功率运行区),如图 5-13 所示。

由给定力矩 $T^*$ 和给定磁链 $\psi^*$ 通过磁链观测器计算出给定电流 $i_{M1}^*$、$i_{T1}^*$ 及给定转差角频率 $\omega_s^*$。$\omega_s^*$ 与测得的速度信号 $\omega_r$ 相加得等着角频率信号 $\omega_1$,$\omega_1$ 经积分后得到同步旋转坐标系和静坐标系之间角位移 $\varphi$,利用向量分析器(VA)可得到 $\cos\varphi^*$ 和 $\sin\varphi^*$。

把 $i_{M1}^*$、$i_{T1}^*$、$\cos\varphi^*$ 及 $\sin\varphi^*$ 送入向量旋转器 VR 后,得 $i_{P1}^*$ 和 $i_{Q1}^*$,再经过(2/3)变换,则产生 $i_A^*$、$i_B^*$、$i_C^*$,作为可控电流 PWM 逆变器的三相电流控制信号。

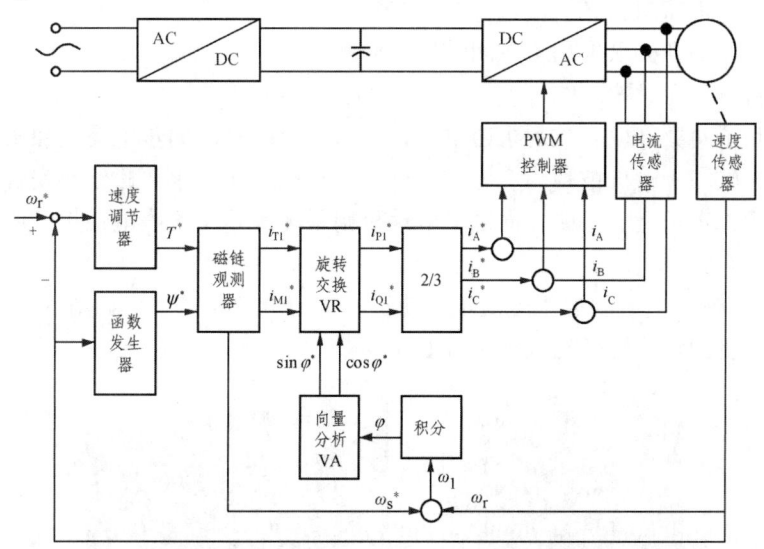

图 5-13 电流和转速闭环的矢量控制系统

矢量控制系统(VC)强调转矩和磁链的解耦,有利于分别设计速度和磁链调节器,可获得较宽的调速范围，但缺点是因为按照转子磁链定向易受到转子参数变化的影响，降低了系统的鲁棒性，而且旋转坐标变化较复杂。

近年来发展起来的直接力矩控制（DTC）系统是继矢量控制系统之后发展起来的，也是基于异步电动机的动态模型，并按定子磁链控制的另一种高动态性能的交流VVVF调速系统。

它利用转速环里面的转矩直接控制电机的电磁转矩。它直接在电机定子侧计算转矩和磁链，借助两点式调节器（bang-bang控制）产生PWM信号，直接控制逆变器的开关状态，避开了将定子电流分解成转矩和磁链分量，省去了旋转变换和电流控制，从而简化了控制器的结构，因为DTC控制的是定子磁链而不是转子磁链，不受转子参数变化的影响，解决了矢量控制系统中需要复杂的坐标变换及控制性能容易受参数变化影响的问题，但缺点是DTC容易产生转矩脉动，低速性能较差，调速范围不够宽。

## 五、交流牵引电动机的最新进展

德国、法国等国一直在研究新型交流牵引电动机及传动结构模式。随着永磁材料技术的发展，永磁式同步电动机的研究取得了一些突破，并在一些车型中得到试验与验证。目前，在传动结构模式方面，主要致力于无齿轮传动的直接驱动模式。

### 1. 永磁同步电动机

交流永磁同步电动机就是使用永久磁铁代替激磁电流产生磁场的一种同步电动机，它与普通交流牵引电动机相比，具有很多优点，体现在：

（1）不需要激磁电流，可以降低损耗，提高效率，减少体积、质量。

（2）可增加极对数，提高转矩密度。

（3）制动电路简单，没有变流器和控制系统的参与即可实施电阻制动，可用性高。

（4）能够单电机控制。

（5）为防止磁污染必须采用全封闭结构。

（6）永磁材料存在时效影响。

德国已研制了两类多极对数的永磁电动机，即一般的永磁同步电动机和永磁横向磁通电动机。一般的永磁同步电机被称为有源转子永磁电动机，所有永久磁铁都安置在转子上，而所有绕组都安置在定子上；永磁横向磁通电动机则是无源转子永磁电动机，所有永久磁铁和所有绕组都集中在定子上。

专为IEC3高速列车研制的永磁同步电动机样机的定子和转子，如图5-14所示，新型永磁同步牵引电动机的定、转子结构如图5-15所示。

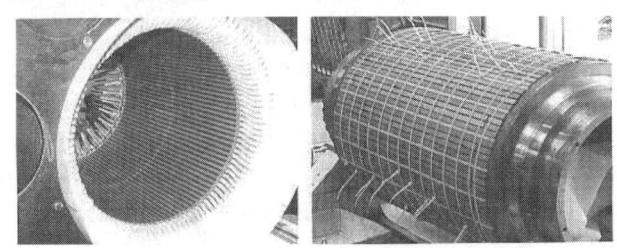

图5-14 ICE3 永磁同步牵引电动机结构

图 5-15　新型永磁同步牵引电动机的定、转子结构

法国阿尔斯通公司已将永磁同步牵引电动机应用于轻轨列车和新一代高速动车组,具体情况如表 5-1 所示。

表 5-1　Alstom 研制的永磁同步牵引电动机

| 车　型 | Citadis 型轻轨车 | AGV 高速动车组 |
| --- | --- | --- |
| 最大转速/(r/min) | 3 600 | 4 500 |
| 牵引功率/kW | 120 | 720 |
| 制动功率/kW | 240 | 720 |
| 持续功率/kW | 100 | 720 |
| 电网 | 600 V 直流 | 3 000 V 直流 |
| 极数 | 8 级 | 12 级 |
| 效率(RC) | 96% | 97% |
| 外部尺寸 | 380 mm×420 mm | 直径 650 mm |
| 长度 | 525 mm | 650 mm |
| 总质量 | 285 kg | 730 kg |

**2．无传动齿轮的直接驱动模式**

(1)结构形式。

所谓直接传动就是电动机直接套在轮轴上,电动机产生的转矩不经齿轮而是直接传递到轮对上去。目前试制的有两种类型,对于速度不超过 140 km/h 的货运机车,采用一种类似于抱轴式结构的非弹性悬挂,另一种是采用空心轴和万向联轴节的全悬挂方式。图 5-16 中,(a)表示带有齿轮的异步牵引电动机传动模式,(b)为直接传动的永磁同步牵引电动机传动模式。

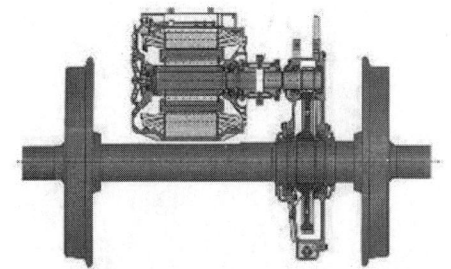 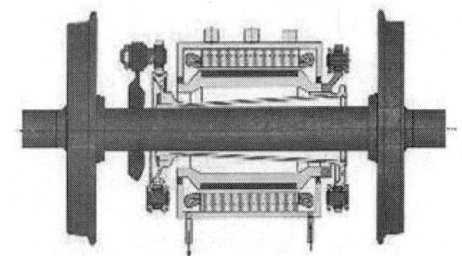

(a)带有齿轮的异步牵引电动机传动模式　　(b)直接传动的永磁同步牵引电动机传动模式

图 5-16　两种传动方式结构模示意图

（2）异步牵引电动机与永磁同步牵引电动机传动比较。

从效率、质量、噪声及润滑，对异步牵引电动机与永磁同步电动机进行比较，如表 5-2 所示。

表 5-2　异步牵引电动机与永磁同步牵引电动机传动模式比较

| 型号 | 带传动装置的异步牵引电机 | 直接驱动的永磁同步牵引电机 |
| --- | --- | --- |
| 效率 | 93% | 96% |
| 质量比较 | 100% | 70% |
| | 电机减轻 10%，传动装置减轻 20% | |
| 噪声 | 105 dB（A） | 90 的 dB（A） |
| 齿轮润滑 | 油润滑 | 不需要 |

# 任务二　CRH2/CRH380A 型动车组牵引电机维护与检修

【任务描述】

（1）掌握 CRH2/CRH380A 型动车组牵引电机的性能参数及结构特点；
（2）掌握 CRH2/CRH380A 型动车组牵引电机维护与检修方法。

【相关知识】

## 一、CRH2 型动车组牵引电机的特点

### 1．概　述

CRH2 型动车组采用 MT205 型 4 极三相鼠笼异步电机，每辆动车配置 4 台牵引电机（并联连接），一个基本动力单元共 8 台，全列共计 16 台。电机额定功率为 300 kW，额定电压 2 000 V，额定电流 106 A，转差率 0.014，重 440 kg，最高运行速度为 6 120 r/min，最高试验速度达 7 040 r/min，电气效率大于 94%，机械传动效率为 95%。外形长 720 mm，宽 697 mm，高 629 mm，采用架悬、强迫风冷方式，通过弹性齿型联轴节连接传动齿轮，CRH2 型动车组牵引电机如图 5-17 所示。

所有牵引电机的外形尺寸、安装尺寸和电气特性相

图 5-17　CRH2 型动车组牵引电机

同,各动车的牵引电机可以实现完全互换。牵引电机在车体转向架上的安装位置如图 5-18 所示。

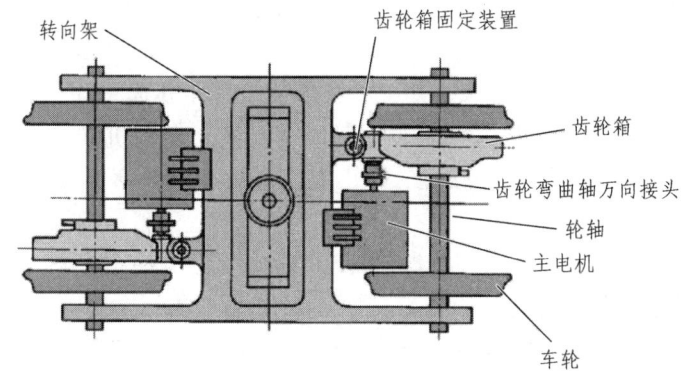

图 5-18　CRH2 型动车组牵引电机安装位置

**2．CRH2 型动车组牵引电机的优点**

同直流电机相比,三相异步电机有优越的性能和经济指标,其持续功率大而体积小、质量轻。具体地说有以下优点:

(1)功率大、体积小、质量轻。由于没有换向器和电刷装置,可以充分利用空间,同时在高速范围内因不受换向器电机中电抗电势及片间电压等换向条件的限制,可输出较大的功率,再生制动时也能输出较大的电功率,这对于发展高速运输是十分重要的。

(2)结构简单、牢固,维修工作量少。三相交流牵引电机没有换向器和电刷装置,无须检查换向器和更换电刷,电机的故障大大降低。特别是鼠笼异步电机,转子无绝缘,除去轴承的润滑外,几乎不需要经常进行维护。

(3)良好的牵引特性。由于其机械特性较硬,有自然防空转的性能,使黏着利用率提高。另外,三相交流异步电机对瞬时过电压和过电流不敏感(不存在换向器的环火问题),它在启动时能在更长的时间内发出更大的启动力矩。合理设计三相交流牵引电机的调频、调压特性,可以实现大范围的平滑调速,充分满足动车组运行需要。

(4)功率因数,谐波干扰小。其电源侧可采用四象限变流器,可以在较广范围内保持动车组电网侧的功率因数接近于 1,电流波形接近于正弦波,在再生制动时也是如此,从而减小电网的谐波电流,这对改善电网的供电条件、减小通信信号干扰、改善电网电压质量和延长牵引变电站之间的距离十分有利。

(5)电机整体机械强度很高,高速运行时能承受很大的轮轨冲击力;采用耐电晕、低介质损耗的绝缘系统以适应变频电源供电。

(6)为了防止电机轴承的电蚀,电机前后端采用绝缘轴承;电机转子导条采用低电阻、温度系数高的铜合金材料,保证传动系统的控制精度。

(7)为了减轻电机自重,电机采用轻质高强度材料;采用经过验证的轴承和轴承润滑结构,从而减少电机的维护,保证电机轴承更可靠工作。

**3．工作原理及组成**

牵引电机采用三相交流异步感应电机,并采用不解体就可以供油脂的绝缘轴承,牵引电机适用于电压源逆变器供电,变频变压(VVVF)调速方式,4 台牵引电机并联使用,4 台牵引电机特性差异控制在±5%，使电流负载分配均匀，同时，对轮径差有如下要求：① 同一轮对（左右轮）：1 mm 以内；② 同一转向架车轮间：3 mm 以内；③ 同一车辆转向架间：3 mm 以内。

牵引电机绝缘采用 200C 级绝缘等级，所有牵引电机在外形尺寸、安装尺寸及电气性能方面，均能在所有动车的转向架各个轮轴之间完全互换。在电机维修时，仅更换定子或者转子后，仍然能保证电机特性的一致性，牵引电机连续额定效率为 0.94 以上，基本结构组成如下：

（1）转子：转子为鼠笼型，采用耐高速旋转结构，为了确保转子杆的滑动，采用固有电阻大、强度高的铜锌合金（黄铜）。

（2）定子：为了实现轻量化，将定子外框分割并取消铁心外周的框架，电机框架与转向架分别设置了安装突起及安装座，采用铝合金制成的铝托架，进一步实现了轻量化。

## 二、CRH2 型动车组牵引电机主要技术参数及性能

主要技术参数及性能：
型号　　　　　　MT205
方式　　　　　　三相鼠笼异步电机
极数　　　　　　4 极
相数　　　　　　3 相
额定值：
　输出功率　　　300 kW
　电压　　　　　2 000 V
　电流　　　　　106 A
　频率　　　　　140 Hz
　转差率　　　　1.4%
　转速　　　　　4 140 r/min
　效率　　　　　94.0%
　功率因数　　　87.0%
绝缘类别　　　　等级 200
温度上升极限　　200 K（定子绕组；电阻法）
冷却方式　　　　强制风冷方式（20 m³/min）
动力传送方式　　平行万向节齿轮形挠性联轴器方式
最高使用转速　　6 120 r/min
最高试验转速　　7 040 r/min
轴承润滑脂　　　unimaxR NO.2
质量　　　　　　440 kg
其他相关参数如表 5-3 所示。

表 5-3 牵引电机参数表

| | 方 式 | 鼠笼异步电机 | | 连接方式 | Y 接 |
|---|---|---|---|---|---|
| | 型 号 | MT205 | 定子线圈 | 线圈间距 | #1～#8＝7 |
| | 极 数 | 4 | | 导体数/切槽 | 16 |
| | 相 数 | 3 | | 串联导体数/相 | 192 |
| 额定值 | 类 别 | 连续 | | 导体尺寸/mm | 2～1.5 mm×5.5 mm |
| | 输出功率/kW | 300 | | 导线束绝缘 | 聚酰亚胺电线 |
| | 电压/V | 2 000 | | 电流密度/(A/mm²) | 6.67 |
| | 电流/A | 106 | 转子铁心 | 外径－内径 | $\phi 306 - \phi 80$ mm |
| | 频率/Hz | 140 | | 叠层厚度/mm | 170 mm |
| | 转差率/% | 1.4 | | 切槽数量 | 46 |
| | 转速/(r/min) | 4 140 | | 切槽尺寸/mm | 7.4×25.6 |
| | 效率/% | 94.0 | | 风口数－直径 | 16 个（堵塞 8 处风口）－$\phi 24$ mm |
| | 功率因数/% | 87.0 | | 材质板厚 | 相当于 50A800·0.5 mm |
| 冷却方式 | | 强制风冷方式/(20 m³/min) | 转子导体 | 尺寸/mm | 7.3×23.0 |
| 绝缘类别 | | 等级 200 | 杠杆 | 材质 | 赤黄铜 |
| 温度上升极限 | | 200K（定子绕组、电阻法） | | 电流密度/(A/mm²) | 6.33 |
| 最高使用转速/(r/min) | | 6 120 | 端环 | 尺寸/mm | 27×34 |
| 最高试验转速/(r/min) | | 7 040 | | 材质 | 纯铜 |
| 计划质量/kg | | 440 | | 电流密度 | 4.23 A/mm² |
| 定子铁心 | 外径－内径/mm | $\phi 480 - \phi 310$ | 最大 V/f | 牵引 | 2 300 V/116 Hz |
| | 叠层厚度/mm | 170 | | 再生 | 2 300 V/130 Hz |
| | 切槽数量 | 36 | 电路常数（115 ℃，140 Hz） | $R_s$: 0.144Ω/相 | $X_s$: 1.246 Ω/相 |
| | 切槽尺寸/mm | 13.5×35.0 | | $R_r$: 0.146Ω/相 | $X_r$: 1.138 Ω/相 |
| | 材质板厚 | 相当于 50A800·0.5 mm | | $R_m$: 527.7Ω/相 | $X_m$: 28.88Ω/相 |

## 三、MT205 型动车组牵引电动机的结构

### （一）概 述

牵引电机三维视图如图 5-19 所示，由图可以看到电机与转向架、联轴节的安装部位，与通风系统连接的电机通风口，与传动系统相连的速度传感器信号线和三相电源线。

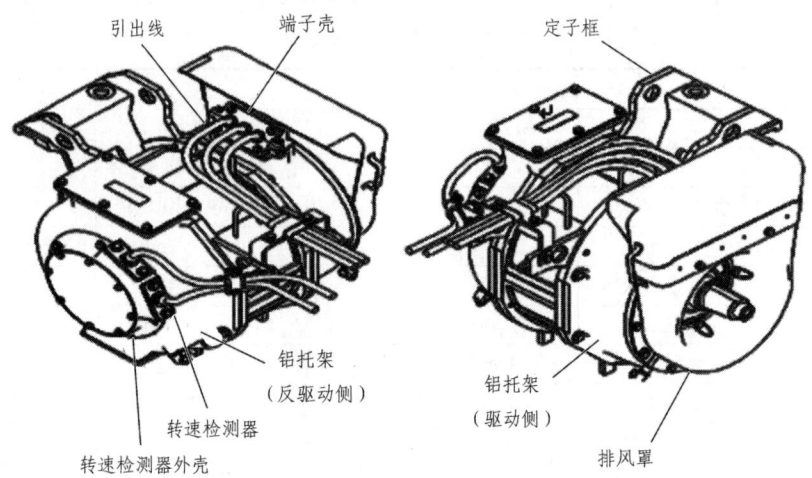

图 5-19 牵引电机外观图

图 5-20 为牵引电机安装外形图，轴伸为带键的锥面，与联轴节过盈配合，悬挂上有 2 个 $\phi30$ 的通孔，电机侧面凸台有 2 个 M27 的螺纹孔，用 4 个 M27 的螺栓与转向架连接。

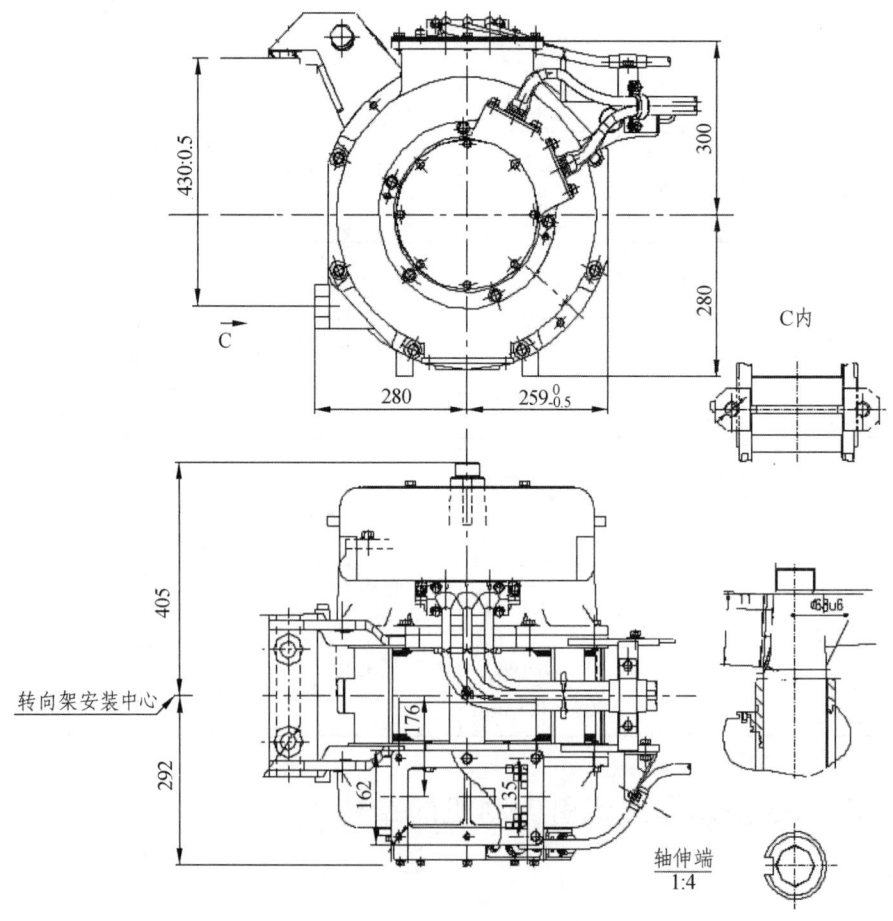

图 5-20 牵引电机安装外形图

## （二）牵引电机的构造

牵引电机作为适用于动车的构件，在构造设计方面不仅最大限度地追求轻量化，而且还追求在维护时的简易性。牵引电机主要由定子（包括铝托架）、转子、轴承、传感器等部件组成，以下针对牵引电机主要部分的结构进行说明。

### 1. 定 子

定子框采用以连接板连接铁心的无框架结构框，设有安装转向架的凸头和安装座；定子框的两侧采用铝合金铸件（铝托架）制作部件，实现定子框整体轻量化。

（1）铝托座（非传动侧和传动侧），其外形如图 5-21 所示。铝托架的材质以及板厚都考虑到列车高速运行状态，铝托架的定子框安装时，通过加强筋提高其强度，通过加厚及加强筋的加强提高了铝托架框架安装部的强度。非传动侧的铝托架处，由于采用强制风冷方式的需要，在托架上部设置风道，在托架端面安装了转速检测器外壳。另外，在传动侧，上部安装了端子壳。

安装时，用 8 个 M12 的螺栓将铝托座固定在机座上，为了防止铁和铝热膨胀上的差异而产生的偏差，其配合采用了双重配合方式。

（2）定子铁心。定子铁心采用硅钢片和 SPCC（端板）叠压而成，如图 5-22 所示，定子铁心上设置的切槽为后退式切槽，增加通风空间，提高冷却效果。

图 5-21 铝托座外形图

图 5-22 定子铁心

（3）定子线圈。定子线圈由 U 相绕组、V 相绕组、W 相绕组组成，各相由 3 个线圈串联而成，定子线圈如图 5-23 所示。

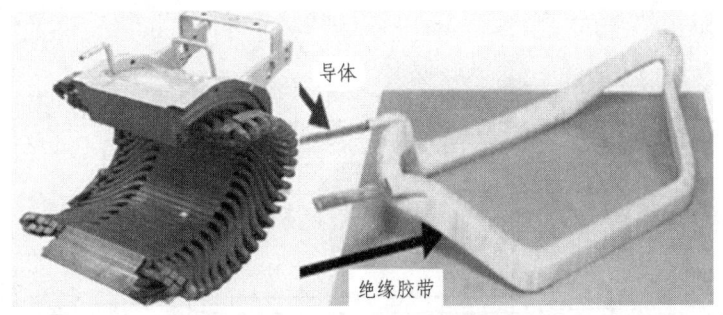
图 5-23 定子线圈

由于逆变器运行时的高频电流引起的集肤效应，会造成交流阻抗变大，温度上升过高。

为了防止此问题，增加线圈的并列根数，将线圈的导体截面形状做成了扁平状。

另外，线圈间的连接全部采用银焊，并用绝缘材料进行绝缘后，再用无溶剂漆进行真空浸渍处理。

（4）引出线。在传动端的铝托座上部接线盒，其内连接有引出线，并使用接头用银焊焊接在三相线圈的引出连线上。电机外部设置橡胶衬套，可以将三相电源引出线牢牢固定，然后再用绝缘材料进行处理。引出线绝缘部分是用蚂蟥钉固定的，当列车在通过道砟受冲击或其他原因使得铝托架产生断裂时，可不用分离引出线连接部位就可以直接更换。

（5）由于采用强迫通风冷却方式，电机非传动端的铝托座上部设置风道。另外，为了固定速度传感器，铝托座端面上设置了5个M10的螺栓固定的传感器盖。为了固定电机引出线，在电机传动端铝托座上部设置了接线盒。

## 2. 转 子

转子为牢固的鼠笼形状，该构造适用于高速运转。转子导条采用电阻系数较大、强度足够的铜锌合金（红铜）。为了尽量减小运转过程中因温度上升而产生的热膨胀，短路环采用电阻系数较小的纯铜。此外，为了应对高速转动，还在短路环的外围设置保持环。其外观如图5-24所示。

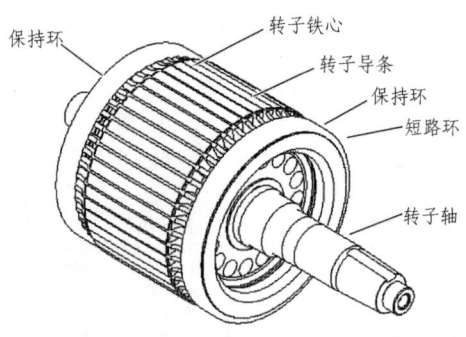

图 5-24 转子外观图

转子由铁心、转子导条、端环、护环、转子压板等零部件组成。

（1）转子铁心。

转子铁心采用硅钢片和SPCC（端板）叠压而成，热套在转子轴上。另外，铁心设置通风孔，使转子轻量化的同时，也提高了电机的冷却效率。转子断面图如图5-25所示。

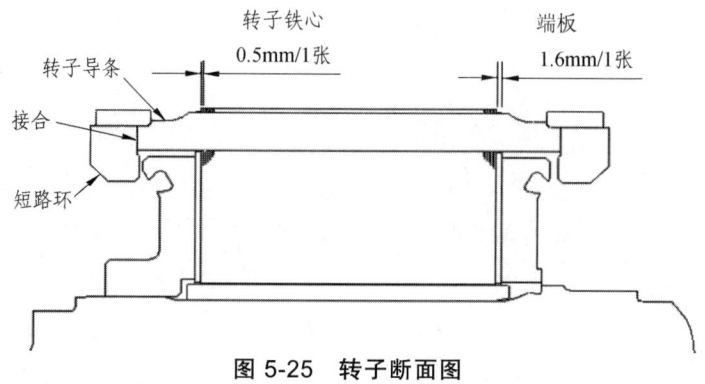

图 5-25 转子断面图

（2）转子导条及端环。

转子导条采用铜锌合金，转子导条为矩形形状，插入在转子铁心46个转子槽中。转子导条插好后，从转子铁心外周通过镦粗挤压变形，牢固地固定在转子槽中。转子导条的两端通过银焊牢固焊接在端环上，端环采用纯铜。

（3）转子轴。

轴材用铬钼钢，传动端的螺纹为 M42×2～6g。轴伸与联轴节采用锥度配合：大径侧为 $\phi$68 mm，锥度为 1/10，锥度长为 75 mm。

（4）为了确保转子高速旋转时的安全，在端环的外周设置护环，图 5-26 是牵引电机的断面图。

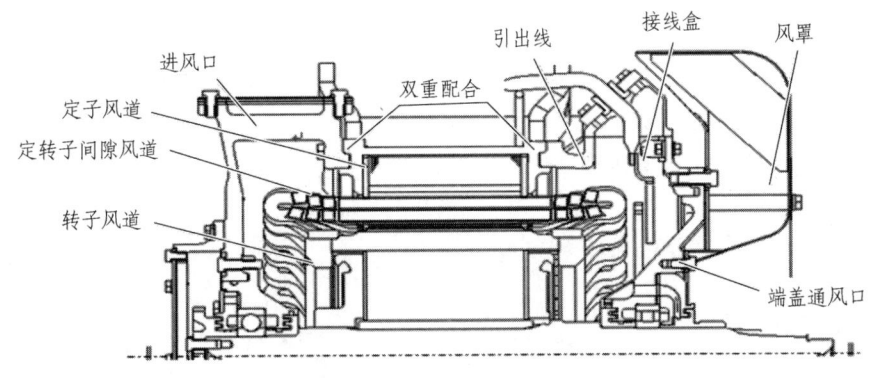

图 5-26　牵引电机断面图

（5）通风系统。

冷却风采用从车体管道抽取的方式，排气部安装了排风罩盖以防止雪雨进入。如图 5-27 所示，风从非传动端端盖的进风口进入电机内部，在电机内部，通风道有 3 条，一条是定转子间隙形成风道，一条是转子上的通风孔形成风道，另一条是定子外表面采用钢板焊成的风道。前两条风道是电机的主要通风道，而后一条风道主要用来降低定子线圈端部的局部温度。风量从端盖通风口流出，经风罩排出电机外部。

图 5-27　牵引电机进风口

**3．速度传感器**

牵引电机在非传动轴端安装了两个速度传感器，用以给传动控制系统提供速度信号，便于逆变器控制和制动控制，外形如图 5-28 所示。

图 5-28 速度传感器外观图

（1）各车轮直径大小不一致造成转速存在差异，此差异可以通过设定控制牵引电机的逆变器频率予以消除。逆变器频率设定依据：

① 行进时按 4 台并联电机中转数最低的电机设定频率。

② 再生时按 4 台并联电机中转数最高的电机设定频率。

（2）空转检测。

（3）控制制动器。

（4）运行方向检测和控制主电路。

（5）速度传感器原理。

速度传感器工作原理如图 5-29 所示。

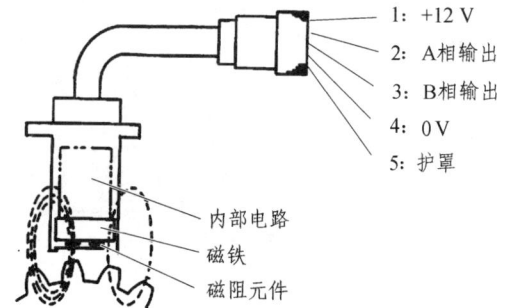

图 5-29 速度传感器工作原理图

齿轮接近磁铁时，磁力线就会集中到齿轮的齿部，并随齿轮旋转发生变化。磁力线移动变化经磁阻元件检测、电路处理后作为脉冲输出，速度传感器输出信号如图 5-30 所示。

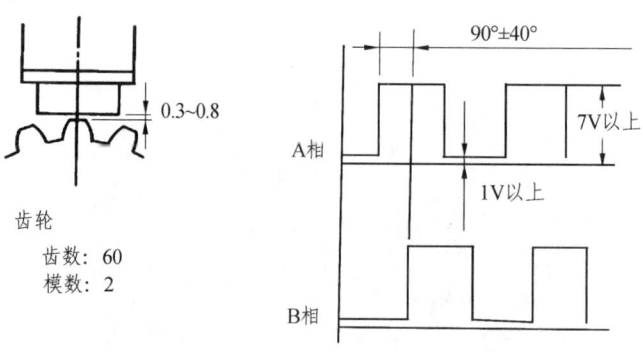

图 5-30 速度传感器输出信号

### 4．轴　承

非驱动侧使用 6311C4P6 轴承，驱动侧使用 NU214C4P6 轴承，如图 5-31 所示。为了防止轴承受到电腐蚀，驱动侧和非驱动侧都采用在轴承外圈上喷镀陶瓷，以形成一层绝缘外膜的绝缘轴承，图 5-32 和图 5-33 分别画出了传动侧和非传动侧轴承构造。

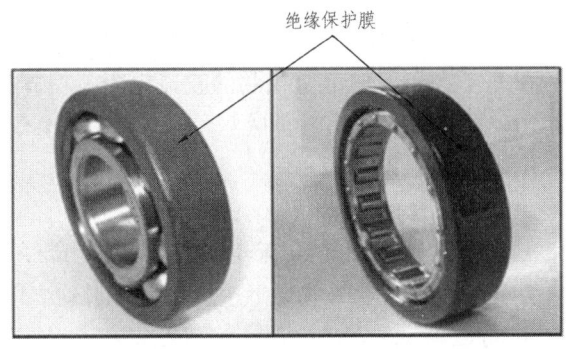

图 5-31 轴承外形

轴承的构造为带有可以中途注油的加油嘴,可以把润滑脂注入轴承内部。在传动侧、非传动侧设有注油油管,端盖上设有环状润滑脂室,使轴承不断地得到新的润滑脂,不同的润滑脂不能混用,轴承充满油脂后,要以 1 400 r/min 左右,进行大约 30 min 的空载运转。

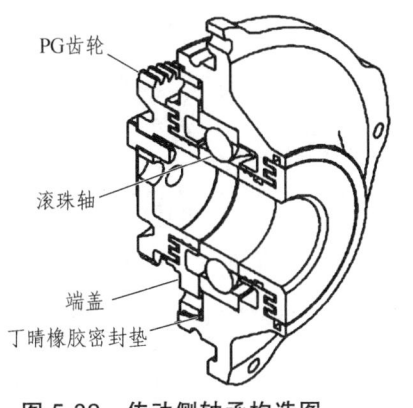

图 5-32 传动侧轴承构造图

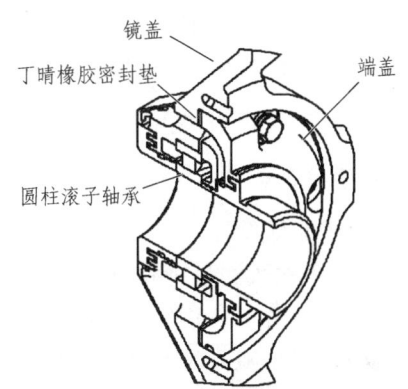

图 5-33 非传动侧轴承构造

## 四、MT205 型牵引电动机的维护与检测

### (一)电机维修试验

#### 1. 组装后的试验

将牵引电机进行拆解检查后,要进行以下试验以确认其性能:

(1)用可变频率电源(通用变频器)以 10~15 Hz(300~450 r/min)进行大约 2 h 的牵引电机空载运行后,再继续以 30~40 Hz(900~1 200 r/min)进行空载运行,测量转子轴承的温升。一直进行到轴承的温度达到稳定为止。温升不可超过 55 K。如果温升很大,则需要重新组装。(在组装好的状态下,在外轮附近的部位用锤子轻轻敲打,可以改善。)

(2)听轴承的声音,有异常声音时要检查轴承,如果轴承有问题,要更换新品。

(3)测量绝缘电阻,用 500 V 兆欧表在常温状态下测量,确认绝缘电阻在 3 MΩ 以上。

(4)在全部引出线和定子框之间,施以工业频率交流电压 4 000 V 持续 1 min,进行绝缘强度试验。

## 2. 检查试验

（1）绕组电阻试验。在端子之间测量定子线圈的直流电阻，换算成 115 ℃，其数值应在型式试验所得的定子绕组阻值的±5%以内。

（2）绝缘电阻试验。用 1 000 V 兆欧表测量全充电部和铁心框之间的绝缘电阻，在冷态下应为 3 MΩ 以上。

（3）在所有充电部和铁心框之间施加工频交流 4 000 V 持续 1 min，确认各部位没有异常。

（4）空载试验。在轴承中充填润滑脂的情况下进行空载试验时，以约 1 400 r/min（工频）实施 30 min 的空转之后，进行以下试验。

预备反转　4 min　　700 r/min；
额定反转　5 min　4 140 r/min；
额定正转　5 min　4 140 r/min；
高速正转　2 min　7 040 r/min。

（5）速度传感器输出值的测量。在前一项空载试验中工业频率的运转状态下进行测量，确认达到以下数据：电压电源 DC12 V 时，输出电压在 8 V 以上（0-P 值），A 相、B 相的相位差在（90±40）°C 以内，如图 5-34 所示速度传感器输出值。

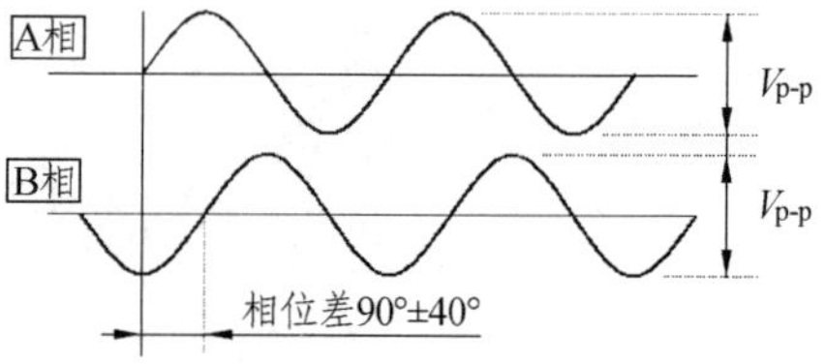

## 3. 转向架检查试验

（1）绝缘电阻试验。

用 1 000 V 兆欧表测量所有充电部和铁心框之间的

图 5-34　速度传感器输出值

绝缘电阻，确认阻值在冷态下为 3 MΩ 以上。再进一步用 5 000 V 兆欧表测量衔铁和转子轴之间的绝缘电阻，确认阻值为 5 MΩ 以上。

（2）绝缘强度试验。

将工频交流 4 000 V 施加于所有充电部和铁心框之间 1 min，确认各个部位没有异常。

（3）空载试验。

如果进行过轴承部分拆解，要实施与全盘检查一样的转动试验。

## 4. 其　他

将牵引电机送至厂家修理时，为了保护轴承，采取以下两点措施，如图 5-35 所示。

（1）安装轴保护金属件，以固定转子。

（2）货车运输时，将转子轴与行进方向成直角放置。

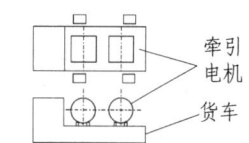

图 5-35　牵引电机维修运送图

## （二）牵引电机各部位的维护

### 1. 牵引电机的清洗及注意事项

（1）转子。

① 用干燥的压缩空气，吹扫转子表面以及铁心的风孔等处的尘埃，如果仍敷有脏污，则用洗洁剂等擦拭。

② 转子清洁干净以后，如果转子表面的红色清漆有剥离，则要涂布覆盖漆进行修补。同

时需要注意：

a. 放置转子时，一定要用转子轴或转子铁心支撑，绝对不能用转子导条、短路环、保持环支撑（会使转子变形或受损），转子的放置方法如图5-36所示。

b. 用转子铁心支撑时，注意不要使铁心两端的端板受到过分的施力。

c. 放置在台面上要吊起时，应使传动侧和非传动侧呈水平状态，注意不要使端板先触及放置的台面。（如果端板变形，则有可能引起端板受折而损坏。）

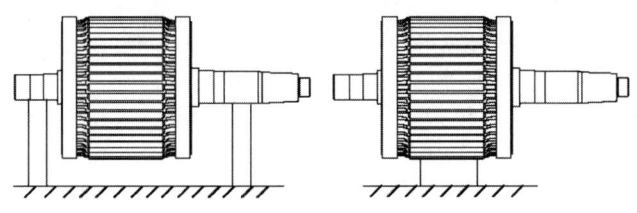

图 5-36 转子的放置方法

（2）定子。

① 用干燥的压缩空气吹扫定子表面以及铁心的风孔等处的尘埃，如果仍敷有脏污，则用洗洁剂等擦拭，铝托架防水处理要领如图5-37所示。

② 定子内面等清洁干净以后，如果表面的红色清漆有剥离，要涂布覆盖漆，进行修补。

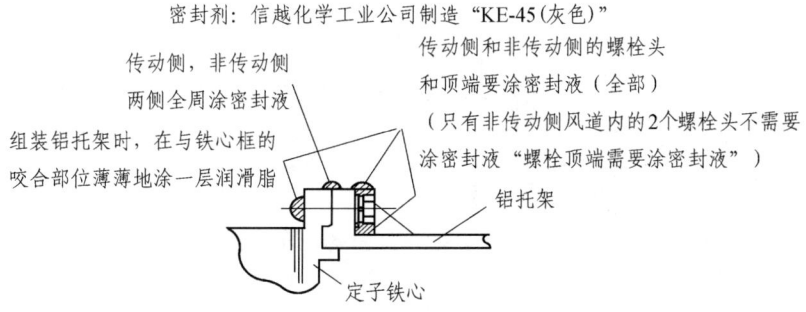

图 5-37 铝托架防水处理要领图

③ 如果铁心框和铝托架接合面的外围部分的防水材料剥离，则要按照图 5-37 所示的要领，涂防水剂进行修补，铝托架不要使用碱性清洗剂清洗。

（3）轴承。

① 充填润滑脂要按照图 5-38、5-39 的要领进行。

② 充填润滑脂后，要实施 1 400 r/min 左右（工业频率）30 min 的空载运转，使润滑脂充分进入各个部位。同时应该注意：

a. 如果过分充填润滑脂，则可能会因为润滑脂搅拌生热，而引起过热现象，或漏油，所以要注意充填油量以及中途注油量。

b. 混合使用不同种类的润滑脂会造成产品劣化。如果要改变润滑脂的种类，要将旧的润滑脂完全洗净后，再重新充填。

c. 如果直接使用混有异物、尘埃、水分等的润滑脂，则会引起润滑脂劣化、润滑不良等问题，而造成轴承发生故障，所以要注意润滑脂的使用。另外，清洁轴承内部以及润滑脂袋内时,一定要将清洁剂用热水冲洗,完全去除清洁剂之后,再注入新的润滑脂。

d. 由于采用的是绝缘轴承,所以在拆卸和装入时,要使用油压压进(不要使用锤子等打击)。

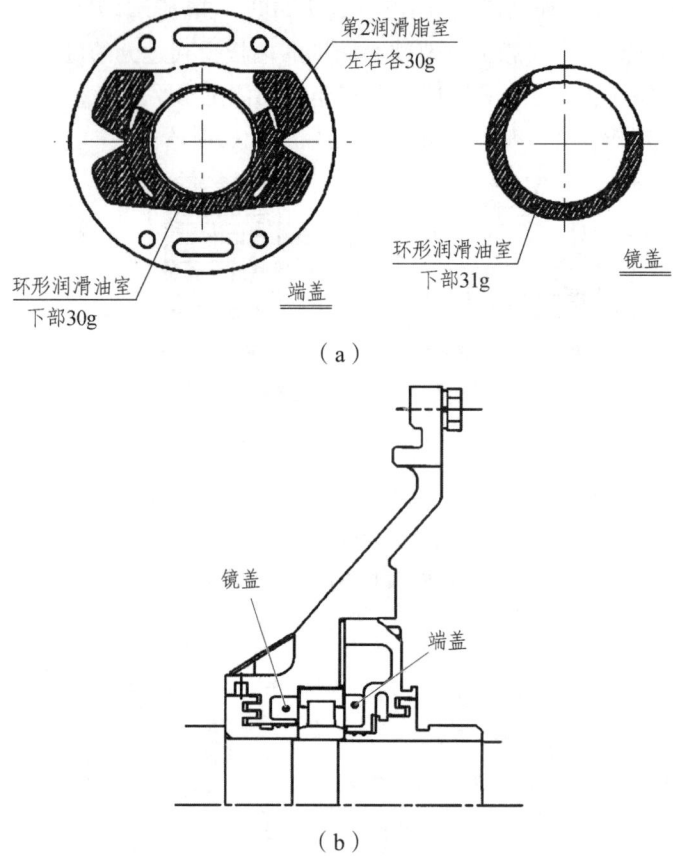

图 5-38 传动侧轴承润滑脂充填要领

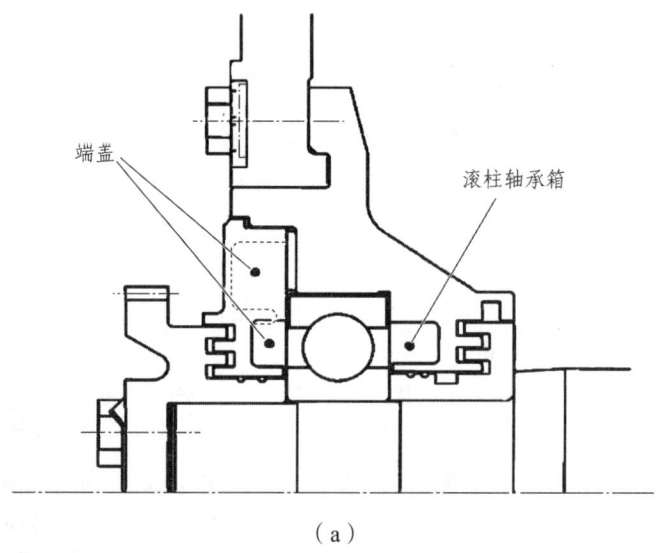

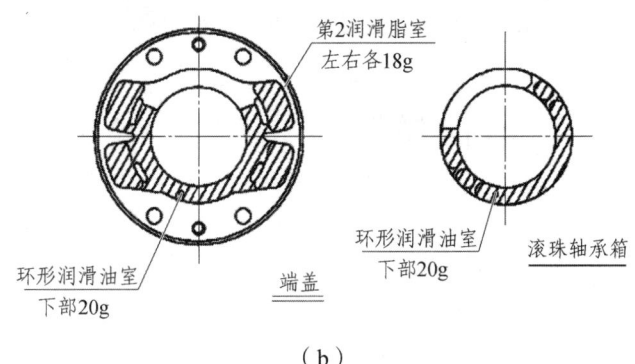

(b)

**图 5-39 非传动侧轴承润滑脂充填要领**

e. 在装入轴承时，要在轴承的外周围薄薄地涂一层润滑脂，油脂的用量如表 5-4 和表 5-5 所示。

f. 传动侧的端盖由于是铝制品，所以不要使用碱性的清洁剂清洗。

g. 拆分和装入时，请使用专用工具。（绝对不要敲打、用感应加热器、煤气灶等加热）

**表 5-4 传动侧润滑脂的用量**

| 部件名称 | 充填部位 | 充填量 |
| --- | --- | --- |
| 镜盖 | 环形润滑脂室 | 下部 31 g |
| 端盖 | 环形润滑脂室 | 下部 30 g |
|  | 第二润滑脂室 | 整袋（60 g） |
| 滚子轴承 | 轴承内 | 10 g |

**表 5-5 非传动侧润滑脂用量**

| 部件名称 | 充填部位 | 充填量 |
| --- | --- | --- |
| 滚珠轴承箱 | 环形润滑脂室 | 下部 28 g |
| 端盖 | 环形润滑脂室 | 下部 20 g |
|  | 第二润滑脂室 | 整袋（36 g） |
| 滚珠轴承 | 轴承内 | 20 g |

（4）速度传感器，如图 5-40 所示。

① 要及时清洁、维护，不要使速度传感器本体的顶端以及 PG 齿轮外围堆积灰尘，同时应注意：

a. 不要让拆下来的速度传感器受到碰撞。

b. 拆下来的速度传感器可以采用图 5-41 方法保管。

c. 将速度传感器重新装入速度传感器外壳，涂一层黏合剂 1105。

d. 取下速度传感器外壳时，一定要先取出速度传感器（因为其间隙极小，容易损坏传感器）。另外，装入速度传感器外壳时，要在与铝托架之间的间隙中，薄薄地涂一层轴承润滑脂，

**图 5-40 速度传感器**

安装后要对速度传感器与齿轮的间隙进行测量,如图5-42所示。

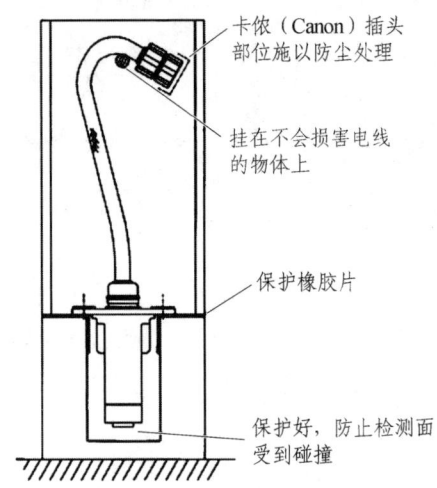

图 5-41　速度传感器保管

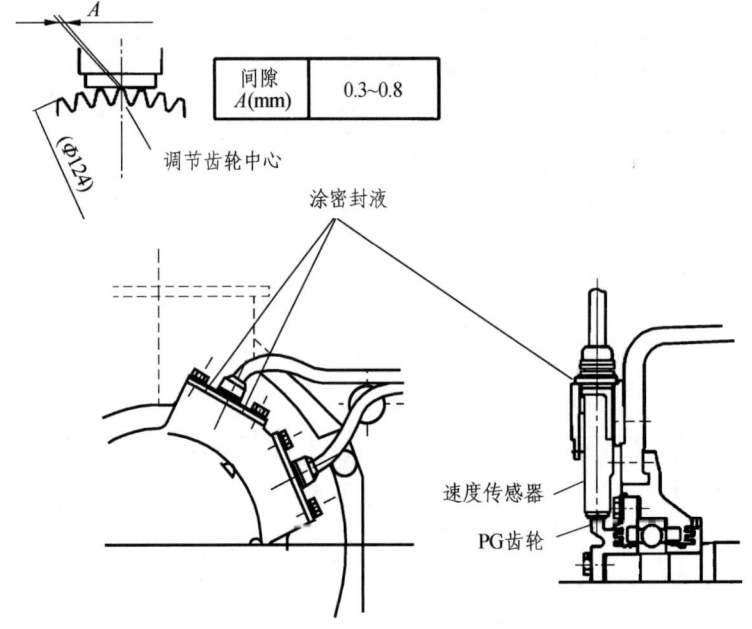

图 5-42　传感器间隙测量

## 2．牵引电机的分解方法

MT205型牵引电机维修方便,在很长时间内无须进行分解、组装的作业,因遇到某种情况需要进行分解、组装时,要按照以下顺序进行操作:

（1）从转向架卸下主电机,用空气压缩机等清除电机外部分附着的尘埃等。

（2）将牵引电机放置在水平的台面上或地面上。

（3）取下速度传感器,如图5-43所示。

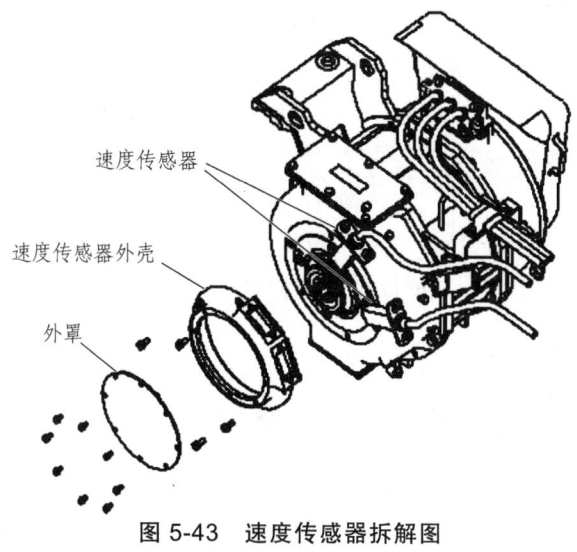

图 5-43 速度传感器拆解图

(4) 取下外罩。
(5) 取下速度传感器外壳。
(6) 将取下的速度传感器的连接器进行防尘处理。
(7) 取下外罩,如图 5-44 所示。
(8) 转子的取出。

① 取下滚珠轴承箱的安装螺栓以及镜盖的安装螺栓,分别轻轻旋入两处拆卸螺孔中。

② 在转轴的锥形部位安装一个转子横吊工具,用吊挂有铁丝的行车起吊,轻轻拉起。取下滚珠轴承的安装螺栓后,在对面的两处螺孔中安装两个双头螺栓。

③ 将①中轻轻旋入的镜盖的螺栓均等地旋进 5 mm 左右,然后将滚珠轴承侧的螺栓也均等地旋进 5 mm 左右,将镜盖侧和滚珠轴承侧的螺栓交互旋紧,然后从框中拔出转子(一定要先上紧镜盖侧的螺栓。另外,交互拔出镜盖和滚珠轴承箱时,滚珠轴承箱的拔出长度一定不能大于镜盖的拔出长度),如图 5-45 所示。

④ 拔出的转子要放置好,注意不要损坏转子的铁心部。

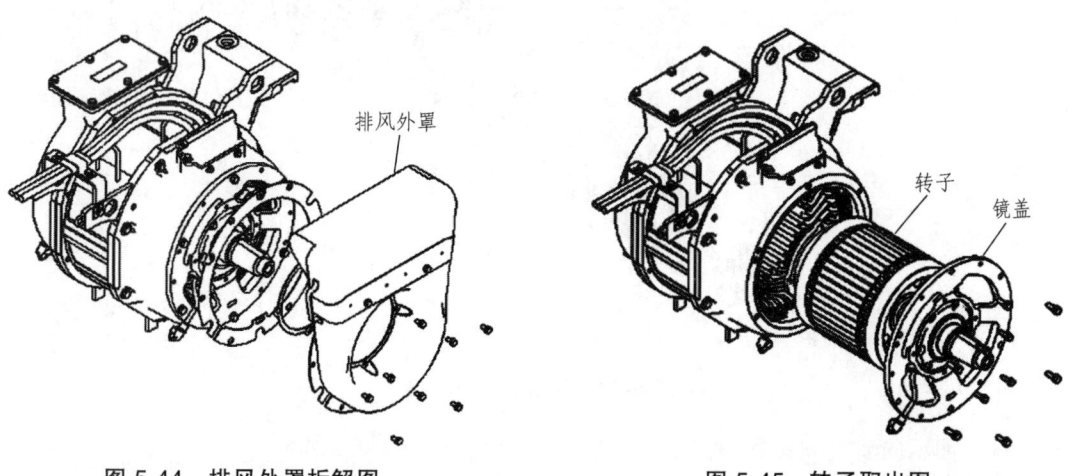

图 5-44 排风外罩拆解图　　　　图 5-45 转子取出图

(9) 滚柱轴承的拔出。

① 用专用的拔出工具将轴环从转子轴上拔出。

② 将镜盖从转子上拔出，注意不要损坏滚柱轴承（此时滚柱轴承的外轮以及端盖也同时被拔出）。另外，拔出时，一定要对着转子保持直角的状态。如果倾斜操作，则可能损坏轴承。

③ 从转子轴上同时拔出滚柱轴承内轮和轴环。

④ 取出端盖后，使用专用工具将滚柱轴承外轮从镜盖中拔出，如图5-46所示。

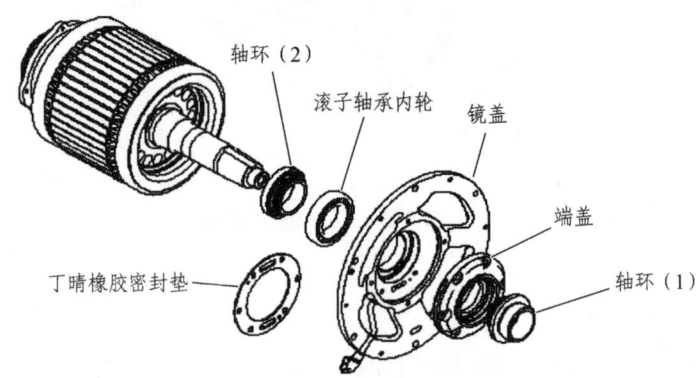

图 5-46　滚柱轴承拆解图

(10) 滚珠轴承的拔出。

① 取下轴端螺栓和垫圈，再取下 PG 齿轮后，用专用工具将滚柱轴承箱和滚珠轴承一起从转子轴上拔出。

② 将滚珠轴承从滚柱轴承箱中取出。拔出滚珠轴承时也要使用专用工具。绝对不要用敲打、用感应加热器、煤气灶等加热等方法拔取，如图5-47所示。

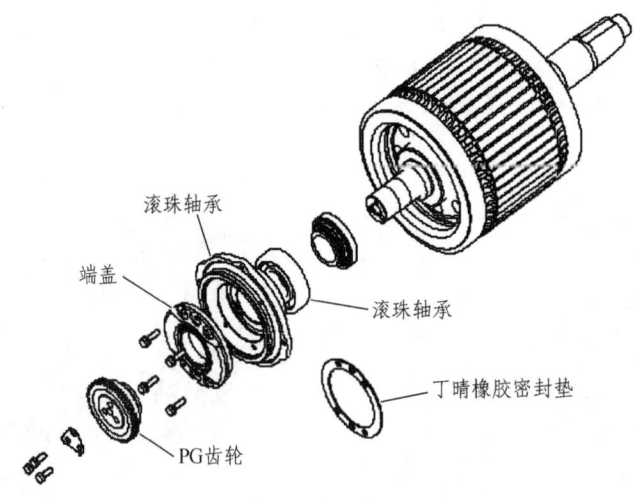

图 5-47　滚珠轴承拆解图

(11) 轴承的清洗和保管。

拔出的轴承要小心保管，不要让灰尘进入轴承内部。清洗轴承时要使用白灯油清洗。如果使用强力清洗剂，有可能对轴承的绝缘体造成影响，所以使用前要先确认可否使用。拆解时进行检查和确认时，如果发现轴承有异常，则要更换新的轴承。

**3．牵引电机的组装方法**

重新组装之前，要先检查确认各个部件的受损、损耗程度，并确认各个部件上的尘埃已经去除。

（1）轴承的组装。

① 将滚柱轴承内轮浸在加热到 110～130 ℃ 的白灯油油槽中，迅速取出乘热嵌入转子中。

② 安装规定将润滑脂充填在镜盖、端盖、滚柱轴承外轮内部。在滚柱轴承外围涂好润滑脂后，用专用工具压进镜盖。

③ 在镜盖和端盖间的结合处，装上密封垫。

④ 将轴环乘热套在转子轴上。

（2）滚珠轴承的组装。

① 按照规定润滑脂充填在滚珠轴承箱、滚珠轴承以及端盖内。在滚珠轴承外周涂好润滑脂后，用专用工具压进滚珠轴承箱内。

② 用专用工具将组装了滚珠轴承的滚珠轴承箱装入转子轴。

③ 将 PG 齿轮装入轴端，用螺栓和垫圈固定好。

④ 在镜盖和端盖间的结合处装上密封垫。

（3）定子框（铝托架）和转子的组装。

① 镜盖和滚珠轴承箱和铝托架的配合部涂润滑脂。

② 在组装了传动侧和非传动侧的轴承的转子轴端锥形部位，安装转子专用的起吊工具，水平吊起，轻轻地组装。这时，注意不要让定子线圈碰到定子铁心，在滚珠轴承箱上安装两根长的双头螺栓，以此为导向，对着定子框相对应的螺栓孔组装进去。

③ 开始用夹紧螺栓将滚珠轴承箱均等地拧进 5 mm 左右，然后将镜盖的夹紧螺栓均等地拧进 5 mm 左右，之后再交互拧紧。（注意与拆解时正好相反）

④ 用手转动转子，确认转子能轻轻转动。

⑤ 在各个拆卸螺孔中填润滑脂（防锈）。

⑥ 组装速度传感器外壳。

⑦ 安装外罩。

⑧ 安装清洁好的排风罩。此时确认外罩的密封垫正好碰着镜盖。要更换新的密封垫。

⑨ 组装完成后，进行试验运行，确认牵引电机没有异常。

（4）电机维护内容。

① 基本事项。为了让牵引电机保持良好的运行状态，建议按照以下基准进行检查，但用户也应根据使用的情况等做适当变更，制订最符合实际情况的检修基准，以期万无一失。

② 检查基准如表 5-6 所示，其中划有"O"标记的是需要进行检查的项目。

表 5-6　检查项目及基准

| 检查部位 | 检查项目 | 检查区分 | | | 检查基准 | 备注 |
|---|---|---|---|---|---|---|
| | | 换班检查 | 转向架检查 | 全体检查 | | |
| 牵引电机整体 | 电机在转向架上的安装没有任何异常 | ○ | ○ | ○ | | |
| | 挠性风道、下部外罩、排风外罩的安装没有异常 | ○ | ○ | ○ | | |
| | 风道入口部的密封垫无松动现象 | | ○ | ○ | | |
| | 牵引电机速度传感器的引出线固定夹的状态和连接器的状态没有异常 | ○ | ○ | ○ | | |
| | 吹扫、清洁 | | | ○ | | |
| 转子 | 转子轴上无裂纹、变形、损坏 | | | ○ | | |
| | 键槽无变形、损坏 | | | ○ | | |
| | 轴端螺纹部位没有异常 | | | ○ | | |
| | 转子导条、保持环、短路环无裂纹、损坏 | | | ○ | | |
| | 小齿轮配合面配合良好 | | ○ | ○ | | |
| | 转子铁心无移动痕迹 | | | ○ | | |
| | 平衡锤的安装无异常 | | | ○ | | |
| | 清洁、保养 | | | ○ | | |
| 定子 | 铁心框无损坏 | ○ | ○ | ○ | | |
| | 凸头状态良好，无变形、损坏 | ○ | ○ | ○ | | |
| | 凸头键槽无变形、损坏 | | | ○ | | |
| | 定子线圈和连接线等的绝缘线，无剥离、裂纹、损坏 | | | ○ | | |
| | 无带热、烧坏的痕迹 | | | ○ | | |
| | 引出线的导线束无断线 | | ○ | ○ | | |
| | 引出线被覆无损坏 | | | ○ | | |
| | 引出线和引出导条之间的绝缘无裂纹、损坏 | | | ○ | | |
| | 铝托架的表面无有害的裂纹等 | ○ | ○ | ○ | | |
| | 吹扫清洁 | | | ○ | | |
| 速度传感器 | 引线、连接器无损坏和松弛 | | ○ | ○ | | |
| | 安装螺栓无松弛 | | ○ | ○ | | |
| | 检测部位无生锈或脏污 | | | ○ | | |
| 轴承部 | 润滑脂的换填（按照图5-38、5-39的润滑脂充填要领） | | | ○ | | |
| | 无变形和损坏 | | | ○ | | |
| | 配合面无异常，配合硬度适中 | | | ○ | | |
| | 使用轴承的种类正确 | | | ○ | 传动侧：NU214C4P6 非传动侧：6311C4P6 | 陶瓷绝缘轴承 |
| | 由于使用的是陶瓷外膜绝缘轴承，陶瓷外膜上应无裂纹、剥离 | | | ○ | | 协同油脂制造 |
| | 使用润滑脂的种类正确 | | | ○ | | |

## （三）牵引电机送风机

CRH2 牵引电机送风机采用 FL3315ASW-01 型冷却送风机，该送风机为全封闭外冷式三相鼠笼异步电机。

（1）主要技术参数：

| | |
|---|---|
| 型号 | FL3315ASW-01 |
| 方式 | 涡轮式 |
| 极数 | 2 极 |
| 额定值 | |
| 输出功率 | 2.8 kW |
| 电压 | 400 V |
| 频率 | 50 Hz |
| 转速 | 2 870 r/min |
| 风量 | 风压　　　2 501 Pa |
| 冷却方式 | 全封闭外冷式 |
| 质量 | 83 kg |

（2）牵引电机送风机结构，如图 5-48 所示。

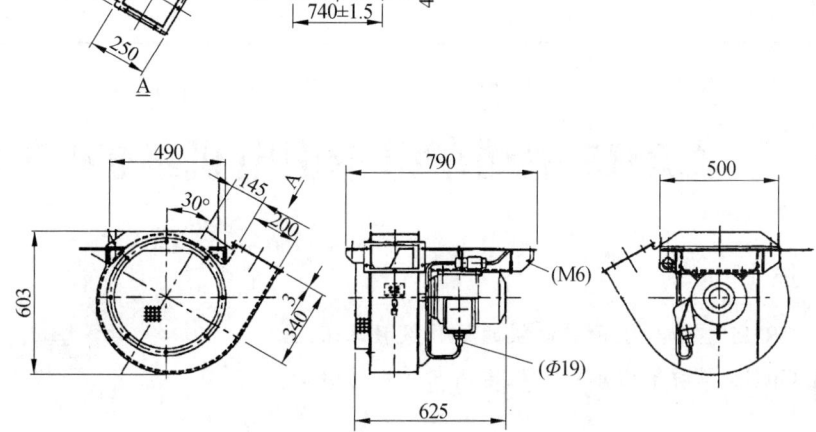

图 5-48　牵引电机送风机结构

（3）牵引电机送风机试验。牵引电机送风机型式试验、例行试验及检查项目按表 5-7 进行。

表 5-7　牵引电机送风机试验内容

| 试验检查项目 | 型式试验 | 例行试验 | 备注 |
|---|---|---|---|
| 特性试验 | ○ | ○ | 遵照 JIS B 8330 |
| 噪声试验 | ○ | — | 遵照 JIS B 8346 |
| 温度上升试验 | ○ | — | 遵照 JIS E 6601 的 5.2.1 |

续表

| 试验检查项目 | 型式试验 | 例行试验 | 备注 |
|---|---|---|---|
| 反复起动温度试验 | ○ | — | |
| 高速试验 | ○ | — | |
| 失速试验 | ○ | — | 失速电压低于 300 V |
| 起动试验 | ○ | — | 最低起动电压在 320 V 以下 |
| 电力中断试验 | ○ | — | |
| 平衡试验 | ○* | ○* | 近似修正面的偏心在 20 μm 以下 |
| 质量检测 | ○ | — | |
| 振动试验 | — | — | 遵照 JIS E 4031 的 1 种 B 种 |
| 运转振动检测 | — | ○ | 电机振动在 24 μm$^{P-P}$ |
| 运转方向检测 | — | ○ | 遵照图纸 |
| 空运转试验 | — | ○ | 确认轴承等的旋转声音 |
| 连接尺寸检查 | — | ○ | 遵照图纸 |
| 外观检查 | — | ○ | 无异常 |
| 涂漆试验 | — | ○ | 无异常 |
| 标牌检查 | — | ○ | 确认打刻内容 |

注：因为平衡试验是制造中的一道工艺，所以在型式试验中仅添附制作时的测试数据，验收试验时仅进行数据说明。

# 任务三　CRH5 型动车组牵引电机维护与检修

## 【任务描述】

（1）掌握 CRH5 型动车组牵引电机的结构及技术参数；
（2）掌握 CRH5 型动车组牵引电机运用与维护方法。

## 【相关知识】

### 一、牵引电机概述

列车上使用的电机是一种三相异步、六电极、强迫通风型电机，带有定子开启式分层，不带机壳。电机的外形如图 5-49 所示，外形尺寸：宽度 828 mm，高度 680 mm，长度 1 070 mm，转子质量 480 kg，总重 1 613 kg。

每节动车装有 2 个牵引电机。每个牵引电机由一个牵引逆变器提供能源。8 车编组的每列列车上有 10 个电机。6 FJA 3257 A 牵引电机是一个交流鼠笼式电机，敞开式的并且是强制风冷。

该电机结构简单，质量轻，性能可靠，故障率低，功率大，符合列车运行对电机的要求（型号 YJ87A 6 FJA 3257 A），是三相鼠笼式异步电机，六极，采用开放式强迫风冷，通过两台可提供恒定风量的风机冷却，通风装置设在电机两侧。电机安装一套速度检测系统供监控之用，并且在定子线圈上预埋温度传感器用来测量电机定子温度，牵引电机采用弹性吊架吊装于车体底架上，电机通过万向轴与转向架上的齿轮箱连接。

图 5-49　牵引电机外形

牵引电机通过前后端盖上的螺纹孔和带吊装弹簧的支架机械地固定在一起，弹簧支架之间通过型材相连，构成矩形吊装结构，电机在安装时，整体向驱动端倾斜 1.5°。

电机与车辆的机械连接是通过带弹性悬挂装置的支架实现的。运动是通过一个适当的万向轴和变速箱向电机轮对传输的，如图 5-50 所示。牵引电机和万向轴之间通过一个安全装置机械性连接，假设在牵引电机两相线圈之间发生短路，安全接头（safeset）将会保护万向轴和齿轮箱避免过转矩。当过转矩时，安全装置中连接部分滑动，内部油压增大，剪切阀的顶部被打开，这时在安全装置内释放油压，这个过程在几毫秒内发生，释放后安全装置将会在轴上自由转动。

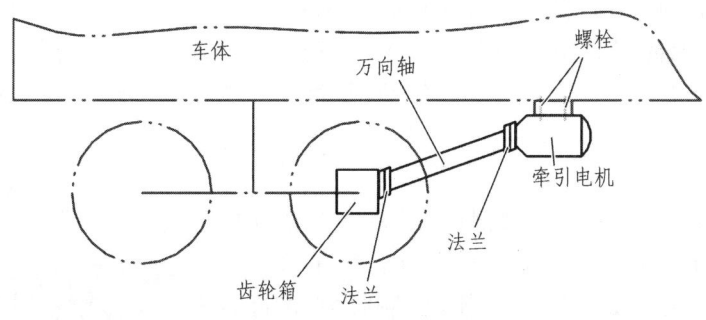

图 5-50　电机万向轴连接

该限制转矩的安全连接装置包含一套液压的转矩安装系统，通过调整液体压力，使输出转矩满足需要。

## 二、CRH5 型动车组牵引电机的结构及技术参数

### 1．牵引电机的主要技术参数

| | |
|---|---|
| 类型 | 异步，六极，鼠笼 |
| 持续额定功率 | 568 kW |
| 电压（相电压/线电压） | 1 206/2 089.3 V |
| 电流 | 211.22 A |
| 转速 | 1 177 r/min |

| | |
|---|---|
| 频率 | 59.8 Hz |
| 转速范围 | 0 ~ 3 121 r/min |
| 冷却方式 | 开启式,强迫通风冷却 |
| 电源 | 3 根电缆通过接线盒连接到电动机上 |
| 联结方式 | 万向轴 |
| 安装方式 | 纵向布置,通过两端盖固定在支架上,并悬挂于车体上 |
| 定子机座 | 全叠片结构 |
| 端盖-传动端轴承 | 滚柱轴承 |
| 端盖-非传动端轴承 | 球轴承 |

**2. 牵引电机的结构**

电机由定子、转子、轴承、端盖、传感器等部件构成,定子绕组与牵引变流器连接,接受电能和回馈电能。

(1)定子。

定子架为全部焊接结构,由两块强硬的机加工钢板叠压成低损耗磁钢冲片而成。8 根纵向柱材分布在磁性冲片的四周,焊接到端板上。

定子绕组由菱形线圈组成,线圈由扁铜导体绕成。使用聚酰亚胺"Kapton"薄膜绑扎导体绝缘。用玻璃云母带连续绑扎使线圈相对地线电压绝缘。线圈放入定子槽内,定子槽由"NomexKapton"衬料防护。开槽键由聚酰亚胺树脂浸润玻璃制成。安装完成后,通过高温铜点焊连接绕线。之后使用不溶解硅树脂的 VPI 处理方法对整个绕组进行处理。整个绝缘系统可达到 200 等级的温升指标(对应于最大环境温度 40 ℃ 的 200 K 温升极限),电源接头在端子箱内制成。

(2)转子。

转子由硅钢片叠压而成,该硅钢片热套在一个套筒上,并在两个端板中间进行压制,如图 5-51 所示。转子笼由合金铜杆和铜环制成,并通过高频钎焊将杆和环连接。在最终矩形剖面上直接对杆进行层压,由铬锆合金铜制成的环按要求尺寸进行锻制并进行热处理以保证最终机械性能。电机在最高实际质量指标内需满足动态平衡。电机轴由高强度合金钢制成,并在轴端有 2%的圆锥倒角。通过一个"CuA110NiF75 DIN 17673"安全环对短路环进行保护。

6FJA3257A 型牵引电机转子轴是由经过锻造、硬化淬火和回火的合金钢制成,在锻造和粗车加工后,需要

图 5-51 牵引电机的转子

对轴进行机械和超声检查,在所有机械加工过程完成后对轴进行验磁检查,转子轴由适当的轴承支撑,可以承受一定转矩产生的应力,所有轴承均使用脂润滑,安装在带有阀门的气密壳体中,通过阀门可以排除多余的润滑脂。二次润滑通过外盖上适当位置安装的油脂管嘴进行。

(3)外端盖。

外端盖对电机部件起到保护、支撑的作用。

(4)轴承装配。

轴承更换周期为 2 500 000 km,使用有高热特性的油脂将轴承绝缘并对其润滑。使用短管允许有润滑的周期影响。根据维护手册,润滑周期为 120 000 km。

(5)通风系统。

6FJA3257A 牵引电机是一个三相鼠笼式异步电机,有六极,敞开式并且是强制风冷,如图 5-52 所示。通风装置在电机内部可产生内部气流。空气通过速度传感器外端盖上的 2 个进气口进入电机;2 个带有过滤器的沟槽将空气从动车两端吸入。然后空气通过气隙,被引入定子和转子铁心中的孔,最终由风扇叶轮经由外壳传动装置侧面上的 4 个覆有保护网的口排出。额定性能以 1 900 r/min 情况给出,其流量为 0.83 m³/s,压头为 770 Pa。

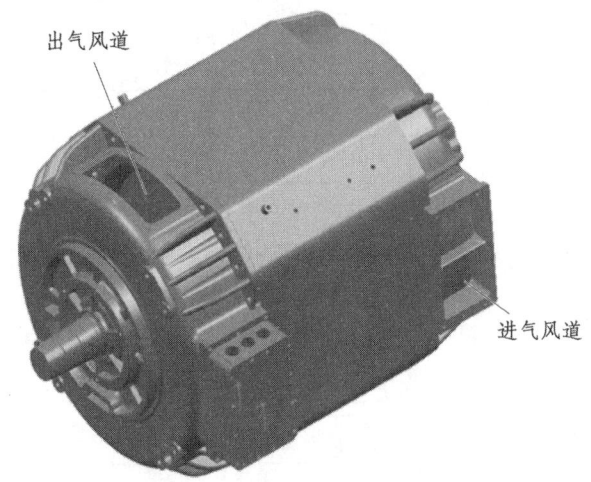

图 5-52 牵引电机的通风

(6)其他。

电机速度由一个速度传感器监测,该传感器由一个固定在轴上的齿轮和一个固定在传动端对面一侧外盖上的电磁信号采集器组成;该信号采集器能够检测到轮齿发出的电脉冲,其速度正比于转子轴的速度。

PT100 温度探头位于中间位置的定子铁心中,它由一个防水盒保护。

电机设计通过弹性悬挂固定在车体地板之下,通过空心轴连接至安装在转向架上的变速箱。

(7)电气接口。

电机的电力连接是通过 3 条电力直通电缆实现的,通过单独的防水型引线孔从电机输出。电缆的机械保护是通过用胶布制成的刚性管子实现的。为把电机电缆连接到设备电缆上,要使用特殊的端子来把电缆夹住;为保护单独的电缆连接,要使用已适当绝缘的圆筒形支架。

测速器上的热探头和磁性传感器之间的连接是通过快速连接线和密封环连接器实现的。

## 三、6FJA3257A 牵引电机的运用与维护

(1)预防性维护任务——电机不落车检查,见表 5-8 所示。

表 5-8　电机不落车检查

| MP 表目录 | |
|---|---|
| 一般外观检查 | MP/100/100 |
| 紧固件的更换和紧固 | MP/100/110 |
| 轴承润滑 | MP/100/120 |

一般外观检查，见表 5-9 和表 5-10 所示。

表 5-9　外观检查（一）

| 检查 | 维护工作 | 参考 |
|---|---|---|
| ① 油嘴及附件 | | |
| 损坏或丢失 | 更换 | MP100/110 |
| ② 端盖出风罩 | | |
| 堆积灰尘 | 使用刷子或吸尘器去掉灰尘 | - |
| ③ 温度传感器和速度传感器盒的装配 | | |
| 损坏 | 更换部件 | REM/170/100 |
| 紧固损坏 | 更换部件 | REM/170/100 |
| 紧固件：丢失，松动 | 更换或重新紧固 | MP/100/110 |
| ④ 接线盒装配 | | |
| 损坏 | 更换部件 | REM/200/100 |
| 紧固损坏 | 更换部件 | REM/200/100 |
| 紧固件：丢失，松动 | 更换或重新紧固 | MP/100/110 |
| 其他紧固件 | | |
| 紧固件：丢失，松动 | 更换或重新紧固 | MP/100/110 |

表 5-10　外观检查（二）

| 目的 | 保证有足够的轴承润滑 |
|---|---|
| 润滑脂类型 | MOBILITH SHC 100 |
| 数量 | 每个轴承 30 g |
| 周期 | 每 120 000 km |
| 使用的工装 | 润滑装置包括：手握手动喷枪，一根软管和与油嘴配套的适配器 |
| 方法 | 从端盖上拆除油脂保护板 |
| | 使用干净的无绒毛抹布，清洁油嘴和适配器。安装适配器到油嘴 |
| | 给轴承加润滑脂 |
| | 将适配器从油嘴上拆除 |
| | 将润滑脂保护板安装在端盖上 |

(2）拆卸，清洗，组装，试验及更换操作——电机落车后大修。

（一）端盖外部部件的拆卸

（1）将支座 945.11D3530001.11000（Okf 8976）在翻身机上安装到位。
（2）将翻身架 945.11D3530001.10000（Okf 10906）安装在支座上。
（3）将两个 M16 的连接吊环螺栓拧入电动机。
（4）使用天车将电动机水平放置在翻身架上。用扳手将 4 个螺栓和 4 个垫圈紧固，接线盒处于不靠近翻身机一侧。
（5）参照 REM/200/100 拆除接线盒。
注意：废弃所有已拆卸垫圈、螺栓、止动垫片、锁紧垫圈和密封圈。
非传动端：
（1）松动并拆除盖板上的螺栓和垫圈各 10 个。
（2）拆除盖板和密封圈。
（3）参照 REM/170/100 拆除速度和温度传感器。
（4）打平 3 件止动垫片。
（5）松动并拆除用于紧固齿轮的螺栓 6 个和止动垫片 3 件。
（6）拆除齿轮。
（7）使用打扣片工装 945.11D3530001.09000（Okf 10983），打平锁紧垫圈的齿。
（8）将专用扳手 945.11D3530001.16000（Okf 10975）的销放入螺母的槽内。
（9）用扳手旋开螺母。
（10）拆除螺母和锁紧垫圈。
（11）松开并拆除封环。
（12）松开并拆除用于紧固封环的螺栓和垫圈各 3 个。
（13）拆除封环。

传动端：
（1）松开并拆除用于紧固封盖的螺栓和垫圈各 3 个
（2）拆除封盖。
（3）使用打扣片工装 945.11D3530001.09000（Okf 10983），打平锁紧垫圈的齿。
（4）将专用扳手 945.11D3530001.17000（Okf 10976）的销放入螺母的槽内。
（5）用扳手旋开螺母。
（6）拆除项螺母和锁紧垫圈。
（7）使用拉封环工装 945.11D3530001.14000，将拉盘及压块固定在液压油缸上。
（8）将螺杆一端固定在封环上，另一端固定在拉盘上。
（10）给泵加压退出封环。
（11）拆除工装。
（12）转动旋转设备 90°使电动机处于垂直位置，传动端朝下。
转子-定子解体：
（1）在轴端安装转子吊环 945.11D3530001.04000。

（2）松开并拆除用于将端盖紧固在机座上的螺栓和垫圈各 4 个、塞子 12 个、螺母和垫圈各 12 个。

（3）松开并拆除螺栓和垫圈各 4 个，对称使用 4 个 M10×40 螺栓将端盖顶出。

（4）使用天车通过转子吊环 945.11D3530001.04000 将转子及非传动端端盖一起从定子中徐徐吊出，并将其搁置在半圆鞍形木支架上。

（5）拆除工装。

（二）端盖装配拆卸

**1．非传动端**

（1）转子放置在半圆鞍形木支架上。

（2）在端盖上安装两个 M16 的吊环，并用天车吊起。

（3）轴端标记"A"的孔通过工装 945.11D3530001.18000 连接 SKF 的泵，加压胀开挡圈内孔，并使用两个 M6 的螺栓将挡圈从轴上顶出。

（4）拆除挡圈。

（5）轴端标记"P"的孔上通过工装 945.11D3530001.18000 连接 SKF 的泵，加压胀开球轴承内孔。

（6）用天车吊下端盖装配并置于工作台上，外表面朝上。

（7）松开并拆除用于将前外轴承盖紧固在端盖上的螺栓和垫圈各 8 个。

（8）拆除前外轴承盖。

（9）松开并拆除用于将油脂保护板紧固在端盖上的螺栓和垫圈各 2 个。

（10）拆除油脂保护板。

（11）使用拆卸工装 Okf 10993.100，将中心件放置于前内轴承盖下，在中心件上拧入螺杆和螺母，将抽出件放置于端盖外表面上并拧入第 2 个螺母与抽出件接触。

（12）将螺母拧入直至球轴承、前内轴承盖退出。

（13）拆除工装。

（14）废弃球轴承。

（15）拆除油嘴。

**2．传动端**

（1）定子放置在总装翻身机上。

（2）转动旋转设备 180°使定子处于垂直位置，传动端端盖朝上。

（3）在端盖上安装两个 M16 的吊环螺栓，并用天车吊起。

（4）松开并拆除用于将端盖紧固在机座上的螺栓和垫圈各 4 个，塞子 12 个，螺母和垫圈各 12 个。

（5）松开并拆除螺栓和垫圈各 4 个，对称使用 4 个 M10×40 螺栓将端盖顶出。

（6）拆除螺杆 12 个和弹簧片 12 个。

（7）使用天车吊起端盖并放置在工作台上，外表面朝上。

（8）松开并拆除用于将后外轴承盖紧固在端盖上的螺栓和垫圈各 6 个。

(9)拆除后外轴承盖。

(10)松开并拆除用于将油脂保护板紧固在端盖上的螺栓和垫圈各2个。

(11)拆除油脂保护板。

(12)使用拆卸工装Okf 10993.100,将中心件放置于后内轴承盖下,在中心件上拧入螺杆和螺母,将抽出件放置于端盖外表面上并拧入第2个螺母与抽出件接触。

(13)拧入螺母直至滚柱轴承外圈、后内轴承盖退出。

(14)拆除工装。

(15)废弃滚柱轴承外圈。

(16)拆除油嘴。

**3. 转子部件拆卸(轴锥侧)**

(1)转子放置在半圆鞍形木支架上。

(2)使用拆卸工具Okf 10993.400,在液压千斤顶上拧入作用板吊在天车上,围绕抽出臂滑动环将抽出臂放入平衡盘和滚柱轴承内圈的间隙,通过推环紧固抽出臂。

(3)给泵供能退出滚柱轴承内圈。

(4)废弃滚柱轴承内圈。

(5)若平衡盘中有一个损坏,必须通知生产厂家。

## (三)拆卸后的清洗和外观检查

### 1. 定 子

(1)清洗:

·用干燥的高压风吹定子,吹干净通风孔中积下的灰尘。如果必要,用KARCHER型高压清洗设备清洗整个部件,清洗操作中使用KARCHER RM81。

(2)应用:

·将1%的RM 81与水混合。

·作业压力:80 Pa。

·温度:80~90 ℃(max)。

·喷嘴与清洗部件间的距离:最小0.30 m。

注意:当心线圈边缘(易破损区)。

·纯净水:压力80 Pa。

·温度:50~60 ℃。

·烘箱干燥:最高温度110 ℃(接线盒最高温度),10~12 h。

注意:任何情况下,干燥后必须进行绝缘电阻测试。

(3)外观检查:

·检查绕组状态及槽口连线的固定状态。

·检查端盖轴承室的状态。

## 2. 转 子

（1）清洗：
- 转子清洗根据定子使用的清洗流程，使用 KARCHER 型高压清洗设备进行。

（2）外观检查：
- 检查导条和端环状况。
- 检查轴承位表面状态。
- 检查通风孔是否已清洗干净。

## 3. 附 件

（1）轴承相关部件上：
- 用煤油稀释剂对所有加工表面除油污。
- 检查所有拆除部件状态。

（2）清洗：
- 项141（前端盖），清洗轴承室的内部和外部。
- 项161（后端盖），清洗轴承室的内部和外部以及防护网罩。
- 报废已损坏部件并更换新部件。

## 4. 转子部件组装

（1）转子放置在半圆鞍形木支架上。
（2）在烘箱或感应加热器中加热滚柱轴承内圈，110~130 ℃（max）。
注意：加热后，搬运过程中应戴防护手套以避免灼伤。

## 5. 传动端

（1）从烘箱（或用感应加热器加热后）取出滚柱轴承内圈从轴端套入，直到紧靠平衡盘。
（2）冷却中，用调节工装 945.11D3530001.08000（Okf 9031）套在滚柱轴承内圈上，然后用铜棒快速敲击调节工装，直至相互固定。

### （四）端盖部件组装准备

## 1. 传动端

（1）在端盖上安装两个 M16 的吊环螺栓。
（2）用天车吊起端盖并放置在工作台上，外表面朝上。
（3）用螺栓和垫圈各2个将油脂保护板安装在端盖上。安装时螺栓上涂抹 Loctite 242 螺纹锁固剂，并施加 9.5 N·m 的紧固力矩。
（4）在端盖上安装油嘴，安装时涂抹 Loctite 242 螺纹锁固剂，并施加 9.5 N·m 的紧固力矩。
（5）在端盖注油孔中注入润滑脂 Mobil，Mobilith SHC100（约 15 g），直到端盖孔中露出洁净的润滑脂。
（6）去掉多余的润滑脂。

(7) 确认弹性销已安装在端盖上。

(8) 在端盖孔内安装后内轴承盖,并确认内轴承盖槽口（4.5 mm）上的弹性销安装位置是否正确。

(9) 可用止动销安装定位环 945.11D3530001.01000（Okf 10858）及敲击方法确认端盖孔内后内轴承盖的定位是否正确。

(10) 在项 162（内轴承盖）内填充润滑脂 Mobil, Mobilith SHC100 30g。

(11) 将端盖装配放入烘箱中,加热至 100~120 ℃（max）。

注意:加热后,搬运过程中应戴防护手套以避免灼伤。

(12) 从烘箱中取出端盖装配并水平放置在工作台上,外表面朝上。

(13) 将滚柱轴承的外圈推入端盖中。

(14) 在后外轴承盖内填充润滑脂 Mobil, Mobilith SHC100 30 g。

(15) 用螺栓和垫圈各 6 个将后外轴承盖安装在端盖上,并在螺纹上涂抹螺纹锁固剂 Loctite 242,紧固力矩为 45 N·m。

(16) 冷却后,给滚柱轴承内加满润滑脂 Mobil, Mobilith SHC100。

(17) 拆除两个吊环螺栓。

### 2. 非传动端

(1) 在端盖上安装两个 M16 吊环螺栓。

(2) 用天车吊起端盖并放置在工作台上,外表面朝上。

(3) 用螺栓和垫圈各两个将油脂保护板安装在端盖上。安装时螺栓上涂抹 Loctite 242 螺纹锁固剂,并施加 9.5 N·m 的紧固力矩。

(4) 在端盖上安装油嘴,安装时涂抹 Loctite 242 螺纹锁固剂,并施加 9.5 N·m 的紧固力矩。

(5) 在端盖注油孔中注入润滑脂 Mobil, Mobilith SHC100（约 18 g）,直到端盖孔中露出洁净的润滑脂。

(6) 去掉多余润滑脂。

(7) 确认弹性销已安装在端盖上。

(8) 在端盖孔内安装前内轴承盖,并确认内轴承盖槽口（4.5 mm）上的弹性销安装位置是否正确。

(9) 用安装定位环 945.11D3530001.02000（Okf 10858）及敲击方法确认端盖孔内内轴承盖的定位是否正确。

(10) 在前内轴承盖内填充润滑脂 Mobil, Mobilith SHC100 30g。

(11) 将端盖装配放入烘箱中,加热至 100~120 ℃（max）。

注意:加热后,搬运过程中应戴防护手套以避免灼伤。

(12) 在球轴承内填充润滑脂 Mobil, Mobilith SHC100 90g。

(13) 从烘箱中取出端盖装配并水平放置在工作台上,外表面朝上。

(14) 将球轴承的外圈推入端盖孔内。

(15) 用螺栓和垫圈各 8 个将前外轴承盖安装在端盖上,并在螺纹上涂抹螺纹锁固剂 Loctite 242,紧固力矩为 45 N·m。

(16) 将端盖装配放置在烘箱中,加热至 100~120 ℃（max）。

### 3. 转子-定子组装

（1）转子放置在半圆鞍形的木支架上。

（2）非传动端轴端上安装转子吊环 945.11D3530001.04000（Okf 10907）。

（3）传动端轴端上安装导向器 945.11D3530001.05000（Okf 10908）。

（4）用天车吊起转子并垂直放在工装 945.11D3530001.12000（Okf 10981）上，拆去转子吊环 945.11D3530001.04000（Okf 10907）。

（5）用搬运工具从烘箱中取出端盖装配，并使其在转轴上套装到位。

注意：加热后，搬运过程中应戴防护手套以避免灼伤。

（6）冷却后轴端上安装转子吊环。

（7）从端盖上拆除两个 M16 吊环螺栓。

（8）在端盖上紧固螺栓和垫圈各 4 个，紧固力矩 45 N·m。

（9）将支座在翻身机上安装到位。

（10）将翻身架安装在支座上。

（11）定子上紧固两个 M16 的吊环螺栓。

（12）使用天车，将机座定位放置在底板上（接线盒在不靠近翻身机一侧），用螺栓和垫圈各 4 个将其固定。

（13）转动旋转设备 90°使定子处于垂直，非传动端朝下。

（14）在定子装配和后端盖装配的接触面涂抹润滑脂 Molykote，Longterm 2 plus。

（15）将后端盖装配安装在定子上，确认机座上的定位销卡进端盖槽口中。

（16）用螺栓和垫圈各 4 个将端盖装配紧固在定子上，紧固力矩 193 N·m。

（17）转动旋转设备 180°使电机位于垂直，传动端朝下。

（18）在定子装配和后端盖装配的接触面涂抹润滑脂 Molykote，Longterm 2 plus。

（19）用天车徐徐吊起转子/端盖。

（20）放低转子/端盖组装并徐徐装进定子，转子通过定子和传动端滚柱轴承时不得损伤定子绕组和轴承。

（21）将前端盖装配安装在定子上，确认在端盖槽口的定位弹性销方向正确。

（22）用螺栓和垫圈各 4 个将端盖装配紧固在定子上，紧固力矩为 193 N·m。

（五）最终组装

（1）转动旋转设备 90°使定子位于水平。

（2）拆除转子吊环和导向器。

（3）安装螺杆 12 个，相应安装垫圈。

（4）将螺母安装到螺杆一端，同时用测量工具保证螺母旋进 8~9 mm，并在每个螺母安装前涂抹螺纹锁固剂 Loctite 270，安装后等待胶固化。

（5）在电机传动端侧放置定位工装。

（6）在非传动端 12 个孔内分别插入弹簧片，弹簧片末端使用改锥将弹簧片推至接触上定位工装。

（7）在非传动端将 12 个螺杆轻轻推进每个孔内。

（8）用橡皮槌轻轻敲打螺杆至传动端端盖。

（9）使用工装完成项12个螺杆的组装。

（10）在传动端，交替紧固12个螺杆及垫圈和螺母。上螺母前应涂抹上螺纹锁固剂Loctite 242，紧固力矩（265±5）N·m。

（11）在24个螺母上安装项115（M16塞子）。

（12）在传动端检查轴承径向游隙，参考REM/04/100。

（13）在传动端，在端盖上放置百分表并检查轴端跳动量，要求最大不超过0.05 mm。

（14）保证轴承完全润滑。用润滑脂填充两端端盖油路并旋转转子直到润滑脂出现在轴承区域。

传动端组装：

（15）用烘箱或感应加热器加热封环，将其加热至110～130 ℃（max）。

注意：加热后，搬运过程中应戴防护手套以避免灼伤。

（16）从烘箱（或感应加热器）中取出封环，并在轴上套装至与后外轴承盖接触。

（17）冷却中，用调节工装使各部件间紧密接触，冷却后确认各部件间互相锁定。

（18）非传动端，在转子上装止动扳手。

（19）安装螺母前，在接触表面和螺纹处加润滑脂Molykote，Longterm 2 plus。

（20）将锁紧垫圈套在轴上。

（21）用工具将螺母紧固在轴上，紧固力矩为900 N·m，保证良好紧固。

（22）拆去止动扳手。

（23）使用打扣片工装，将锁紧垫圈一个齿折在螺母的一个槽内。

（24）将封盖安装在端盖上，并用螺栓和垫圈各3个紧固，在安装螺栓前在螺纹上涂抹螺纹锁固剂Loctite 242，紧固力矩9.5 N·m。

非传动端组装：

（25）检查轴承的径向游隙，参考REM/04/100。

（26）在烘箱中（或用感应加热器）加热挡圈，将其加热至110～130 ℃（max）。

（27）从烘箱中（或感应器）中取出挡圈，并在轴上套装至与前外轴承盖接触。

（28）冷却中，用调节工装使各部件间互相锁定，冷却后确认各部件间相互锁定。

（29）在前外轴承盖上安装封环，并用螺栓和垫圈各3个紧固，安装螺栓前在螺纹上涂抹螺纹锁固剂Loctite 242，紧固力矩23 N·m。

（30）将封环套入轴上，保证与挡圈接触。

（31）在转子传动端装止动扳手。

（32）安装螺母前，在接触表面和螺纹处加润滑脂。

（33）将锁紧垫圈套在轴上。

（34）用工具将螺母紧固在轴上，紧固力矩为900 N·m，保证良好紧固。

（35）拆去止动扳手。

（36）使用打扣片工装，将锁紧垫圈一个齿折在螺母的一个槽内。

（37）将齿轮放置在封环上，并用6个螺栓和3件止动垫片紧固。

（38）在螺栓头上折弯止动垫片。

（39）打平3个止动垫片。

（40）使用齿轮跳动量检查工具检查齿轮跳动量不超过 0.2 mm。

（41）组装速度传感器和温度传感器，参考 REM/170/100。

（42）在盖板上放置新密封圈。

（43）用螺栓和垫圈各 10 个将盖板安装在端盖上，安装螺栓前，在螺纹上涂抹螺纹锁固剂 Loctite 242，紧固力矩 9.5 N·m。

## （六）检查轴承间隙

滚柱轴承：

插入一塞尺测量滚柱轴承的滚子和内圈的间隙。检查其数值应在下列公差内：0.024~0.108 mm。

球轴承：

（1）将轴承径向间隙检查工具置于前端盖上。

（2）在止口上安装百分表并用尼龙螺栓固定。

（3）调整百分表读数回 "0"。

（4）转动旋转设备 180°并记录百分表上数值。

（5）两读数间的差值即为轴承间隙。

（6）公差：0.012~0.065 mm。

## （七）电机绝缘电阻测试

电机绝缘电阻测试见表 5-11 和 5-12 所示。

表 5-11 电机绝缘电阻测试准备

| 目的 | 用兆欧表进行电气测试，测量电路对地的电阻值 |
|---|---|
| 准备工作 | 绝缘测试尽可能在部件运行温度下进行，若无条件可在室温下进行 |
| | 每次测试应记录温度和湿度 |
| | 断开电源 |
| | 断开所有接地或与其他电路的所有连接 |
| | 断开不能承受测试电压的器件和电路 |
| 需要测试情况 | 大修中：清洗并干燥定子绕组后；电机最终组装后 |
| | 使用中：有闪烁、电弧、接地继电器跳闸或熔断器烧损 |

表 5-12 电机绝缘电阻测试项目

| 1-绕组绝缘测试 | 使用仪器：兆欧表 1 000 V DC |
|---|---|
| | 允许值：定子绕组和接线盒 ≥5 MΩ/100 V DC |
| 2-温度和速度传感器绝缘测试 | 使用仪器：兆欧表 500 V DC |
| | 允许值：10 MΩ |

注意：若清洗后绝缘电阻低，请干燥部件。

## （八）电机空载试验

电机空载试验见表 5-13 所示。

表 5-13　电机空载试验目的及方法

| | |
|---|---|
| 目的 | 检查下列各项：<br>① 旋转方向<br>② 轴承异音<br>③ 异常过热（可闻到烧灼的漆味，等等） |
| 时间 | 15 min |
| 电源 | 调压器 20 kW-380 V |
| 程序 | 在 1 000 r/min 运行电动机，检查电动机是否运行正常<br>试验结束时检查轴承温度：<br>最高温度：70 ℃　滚柱轴承侧；50 ℃　球轴承侧 |

注意：若有异常，拆卸电动机并更换故障部件。

## （九）速度和温度传感器的拆卸、连接

### 1. 温度传感器的拆卸

（1）松开并拆卸紧固盖子在速度传感器支架上的螺栓和垫圈各 4 个，拆去盖板后报废密封圈。

（2）松开并拆卸用于固定线环的螺栓和垫圈各 1 个，并拆去线环。

（3）松开并拆去固定电连接器的螺栓 4 个，并拆去电连接器。

（4）断开速度和温度传感器的 8 个插针。

（5）从电连接器上拆去 O 形圈，并报废 O 形圈。

（6）松开并拆去固定项温度传感器的螺栓和垫圈各 2 个，从速度传感器支架上拆去温度传感器。

（7）使用退针器 VEAM-A432 40，拆卸插针 4 个和线环，并报废。

（8）松开并拆卸固定速度传感器保护管的螺栓和垫圈各 2 个，从速度传感器支架上拆下密封圈并报废。

（9）从项 173（速度传感器支架）上拆去传感器支架垫片并报废。

（10）在机座上松开并拆去固定速度传感器支架的螺栓和垫圈各 2 个，拆去速度传感器支架，报废密封圈。

### 2. 速度传感器拆卸

（1）松开并拆卸固定在速度传感器保护管上的螺栓和垫圈各 2 个，报废前端盖上的密封圈。

（2）松开并拆卸固定在速度传感器保护管上的螺栓和垫圈各 2 个，从机座上拆去线夹和

速度传感器保护管。

（3）剪断线卡子 2 个。

（4）松开并拆去在端盖上固定项 120（多层线卡）的螺栓和垫圈各 2 个，并报废。

（5）打平止动垫片 2 个，松开并拆去在端盖上固定速度传感器的螺栓 4 个，拆去速度传感器和电缆，并报废两个止动垫片。

（6）拆去硅橡胶管，并报废。

（7）拆去补强绝缘并报废。

### 3．速度传感器组装

（1）在补强绝缘上涂抹硅橡胶填充剂 906W，并将它放在速度传感器电缆线进入前的端盖处。

（2）将速度传感器线穿入硅橡胶管中。

（3）通过孔将电缆穿出端盖。

（4）在端盖上安装速度传感器，并用 4 个螺栓和 2 个止动垫片固定。

（5）折弯两个止动垫片并紧固 4 个垫圈，紧固力矩 9.5 N·m。

（6）将多层线卡一分为二。

（7）在每个多层线卡上放置一塑料线卡（注：在多层线卡上绑成环状）。

（8）在端盖上安装两个多层线卡，并用一组螺栓和垫圈固定。

（9）将穿有硅橡胶管的速度传感器线通过塑料线卡固定在端盖上。

（10）将密封圈放置在速度传感器支架上。

（11）将硅橡胶填充剂 906W 涂抹在传感器支架垫片上，并将它放入速度传感器支架中。

（12）在机座上用螺栓和垫圈各 2 个固定速度传感器支架，安装螺栓前，在螺纹上涂抹螺纹锁固剂 Loctite 242，紧固力矩 23 N·m。将温度传感器安装在中心。

（13）将一个 O 形圈放置在前端盖上，将第二个放置于速度传感器的支架上。

（14）将速度传感器线从速度传感器保护管中穿入端盖，从另一侧穿出。

（15）将速度传感器电缆穿入速度传感器支架中。

（16）用螺栓和垫圈 2 个，将速度传感器保护管安装在端盖和速度传感器支架上，安装螺栓前，在螺纹上涂抹螺纹锁固剂 Loctite 242，紧固力矩 9.5 N·m。

（17）用线夹将速度传感器保护管安装在机座上，并用螺栓和垫圈固定，安装螺栓前，在螺纹上涂抹螺纹锁固剂 Loctite 242，紧固力矩 9.5 N·m。

### 4．温度传感器组装

（1）将线环压接在速度传感器电缆上。

（2）将 4 个插针压接在速度传感器电缆上。

（3）用两组螺栓和垫圈，将温度传感器固定在速度传感器支架中，安装螺栓前，在螺纹上涂抹螺纹锁固剂 Loctite 242，紧固力矩 9.5 N·m。

（4）将 O 形圈安装在电连接器上。

（5）连接电连接器上的速度和温度传感器插针。

（6）用 4 个螺栓将电连接器固定在速度传感器支架上，安装螺栓前，在螺纹上涂抹螺纹锁固剂 Loctite 242。

（7）将线环放入速度传感器支架中，并用螺栓和垫圈各 1 个固定。
（8）将 O 形圈放在盖板上。
（9）用螺栓和垫圈各 4 个将项盖板固定在速度传感器支架上，安装螺栓前，在螺纹上涂抹螺纹锁固剂 Loctite 242，紧固力矩 9.5 N·m。

## （十）接线盒的电气连接

### 1. 拆　卸

注意：在拆卸中检查拆卸各部件状况，若有损坏，更换新部件。

（1）在接线盒上，松开并拆卸固定接线盒盖板的螺栓和垫圈各 12 个，拆去接线盒盖板和密封圈。
（2）松开并拆去固定防护架的螺栓和垫圈各 4 个，在支架装配上拆去防护架。
（3）在端盖上，松开并拆去固定接线盒的螺栓和垫圈各 6 个，拆去防护架和密封圈。
（4）拆去用于保护 M8 塞子 6 个。
（5）在支架装配上，松开并拆去固定端子 U-V-W 组装的螺栓和垫圈各 6 个。
（6）在端盖上，松开并拆去紧固支架装配上的螺栓和垫圈各 6 个，拆去支架装配。
（7）拆去保护紧固件螺栓和垫圈的三相保护（项 207、项 208、项 209）。
（8）松开并拆去将 U、V、W 端子装配固定在 U、V、W 连线上的 2 组螺栓和垫圈，拆去端子装配。

### 2. 组　装

（1）将端子装配 U 安装在定子的 U 连线上，并用螺栓和垫圈各 2 个固定，无紧固力矩。
（2）将项支架装配安装在端盖上，并用螺栓和垫圈各 3 个固定，无紧固力矩。
（3）将端子装配 U 安装在支架装配上，并用螺栓和垫圈各 2 个固定，无紧固力矩。
（4）将连线 U 上用来固定端子装配 U 的螺栓和垫圈各 2 个紧固，紧固力矩 17 N·m。
（5）用硅橡胶填充剂 906W 涂抹在 U 相保护上。
（6）将 U 相保护放在连线 U 上，并用力按下。
（7）去掉多余的硅橡胶填充剂。
（8）将端子装配 V 安装在定子的连线 V 上，并用螺栓和垫圈各 2 个固定，无紧固力矩。
（9）将端子装配 V 安装在支架装配上，并用螺栓和垫圈各 2 个固定，无紧固力矩。
（10）将连线 V 上用来固定端子装配 V 的螺栓和垫圈各 2 个紧固，紧固力矩 17 N·m。
（11）用硅橡胶填充剂 906 W 涂抹在 V 相保护上。
（12）将 V 相保护放在连线 V 上，并用力按下。
（13）去掉多余的硅橡胶填充剂。
（14）在端盖上，松开并拆去用来固定支架装配的螺栓和垫圈各 3 个，并拆去将端子装配 U 和端子装配 V 固定在支架装配上的螺栓和螺母。
（15）将支架装配安装在前端盖上，并用螺栓和垫圈各 3 个固定，安装螺栓前，在螺纹上涂抹螺纹锁固剂 Loctite 242，紧固力矩 23 N·m。

（16）将端子装配 W 安装在连线 W 上，并用螺栓和垫圈各 2 个固定，无紧固力矩。

（17）将端子装配 W 安装在上面的支架装配上，并用螺栓和垫圈各 2 个固定，安装螺栓前，在螺纹上涂抹螺纹锁固剂 Loctite 242，紧固力矩 17 N·m。

（18）将连线 W 上紧固端子装配 W 的螺栓和垫圈各 2 个紧固，紧固力矩 17 N·m。

（19）用硅橡胶填充剂 906 W 涂抹在 W 相保护上。

（20）将保护相 W 放在连线 W 上，并用力按下。

（21）去掉多余的硅橡胶填充剂。

（22）将支架装配安装在端盖上，并用螺栓和螺母各 3 个固定，安装螺栓前，在螺纹上涂抹螺纹锁固剂 Loctite 242，紧固力矩 23 N·m。

（23）将端子装配 W 安装支架装配上，用螺栓和垫圈各 2 个固定，安装螺栓前，在螺纹上涂抹螺纹锁固 Loctite 242，紧固力矩 17 N·m。

（24）将 6 个 M8 塞子放在紧固支架装配螺栓上，并用硅橡胶填充剂 906W 填充沉孔。

（25）将密封圈装在接线盒的底面上。

（26）用螺栓和垫圈各 6 个将接线盒安装在端盖上，安装螺栓前，在螺纹上涂抹螺纹锁固剂 Loctite 242，紧固力矩 23 N·m。

（27）用螺栓和垫圈各 4 个将防护架安装支架装配上，紧固力矩 5 N·m。

（28）将密封圈安装在接线盒盖上。

（29）用螺栓和垫圈各 12 个将接线盒盖安装在接线盒上，紧固力矩 5 N·m。

## 四、CRH5 型动车组牵引电机试验

试验准备：依据《GB 1032—2005 三相异步电动机试验方法》的规定进行电机试验前的检查与准备。

### （一）例行试验项目及要求

#### 1. 概 述

该试验规范针对 YJ87A 电机给出了试验所需的详细指导说明，使用该规范可以论证其是否符合 IEC 60349-2 要求。大括弧{ }中要求的试验不是 IEC 60349-2 要求的部分，仅是厂方为留存所做的记录。须在所有电机上进行例行试验（包括型式试验的电机），试验使用频率（50±1）Hz 的工频正弦波电源。为了最大限度地减小温度变化对试验结果造成的影响，所有电机的试验应按照下面列出的顺序执行。

#### 2. 绝缘电阻测试

使用 1 000 V 兆欧表测得的定子绕组绝缘电阻须不能小于 100 MΩ。

#### 3. 初始定子绕组冷态电阻

电机冷态时，测量并记录每对出线端子 UV、VW 及 UW 之间的定子绕组电阻，同时要

记录下机座的温度。通过计算确定环境（机座）温度 $\theta_a$ = 20 ℃ 时的电阻值。{公差 1：对于给定的电机，端子间所测得的电阻值的最大偏差不得超过平均值的 1.0%}{公差 2：在首批 4 个电机试验完成后将规定电阻的限值。后续的所有电机 20 ℃ 时的电阻值应在已设定平均值的±5 %范围内}

#### 4. 温度传感器

检查两个温度传感器 Pt100 的连续性，并记录两个 Pt100 传感器显示的初始温度值(℃)。

#### 5. 转向和空载试验

（1）将三相电源 1、2、3 按正确顺序接到电机 W、V、U 端子上。
（2）{在线间电压为 800～1 200 V，频率为（50±1）Hz 情况下，电机空载运行 10 min。}
（3）{检查电机转向从传动端看为顺时针方向。}
（4）测量并记录线间电压为（1 747±2）V，频率为（50±1）Hz 情况下各相电流和总输入功率。
（5）记录功率因数值。
（6）首批 4 台电机试验完成后设定限值。
后续所有电机的电流值应在已设定平均值的±10%范围内。后续所有电机的输入功率值不得超过已设定平均值的 15%。
注意：所有电机用同样的功率分析仪进行空载试验，用低功率因数表精确测量功率因数的数值，约为 0.02。

#### 6. 速度传感器

在低压条件下（线电压在 800～1 200 V），在（1 000±5）r/min 空载情况下运转电机（从传动端看为顺时针方向旋转）。与测速齿轮（43 齿）相关联的速度传感器（配有两个传感系统）产生两个方波信号（S1&S2）相位差 90°。根据以下公差，用 10～30V/1A 的直流电源检查速度传感器的工作状态：

- 输出电压 HI（两个信号）>（电源电压 – 2.5）V
- 输出电压 LO（两个信号）<2.5 V
- 信号时序：S1→S2
- 工作周期=50 %±20 %
  或：418 μs<电压值工作时间（输出 HI-两个信号）< 977 μs
- 两个上升沿之间的周相移动 = 90°+70°
  或：78 μs<相位差（上升沿）<620 μs。

#### 7. 转子堵转试验

前 4 台电机堵转试验时，设定并记录（50±1）Hz，定子平均电流为（211±2）A 时的线电压。在首批 4 台电机测试完成后，设定平均的线电压均值，后续电机的电流应在 211×（1±5%）范围内（200.5～221.6A）。{同时测量记录：功率因数和输入功率值}

### 8. 最大转速试验

该试验不是强制执行的例行试验,但包含在对电机机械完整性所做的附加检查中。将电机转速逐渐加到 3 638 r/min,并保持 2 min。

### 9. 振动试验

试验条件:电机安装在弹性支撑上(自由悬挂)空载运行。电机在转速 3 638 r/min,2 500 r/min 和 1 500 r/min 时,从轴伸端和非轴伸端看法兰面时测量并记录横向(电机轴向高度水平)振动速度。

最大速度的限值如表 5-14 所示。

表 5-14　最大速度的限值

| 振动等级 | 安装方式 | 转速/(r/min) | 最大振动速度/(mm/s) |
| --- | --- | --- | --- |
| A | 自由悬挂 | 3 638 | 2.8 |
| A | 自由悬挂 | 2 500 | 2.8 |
| A | 自由悬挂 | 1 500 | 2.8 |

### 10. 绝缘试验

(1)定子绕组。在电机定子绕组和接地间进行高压试验。试验前将速度及温度传感器探头连接后接地。使用交流 9 000 V、频率在 25~100 Hz 的试验电压,时间 1 min。

(2)速度传感器。将电机端子 U、V、W 和接地装置(传感器室内)连接在一起,再与速度传感器线(连接在一起)之间进行高压试验。使用 500 V 交流,25 和 100 Hz 之间的试验电压,时间 1 min。

(3)温度传感器。将电机端子 U、V、W 和接地装置(传感器室内)连接在一起,再与温度传感器线(连接在一起)之间进行高压试验。使用 500 V 交流,25~100 Hz 的试验电压,时间 1 min。

### 11. 绝缘电阻测量

(1)定子绕组。在绝缘试验后,用 1 000 V 直流电压试验仪测得的绝缘电阻须不小于 100 MΩ。

(2)温度和速度传感器。在绝缘试验后,用 500 V 直流电压试验仪测得的每个传感器的绝缘电阻须不小于 100 MΩ。

## (二)正弦波电源型式试验

### 1. 概　述

该规范针对 YJ87A 电机给出了型式试验所需的详细指导说明,使用该规范可以论证这些电机是否符合 IEC 60349-2 要求。方括弧[ ]中的内容参阅了 IEC 60349-2 规范中的条款和页数。本合同下型式试验在首批电机中的一台上进行,该电机还必须进行例行试验,电阻测量、温度传感器检查、空载试验、速度传感器检查及堵转试验应在型式试验前进行。最大转速试验、振动和绝缘试验应在型式试验后进行。型式试验需使用可变电压和频率的正弦曲线电源。

### 2. 通　风

根据 2003 年 6 月制定的 NF EN ISO 5167.1 标准，利用隔膜法测取绘制电机在下述条件下风量/静压、风量/全压曲线，调节风量从 0~1.0 m³/s（标称风量 = 0.91 m³/s），并参照以下条件：

（1）电机不转。

（2）电机转速为 1 180 r/min、2 500 r/min 和 3 638 r/min（两个转向）。

### 3. 保证持续温升试验

用电阻法测量记录定子绕组温升并记录冷却空气温度。获得稳定的温度后（每小时温升增加不超过 2 K）停机，根据附件要求测量温度。试验过程中，每隔 15 min 测量记录以下变量：线电压、电流、输入功率、功率因数、轴转矩和轴功率。还要记录：进风、出风、定子铁心、定子绕组端部、轴承室和机座热电偶的温度。

（1）保证持续额定工况：

通风：风量 = 0.91 m³/s（电机冷态静止时调节）；

线电压 = 2 089 ×（1± 0.5%）V；

频率 = 59.8 Hz（转速≈1 177 r/min）；

轴功率 = 568 kW（轴转矩≈4 611 N·m）；

相电流≈211 A（待调整）。

（2）定子绕组温升限值：

绝缘系统为 C 级/ 200 级；

环境温度达 40 ℃，C 级/200 级的温升限值为 200 K；

使用中的环境温度可达 40 ℃+5 ℃ = 45 ℃；

因此，在测试结束时（开始冷却时），定子绕组温升限值为 200 K – 5 K = 195 K。

（3）转子鼠笼温度限值：

环境温度 45 ℃，温升测试结束时，转子端环境温度不得超过 200 ℃。

（4）轴承室温度限值：

环境温度 45 ℃，温升测试结束时，轴承室（非传动端和传动端）温度将不超过 100 ℃。

（5）电机损耗：

保证额定下的电机损耗：

轴功率 = 568 kW；

线电压 = 2 089 V；

频率 = 59.98 Hz（转速≈1 177 r/min）。

在保证定额时测得的电动机损耗不应超过特性值的 15%。在持续定额温升试验结束时，测定并计算电机损耗值，不能超过 445.4 kW。[（568kW/0.935）– 568 kW]× 1.153.4 牵引特性运行试验是在接近正常运行温度的情况下进行测试的，例如定子绕组温度为 100~200 ℃。依据牵引电机特性文件 TROS930.263 D 版，不同转速下的牵引特性如表 5-15 所示，转矩参考值如表 5-16 所示。

表 5-15 不同转速下的牵引特性

| 转速/(r/min)±1.0% | 350 | 1 030 | 1 360 | 1 687 | 2 400 | 3 121 |
|---|---|---|---|---|---|---|
| 定子频率/Hz | (18.7) | (52.7) | (68.9) | (85.1) | (121.0) | (157.4) |
| 线电压/V±1.0% | 653 | 1 781 | 2 292 | 2 808 | 2 808 | 2 808 |
| 相电流/A±1.0% | 235 | 236 | 188 | 162 | 139 | 139 |

表 5-10 转矩参考值

| (*)轴转矩/(N·m) | 5 003 | 5 003 | 3 789 | 3 054 | 2 147 | 1 651 |
|---|---|---|---|---|---|---|
| (规定轴转矩值) | (5 266) | (5 266) | (3 988) | (3 215) | (2 260) | (1 738) |

(*):规定值的 95%-(IEC 60349-2)。

**4. 超速试验**

电机仍在热态时逐渐加速到 4 366 r/min,保持此速度 2 min。

**5. 噪声等级测量**

进行噪声试验时:
- 电机安装在有弹性的支架上;
- 电机空载运转;
- 在标称风量时(0.91 $m^3$/s);
- 在标称线电压(2 808 V)下。

对于 491 r/min 和 3 638 r/min 的电机转速(两个转向),由声音强度和声功率级判定,按照 NF EN ISO 9614-2 标准,采用扫描法在预先设定的机箱表面扫描。同时要对每个预先设定的机箱表面及总表面进行 1/3 倍频程分析(频域为 15 Hz~10 kHz),按照"列车总成技术规范"的声功率等级限度:

491 r/min,声功率等级限度:Lw(A)≤105.0 dB(A)。

3 638 r/min,声功率等级限度:Lw(A)≤108.0 dB(A)。

# 任务四　CRH380B 型系列动车组牵引电机维护与检修

## 【任务描述】

(1)掌握 CRH380BL 型动车组牵引电机的特点和技术参数;
(2)掌握 CRH380BL 型动车组牵引电机的结构组成;
(3)掌握 CRH380BL 型动车组牵引电机的运用与维护方法。

【相关知识】

# 一、牵引电机的特点和技术参数

## 1. 牵引电机的特点

CRH380BL 型动车组配有 32 台牵引电动机,为三相四级异步牵引电机,牵引电动机位于 EC01/VC03/IC06/ IC08/BC09/IC11/IC14/EC16 车上,动力转向架的每个轮对都由牵引电动机驱动,牵引电动机安装在转向架上。

该电机为三相四极异步牵引电机,牵引工况作为电动机运行,再生制动时作为发电机运行,电机安装有温度传感器和速度传感器,用于测量定子的温度和电机的转速。该电机采用强制风冷的方式进行冷却,额定电压值较高,约为 2 750 V,以适应电机宽调速范围、动车组高速运行的需要。

牵引电机安装在转向架上,使用轴向、径向弹性联轴器及齿轮箱,将牵引力从牵引电动机传递给轮对。联轴器可以抵消驱动部件与驱动轮间的相对运动位移,同时联轴器可以实施机械过载保护功能,以防出现不允许的高冲击力矩,轴驱动器的齿轮为螺旋齿,齿轮机构由车轴上的轮轴轴承支持,并使用转向架构架上的弹性支架(扭矩反作用支柱)悬挂。

电机的电力连接是通过 3 条电力直通电缆实现的,通过单独的防水型引线孔从电机输出。为把电机电缆连接到设备电缆上,要使用特殊的端子夹住电缆,为保护单独的电缆连接,要使用经过绝缘处理的支架。

温度传感器以及速度传感器的连接是通过快速连接线和密封环连接器实现的。

## 2. 牵引电机的技术参数

电机的主要技术参数见表 5-17 所示。

表 5-17 牵引电机的主要技术参数

| 类型 | 四极、三相异步电动机 | 类型 | 四极、三相异步电动机 |
| --- | --- | --- | --- |
| 额定电压 | 2 750 V | 热等级 | 200 |
| 额定电流 | 145 A | 转子直径 | 311.4 mm |
| 额定功率(正弦函数) | 587 kW | 定子内径 | 315 mm |
| 额定转速 | 4 100 r/min | 铁心的长度 | 295 mm |
| 额定频率 | 138 Hz | 空隙 | 1.8 mm |
| 额定绝缘电压 | 3 600 V | 整体电机(无齿轮箱、带电机侧的半个法兰接头) | 约 750 kg |
| 最大电压 | 2 800 V | | |
| 最大电流 | 220 A | 整体转子(不带轴承的平衡装置) | 200 kg |
| 最大转速 | 5 900 r/min | 整体定子(带线圈的铁心和框架) | 445 kg |
| 变位系数(余弦函数) | 0.87 | 电机和齿轮箱联轴器(螺旋齿联轴器)(照旋齿联轴器) | 34 kg |
| 单独通风、自然冷却 | 0.66 m³/s | | |
| 接线 | Y | | |

## 二、牵引电机的结构

该电机为三相四极异步牵引电机,由转子、定子、机壳及附件构成,定子内埋有温度传感器,用于过热保护和控制过程中的校准。同时也安装有速度传感器,用于电机转向和转速的检测。

(1)定子。定子框架为焊接结构,由高强度低损耗的硅钢片叠压而成,可以抑制定子内铁损,有多根拉板分布在定子冲片的四周,焊接到定子压圈上。

定子绕组线圈由扁铜导体绕成,导体外包绝缘薄膜,线圈嵌入定子槽内,定子槽进行了良好的绝缘。槽楔采用聚酰亚胺树脂浸润玻璃制成,嵌线完成后,通过高温铜点焊连接引线。

(2)转子。转子由硅钢片叠压而成,该硅钢片热套在一个套筒上,并在两个转子压圈之间进行叠压。转子笼由合金导条和端环通过高频钎焊焊接而成。电机在最高转速内都满足转子高精度的动平衡要求。电机轴由高强度合金钢制成,通过护环对端环进行保护,转子轴由轴承支撑,可以承受一定转矩产生的应力,所有轴承均使用油脂润滑,油脂可以通过端盖上的加油油嘴进行补充。

(3)外端盖。外端盖对电机部件起到保护、支撑的作用。

(4)轴承装配。轴承用于承担径向及轴向的作用力,在电机的驱动端采用的是圆柱滚动轴承,非驱动端采用的是球滚动轴承。

(5)通风装配。一台牵引电动机风机为转向架的两个牵引电动机提供所需的通风。牵引电动机风机位于动车组的地板下区域(靠近转向架),牵引电机内部设有风道并与外部风道相连,用于牵引电机内部的通风冷却。

(6)其他。该电机安装有速度传感器和温度传感器,温度传感器埋设在定子中,速度传感器安装在非驱动端。该传感器由一个固定在轴上的齿轮和一个固定在传动端对面一侧外盖上的电磁信号采集器组成,该信号采集器能够检测到轮齿发出的电脉冲,其速度正比于转子轴的速度。

## 三、牵引电机的运用与维护

牵引电机在运行时必须进行速度监测,以保证不超过技术数据中和铭牌上指定的最大值。牵引电机必须在干燥、不易受振动影响的区域内存储,不能直接暴露在阳光或雨水下,而且应适当防尘、防沙等。在 -35~+85 ℃的环境温度和小于50%的相对湿度下,在无任何附加措施的情况下,可以将电机存储最多6个月。

在可能出现严重损坏以前,定期维护是必要的,维护内容参见表5-18。

表 5-18 维护内容与时间进度表

| 部　　件 | 检查与检修工作 | 运行距离 |
| --- | --- | --- |
| 牵引电机 | 清洁牵引电机的外侧,检查牵引电机是否有外观损坏,检查螺钉连接;<br>外观检查:<br>牵引电机上的安装零件;<br>牵引电机上的螺栓;<br>损坏的连接导线和连接器;<br>连接螺钉;<br>风道;<br>将粗杂质(树叶、纸等)从排气口区域除去;<br>检查电机是否有冷凝水 | 2 万 km |
| 牵引电机轴承 | 给牵引电机轴承重新涂覆润滑脂:<br>D 端轴承;<br>N 端轴承 | 40 万 km |
| 轴承和旧的润滑脂盒 | 给牵引电机 D 端、N 端抽承重新涂覆润滑脂;<br>清洁旧的润滑脂盒 | 每 120 万 km 后 |
| 拆解并清洁的牵引电机 | 拆解并清洁的牵引电机的整体维护:<br>替换轴承(D 端);<br>替换轴承(N 端);<br>定子、转子检查;<br>检查定子线圈、线圈和机械构架之间的绝缘 | 每 240 万 km 后 |

## 四、与原型车(CRH3C)差异分析

CRH380BL 型高速动车组牵引系统配置优先选用两列重联、成熟可靠的 CRH3C 型动车组牵引系统配置方式,为满足速度提升带来的要求,主要从以下方面改善牵引系统能力:

### 1. 降低列车运行阻力(来自总体结构优化)

CRH380BL 型动车组运行阻力的确定是在 CRH3C 型动车组原设计阻力、实测值和 CRH3C 型动车组降阻优化方案的基础上提出的。

### 2. 增加牵引系统设备容量

根据列车的牵引特性和再生制动特性,结合牵引传动系统中各部件的效率、功率因数等,按轮周→齿轮箱→牵引电机→牵引变流器→牵引变压器→网端顺序确定每个部件容量。网端功率由 5 644 kV·A×2 增容到 11 696 kV·A×2,牵引变压器由 5 644 kV·A×2 增容到 5 848 kV·A×4,牵引变流器由 2 384 kW×4 增容到 2 500 kW×8,牵引电机由 564 kW×16 增容到 590 kW×32,整车由 8 800 kW 增容到 9 200 kW×2。

### 3. 高压系统优化

(1)受电弓。针对 CRH3C 型动车组重联时后弓头火花大、受流性能较差的问题,采用主动控制的受电弓,根据列车速度,动态控制受电弓与接触网之间的接触力,动态协调两个

受电弓之间的接触压力，提高双弓受流的可靠性能。

（2）电压限制器。CRH380BL 型动车组车顶限压电阻采用了新结构，使绝缘子的爬电距离由 120 mm 增加到 340 mm 以上，以提高电压限制器的绝缘性能。

（3）冷却能力提升。通过调整冷却系统内部结构，使冷却系统散热量提升 10%以上。

（4）牵引变流器。牵引变流器 IGBT 功率模块由 WL1 升级为新型 WL2 型，可靠性大幅度提升。

【复习思考题】

1. 试述 CRH2 型动车组牵引电机的驱动方式。
2. 试述 MT205 型牵引电机的结构。
3. 试述 MT205 型牵引电机的检查方法及注意事项。
4. 试述牵引电机进风口滤网的清洁方法及注意事项。
5. 试述牵引电机冷却风机滤网的清洗方法及注意事项。
6. 试述牵引电机轴承加注油脂的方法及注意事项。
7. 试述 YJ87A（FJA3257A）牵引电机的结构。
8. 试述牵引电机温度过高的原因及处理方法。

# 项目六　动车组其他高压设备维护与检修

## 【项目描述】

通过本项目学习，使学生掌握动车组其他高压设备的结构组成及作用，动车组其他高压设备的基本性能参数及工作原理，以及高压设备的运用与检修方法及注意事项。

## 【知识目标】

（1）掌握动车组主电路的基本工作原理；
（2）掌握动车组主电路其他高压设备的基本工作原理；
（3）掌握动车组主电路其他高压设备的结构及参数；
（4）掌握动车组牵引系统的构成原理及牵引传动方式。

## 【能力目标】

（1）掌握动车组主电路其他高压设备的拆卸、移动及安装方法；
（2）掌握动车组主电路其他高压设备常规维护及检修项目的处理方法；
（3）掌握动车组主电路其他高压设备常见故障的排查及处理方法。

## 【情景分析】

故障现象：CRH5-022A+CRH5-023A 重联动车组在沈阳动车所库内检修和线上运用时，库内升弓和线上过分相后主断不能闭合，大、小复位和断蓄电池复位偶尔可以闭合。

应急处理：降弓后强制吸合配电柜内 27K09/10/11 接触器，进行主断路器的闭合、断开操作以便激活行程开关动作，再次升弓后可以闭合主断路器。

原因分析：

（1）前期为了防止凝结水对主断路器的影响，对控制箱内电气节点进行涂抹凡士林处理，一段时间后凡士林进入行程开关内部，造成动作不良。

（2）组装螺栓脱落短接控制执行电路和异物进入主断路器运行结构导致主断路器不能正常闭合。

解决方法：更换行程开关、清除异物或者更换主断路器。

# 任务一　CRH2/CRH380A 型动车组其他高压设备维护与检修

## 【任务描述】

（1）掌握 CRH2/CRH380A 型动车组高压设备箱的结构；

（2）掌握 CRH2/CRH380A 型动车组主断路器、避雷器等高压设备的结构、性能参数及维护方法。

## 【相关知识】

### 一、CRH2/CRH380A 型动车组高压设备箱

高压供电系统主要包括接收电能的受电弓，起开关作用的高压断路器，起电流回流通路作用的接地装置，此外还有提高电能质量的滤波器，防雷击的避雷器，测量用的电压互感器和电流互感器，另外，还有导线、绝缘子等装置。通过这些装置，供电系统可以将接触网电能转化并传输到车辆的电气系统，其负荷有：电力牵引传动系统、电池系统和辅助用电系统。供电系统通过受电弓车接触网上接收电能并通过车轮上的接地装置确保电流流回接触网，出现紧急情况时断开高压断路器，所有负载将从高压供电系统上切断。

CRH2/CRH380A 系列动车组高压系统主要由受电弓、真空断路器、避雷器、电流互感器、高压隔离开关、保护接地开关等设备及各设备的相互连接电缆等组成，其中真空断路器、避雷器安装在车下高压设备箱内。

CRH2 型动车组高压设备箱安装在 2、6 号车底架下，真空断路器、避雷器、地板下电缆接线盒安装在设备箱内。高压设备箱内安装的各部件可单独装卸，也可根据需要进行整体装卸。

高压设备箱使用铝合金型材，采用密封结构，避免其内安装的部件受到污损。为适应通过隧道时压力的变化，设有过滤器，与外界大气进行交换。此外，为降低避雷器的限压抑制，空中绝缘距离设为 230 mm。高压加压部按照确保大地绝缘距离为 230 mm 以上来配置其内安装的部件。设备箱上装有避雷器，侧面安装真空断路器、地板下安装电缆接线盒及指示灯。为安全起见，在接地保护开关接通时，设置指示灯加以确认。

高压设备箱底部设置检查盖，通过锁闭装置进行锁闭。内部各部件的安装全部在箱内进行。实施作业及检查时，操作锁闭装置后可以打开检查盖。

高压设备箱设置与车顶保护接地开关联锁的锁闭装置，是为了在检查高压设备箱内部件时，防止触电。锁闭装置由辅助空气压缩机（装在 M2 车底架下）单元内管座上的钥匙和高压设备箱的锁装置组成。各车厢的高压设备箱使用的钥匙不同（钥匙上标有号码）。

### 二、CRH2/CRH380A 型动车组其他高压设备维护与检修

1. 断路器

真空断路器用来断开、接通 25 kV 电路，并作为故障状态的保护器件，兼有断路器和开

关两种作用。当牵引变压器二次侧以后的电路发生故障时,能迅速、安全、准确地切断电路。CRH2/CRH380A 型动车组采用 CB201 型真空断路器,每个牵引动力单元配置 1 台真空断路器,每台真空断路器控制 1 台牵引变压器。

CB201 型真空断路器(通常称为 VCB)利用真空中的高绝缘性能电弧的扩散作用进行遮断,配置在动车底架下的高压设备箱内,真空断路器的外形结构如图 6-1 所示。

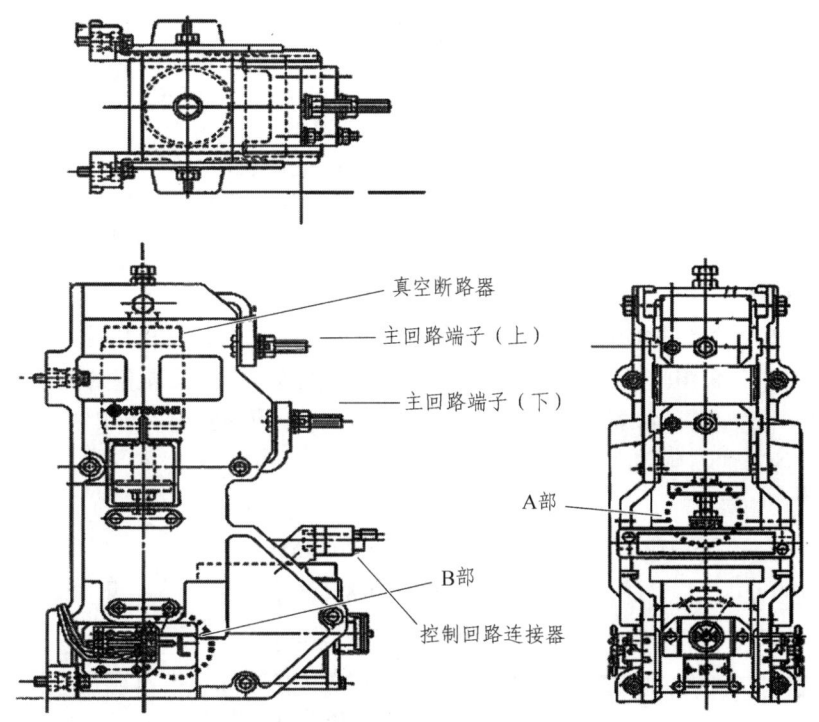

图 6-1 真空断路器的外形结构

(1)断路器结构。

真空断路器主要由 3 部分组成:

① 高压电流分断部分:由可开断交流电弧的真空开关管、静触头、动触头组成。动触头的操作由电空机械装置和合闸过程中的导向装置同时完成。

② 隔离绝缘部分:由安装在底板上的支持绝缘子绝缘、内部的绝缘导杆、恢复弹簧、接触压力弹簧组成。绝缘导杆连接电空机械装置合动触头。

③ 电空机械装置(低压部分):由空气管、压力开关、储风缸、调压阀、电磁阀、保持线圈、传动风缸及活塞组成。当空气压力达一定值时压力开关闭合,压缩空气方能进入储气缸。储气缸内的调压阀用来调节储气缸内气压。

(2)主要技术参数。

| | |
|---|---|
| 额定电压 | AC30 kV(瞬间最大电压 AC31 kV) |
| 额定电流 | AC200 A |
| 额定频率 | 50 Hz |
| 额定开断容量 | 100 MV·A |

| 额定闭合电流 | 10 000 A |
| 额定瞬间电流 | 4 000 A（2 s） |
| 额定断路电流 | 3 400 A |
| 额定开断时间 | ≤0.06 s |

（3）真空断路器的维护。

① 各紧固件齐全、完好、紧固，插头、插座完好。

② 绝缘子不许有裂痕，并保持其清洁干净。

③ 调压阀、储风缸、管道、阀门不许有漏气现象，应及时排净调压阀、储风缸内的水分。

④ 检查真空开关的主触头磨损状态及开距。

⑤ 检查高压连接部分、接地连接部分的固定螺栓不许有松动现象。

**2. 避雷器**

（1）基本结构。

采用 LA205 型交流避雷器，避雷器由采用聚合物制成的瓷管与氧化锌（ZnO）组件组成。氧化锌组件由 14 个采用弹簧强力固定、带有止振橡胶的元件构成。在瓷管内部装有氧化锌组件，用氮气密封。如果避雷器由于大电流而短路，内部压力异常上升，则通过特殊薄金属板的放压装置向外释放高压气体。

（2）避雷器的参数。

| 额定电压 | AC42 kV（RMS） |
| 标准放电电流 | 10 kA（8×20 μs） |
| 持续运行电压 | AC33 kV（RMS） |
| 动作电压 | ≥AC57 kV（$U_{1mADC}$，即直流 1 mA 电流流过时的端子电压） |
| 限制电流：5 kA | ≤AC100 kV |
| 10 kA（标准） | ≤107 kV |
| 耐放电量：冲击电流 | 100 kA（8×20 μs） |
| 矩形波 | 400 A，2 周 |
| 质量 | 21 kg |

（3）避雷器的工作原理。

避雷器是一种保护电器，用于限制电气设备运行过程出现的大气过电压及操作过电压，使电气设备免受过电压损害，减少系统的跳闸率及事故率。

氧化锌避雷器是采用 ZnO 等多种金属氧化物制成的，利用其相当理想的伏安特性，其中线性系数只有 0.025 左右，使得避雷器处于正常工作电压时，流过的电流非常小，可认为是一种绝缘体；而当电压值超过某一动作值时，电流急剧增加，电流的增加反过来抑制住电压的上升，从而保护了机车的绝缘设备不被击穿。待电压恢复到正常工作范围时，电流相应恢复极小值，避雷器仍呈绝缘态，不影响系统的正常工作。

一般来讲，避雷器的选择既要保证在正常工作电压下电流很小，且产品不易老化，又要保证在过电压下正常释放能量，使电压不会上升到损坏绝缘的程度，因此，考核避雷器主要有 3 个参数：大电流下残压、工作电压下续流和通流容量。

（4）避雷器使用注意事项。

避雷器操作时应注意以下几点：

① 不要冲击本体。

② 由于封入氮气，不能开盖。

③ 避雷器膜机械强度很弱，不要碰伤。为进行保护，避雷器膜贴有铝箔。

④ 在可能有露水的场合下应在捆绑状态下保管。

⑤ 试验车辆进行耐压试验时，必须在电路中切除避雷器。

### 3. 高压互感器

互感器是一种测量用设备，有电流互感器和电压互感器两种，其作用原理和变压器相同。

使用互感器有两个目的：一是为了工作人员的安全，使测量回路与高压电网隔离；二是可以使用小量程的电流表测量大电流，用低量程电压表测量高电压；三是用于各种继电保护装置的测量系统。通常，电流互感器的二次侧额定电流为 5 A 或 1 A，电压互感器的二次侧额定电压为 100 V。

（1）电流互感器。

与普通的变压器相比，电流互感器的一次绕组由 1 匝或几匝截面较大的导线构成，并串入需要测量电流的电路中；二次侧的匝数较多，导线截面较小，并与阻抗很小的仪表（如电流表，功率表的电流线圈等）接成回路。电流互感器的运行情况相当于变压器的短路情况，必须注意：

① 电流互感器的二次绕组绝对不允许开路。

② 必须将电流互感器的外壳和二次绕组的一端可靠接地，以防原、副边绕组间绝缘损坏，原边电压窜入二次侧，引起触电和仪表损坏。

CRH2 采用 BB-S 隔离型高压电流互感器，用于检测牵引变压器原边电流值。一个基本动力单元配置 1 个电流互感器，全列共设置 2 个电流互感器。

其技术参数如下：

| | |
|---|---|
| 额定工作电压 | 25 kV |
| 变流比 | 200/5 A |
| 额定频率 | 50 Hz |
| 额定负载 | 20 V·A |
| 质量 | 35 kg |

（2）电压互感器。

电压互感器工作时，一次侧直接接到被测的高压电路，二次侧接电压表或功率表的电压线圈。由于电压表和功率表的电压线圈内阻抗很大，所以电压互感器的运行情况相当于变压器的空载情况。忽略漏阻抗压降时，其一、二次绕组之比就等于一、二次绕组的电压之比，而电压互感器在设计时，为了保证其准确度，一般都采用高性能的硅钢片，以减小励磁电流和一、二次侧的漏电抗。

电压互感器在使用时，必须注意：

① 电压互感器二次侧绝对不能短路。

② 电压互感器的二次绕组连同铁心一起，必须可靠接地。
③ 电压互感器有一定的额定容量，使用时二次侧不宜接过多的仪表。

CRH2 采用高压电压互感器检测接触网电压。一个基本动力单元配置 1 个电压互感器，全列车共配置 2 台。

电压互感器参数如下：

| | |
|---|---|
| 电压互感器变比 | 25 kV/100 V |
| 额定负荷 | 100 V·A |
| 输出精度 | 1.0 级 |

### 4. 高压电缆及连接器

CRH2 正常情况下只有 1 台受电弓升弓受流，而整列动车组有 2 台牵引变压器同时工作，因此，为了将 25 kV 高压电送至牵引变压器就需要使用高压电缆和高压电缆连接器。在 2 号车后部、3 号车前部、4 号车前部、5 号车后部、6 号车后部的车顶上设置特高压电缆连接器。为方便摘挂，在 4 号车后部、5 号车前部的各车顶上，设置高压电缆用倾斜型电缆连接器，通过此高压连接器接通特高压电缆。

### 5. 接地保护开关

CRH2 采用 SH2052C 型接地开关，一个基本动力单元配置 1 台，全列车共配置 2 台。接地开关采用电磁控制空气操作，设置安全联锁。

技术参数：

| | |
|---|---|
| 结构 | 耐寒耐雪结构，设防冻电热器 |
| 额定电压 | 30 kV　单相 |
| 额定频率 | 50 Hz |
| 额定瞬时电流 | 6 000 A（15 周） |
| 额定操作空气压力 | 785 kPa |
| 额定操作电压 | $DC100^{+10}_{-30}$ V |
| 最低开关动作电压 | DC60 V |
| 最低开关动作气压 | 0.628 MPa |
| 主接触压力 | （0.82±0.08）N |
| 接通容量 | 15 kA（峰值）1 次 |
| 闭合时间 | ≤0.5 s（于气压 0.078 5 MPa，操作压力 100 V） |

### 6. 高压隔离开关

高压隔离开关的作用是优化配置 25 kV 电路内高压设备的运行工况，当车顶设备发生故障时，能将故障部分隔离，维持动车组运行。它的存在可大大减少因车顶设备故障而造成的机破事故，保证动车组的安全运行，CRH2 采用 BT25.04 型高压隔离开关。

（1）技术参数：

| | |
|---|---|
| 标称电压 | 25 kV |
| 额定电压 | 30 kV |

| | |
|---|---|
| 额定电流 | 400 A |
| 额定频率 | 50 Hz |
| 短时耐受电流 | 8 kA×1 s |
| 控制电压 | DC 110 V |
| 最小动作电压 | DC 77 V |
| 额定工作气压 | 400~1 000 kPa |
| 最小动作气压 | 350 kPa |
| 质量 | 50 kg |

（2）基本结构。

高压隔离开关主要由隔离闸刀、支撑瓷瓶和转动瓷瓶、底座安装板、传动机构、锁固机构、辅助接点、手柄等组成。高压隔离开关结构如图 6-2 所示。

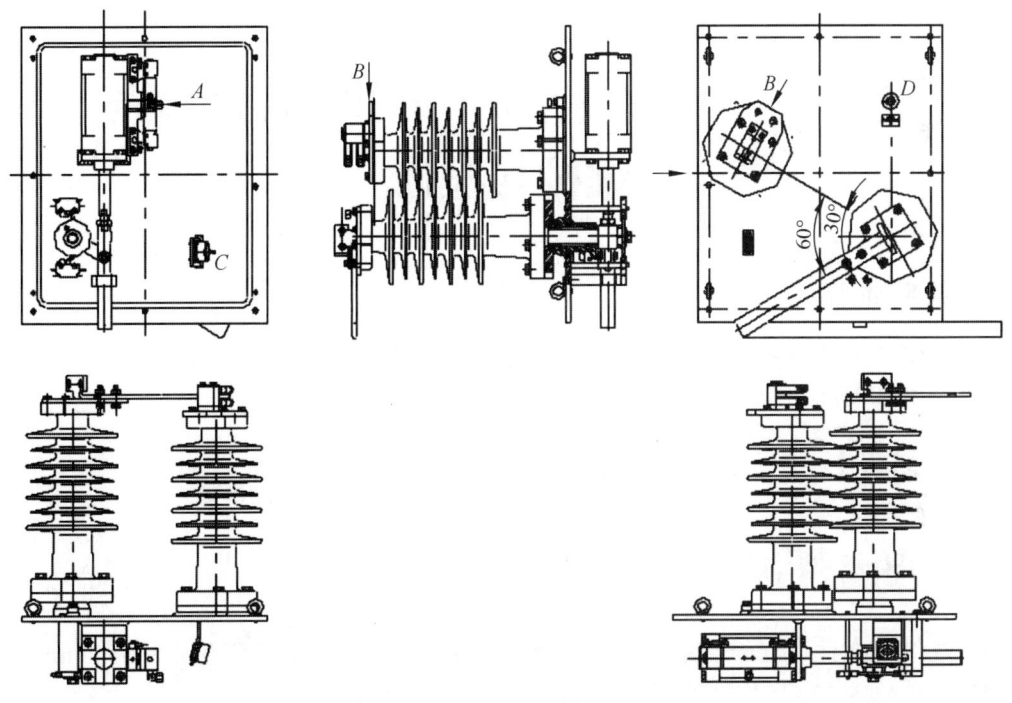

图 6-2　高压隔离开关

（3）高压隔离开关维护。

① 各紧固件齐全、完好、紧固。
② 刀杆闭合良好，闭合压力满足技术条件的要求。
③ 绝缘子不许有裂痕，并应保持其清洁干净。
④ 检查连接板是否良好，不允许有松动现象。
⑤ 检查闭锁机构完好、锁紧牢固，不允许有松动现象。
⑥ 检查开关导杆的闭合力，满足技术条件的要求。

**7. 接地电阻器**

动车设置接地电阻器，其作用是防止接地刷的异常磨损、轴承电腐蚀，使接地电流均匀。

CRH2 采用 MR139 型接地电阻器，在通以最大负载电流时，即使电阻体或绝缘发生局部破坏也不会导致电阻开路。并依此原则设计电阻器的容量、电阻和框架绝缘等所需的最小值，以实现结构的小型、轻量化。

技术参数：

| | |
|---|---|
| 电阻值 | 0.5 Ω（20 ℃） |
| 连续电流 | 20 A |
| 最大负载 | 300 A×0.25 s（电路不开路） |
| 冷却方式 | 自冷 |
| 材质 | 铁铬铝合金 |
| 电阻体厚度 | 18.8 mm |
| 质量 | 约 18.5 kg |

# 任务二　CRH5 型动车组其他高压设备维护与检修

## 【任务描述】

（1）掌握 CRH5 型动车组的牵引特性及主电路构成；
（2）掌握 CRH5 型动车组高压电器的结构、性能参数及维护方法。

## 【相关知识】

### 一、CRH5 型动车组牵引特性

在正常负载条件（定员载客）、平直线路、车轮平均磨耗（即车轮直径为 850 mm）和网压在 22.5 kV AC～29 kV AC 范围内电压时，列车的牵引性能如下：

（1）平均起动加速度（0～40 km/h）　　　0.50 m/s²
（2）200 km/h 时的剩余加速度　　　0.11 m/s²
（3）220 km/h 时的剩余加速度　　　0.09 m/s²
（4）250 km/h 时的剩余加速度　　　0.05 m/s²
（5）平均最大车轮-磨耗黏着系数　　　0.22
（6）爬行坡度（100%牵引力）　　　30‰
  · 在 1 个牵引变流器故障（80%牵引功率）条件下的爬行坡度>30‰；
  · 在 2 个牵引变流器故障或一个牵引变压器故障条件下（可获得 60%的牵引功率）的爬行坡度：27‰（连续运行）、30‰（以 73 km/h 运行 25 km）。
（7）轮周处的最大牵引功率　　　5 500 kW

（8）轮周处的最大牵引力　　　　　　302 kN
（9）轮周处的最大制动功率　　　　　5 785 kW

列车设有再生制动，可在 10～220 km/h 的速度范围内工作。在电分相区段，电制动不会停止但会将再生的电流给辅助变流器供电，并通过制动电阻器消散能量，制动电阻器安装在车顶，靠自然通风，这样设计的目的是允许电阻制动的时间最长达 10 s。

再生制动可在电分相端部重新启动，如果在电分相区段的时间超过 10 s，电制动会完全停止而且将自动启用空气制动。该列车装备有自风冷式盘式制动装置，每个动轴上装 2 个，每个拖轴装 3 个，并有弹簧控制的停车制动装置。

动车组常用制动为电制动和空气制动的复合制动，紧急制动仅为空气制动。电制动在 10～200 km/h 的速度范围内工作，在达到最大电制动的情况下，轮周处的最大制动力和功率如下：

轮周处的最大制动力　　　　　　　205 kN
轮周处的最大制动功率　　　　　　5 785 kW
最大常用制动和紧急制动性能相同（初速度 200 km/h）：
平均减速度　　　　　　　　　　　0.79 m/s$^2$
制动距离　　　　　　　　　　　　≤2 000 m
（初速度 160 km/h）：
平均减速度　　　　　　　　　　　0.79 m/s$^2$
制动距离　　　　　　　　　　　　≤1 400 m

## 二、主电路的构成

图 6-3、图 6-4 分别为第一牵引单元原理和第二牵引单元原理示意图，第二牵引单元与第一牵引单元极其相似，唯一的区别是仅配备一个辅助变流器（在正常运行条件下，对于整列车来说仅需要两个辅助变流器，第三个仅作备用，随时替换出现故障的辅助变流器）。

每个动力单元的牵引设备都由下列设备组成：

（1）一个高压单元，具有受电设备、保护装置和主变压器，安装在 TTP 和 TTPB 车上。

（2）一个主变压器，采用强制油冷却，安装在 TTP 和 TTPB 车上。

（3）第一牵引动力单元具有 3 个牵引/辅助变流器，第二牵引动力单元具有 2 个牵引/辅助变流器，每台牵引/辅助变流器驱动 2 台牵引电机。牵引/辅助变流器获得可调节的直流电压，并驱动异步牵引电机的牵引和再生制动。在过电分相时由于再生制动短时停止工作，过渡的制动电阻器投入使用。每辆动车配置 2 台异步牵引电动机，底架悬挂，单台电机设计持续功率可达 550 kW，并且车轮的直径差（在相同车轴上）接近 3 mm 时也能够提供 500 kW 的负载。

（4）一台牵引控制器，能够完成如下的功能：

① 控制设备发送的牵引/制动命令。
② 控制中间直流线电压和受电弓输入端的功率因数。
③ 控制电机牵引/制动转矩。
④ 电力设备的保护。
⑤ 对控制器本身的自诊断和功率部件的控制。

（5）安装在 IM2 和 IMH 车辆上的电气装置，如 100 Hz 谐振的制动器和瞬时电制动电阻。

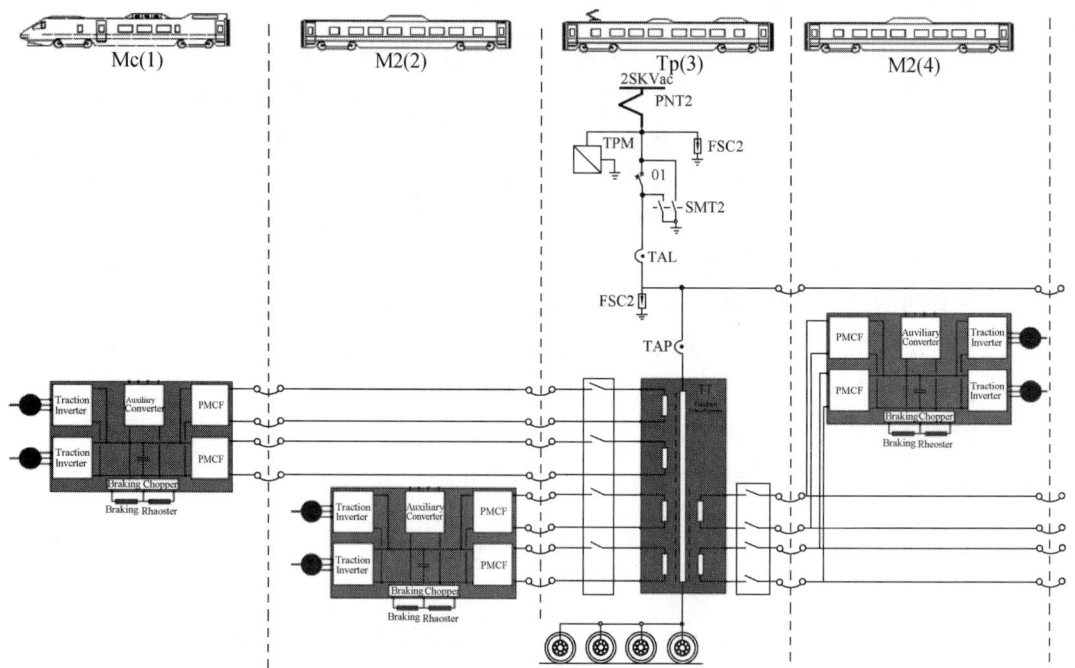

图 6-3 第一动力牵引系统电路示意图

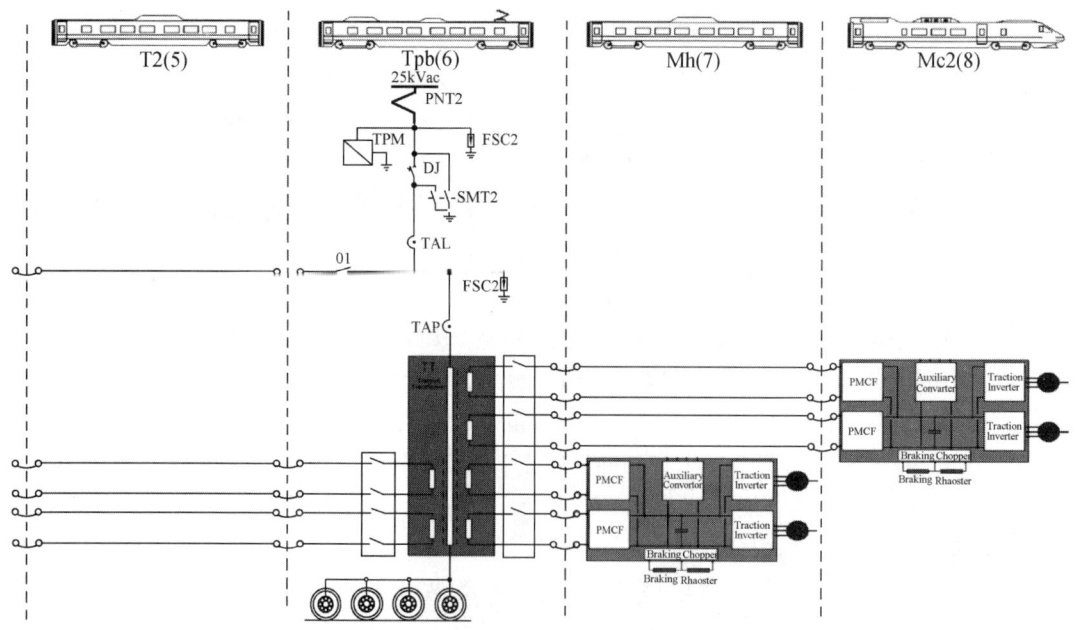

图 6-4 第二动力牵引系统电路示意图

## 三、CRH5 型动车组高压电器

### 1. 概　述

CRH5 电动车组由 2 个牵引单元组成，包含 8 节车。一个牵引单元包括 3 节动车（Mc2、M2s 和 M2）和 1 节拖车（Tp）。另一个牵引单元包括 2 节动车（Mh、Mc1）和 2 节拖车（T2 和 Tpb）。每个牵引单元配有 1 个主变压器，并附相应的受电弓。

车组内的高压电气设备如图 6-5 所示。电气设备可在采用 25 kV、50 Hz 系统的电气化线路上实现带有能量回收和/或能量耗散功能的牵引、电气制动。

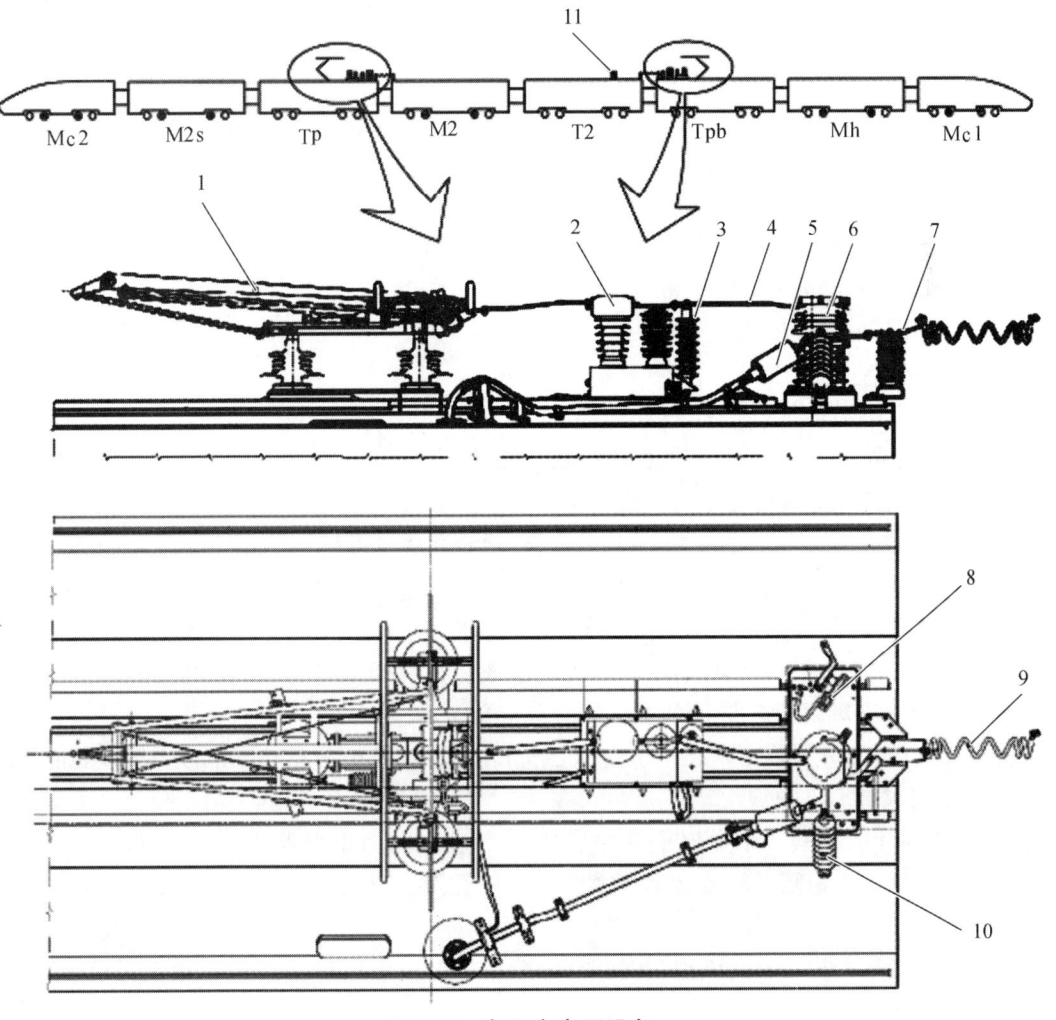

图 6-5　车组内高压设备

1—受电弓；2—综合测量仪；3—避雷器（FSC）；4—综合测量仪线排；5—用于将 DJ 连至变压器的预装配电缆；6—高压断路器（DJ）；7—高压支承绝缘子；8—接地闸刀开关（SMT1）；9—跳线，横截面面积 95 mm²；10—避雷器（FSC1）；11—附加断路器（DJ1）

每个车组均配有 2 个独立驱动的牵引单元。牵引单元 1 包括位于 Tp 车上的 1 台牵引变压器和分别安装在 Mc2、M2s 和 M2 车上的 3 台牵引/辅助变流器。

牵引单元 2 包括位于 Tpb 车上的 1 台牵引变压器和分别安装在 Mh 和 Mc1 车上的 2 台牵

引/辅助变流器。

根据当前编组，安装在 M2 车上的牵引/辅助变流器属于第 1 个牵引单元或第 2 个牵引单元，它可以：

（1）在牵引/辅助变流器出现任何故障的情况下平衡变压器负载。

（2）在牵引变压器故障的情况下确保 60%的装机功率。

每台牵引电机由 1 台专用逆变器驱动。牵引电机布置在 Mc2、M2s、M2、Mh 和 Mc1 车的轴 2 和 3 上（车轮布置 1A-A1）。

辅助变流器与牵引逆变器并联，以满足中压和低压负载要求。

**2. 高压电源电路说明**

（1）25 kV 交流线路的运行。

受电弓（PNT）从 25 kV、50 Hz 的架空线集电。同一时刻仅有一个受电弓工作，另一个受电弓备用（未供电）。受电弓安装在 Tp 或 Tpb 车内。当司机操作 PANTOGRAPH UP（受电弓升弓）杠杆开关时，车辆逻辑电路将向电磁阀发送指令，使受电弓升弓。

集自架空线的电源经综合测量设备和断路器（DJ）馈至牵引变压器。

综合测量设备（Integrameter）包括以下组件：

① 线电压传感器（TPM）。

② 线电流传感器（TAL）。

③ 避雷器（FSC）。

线电压传感器（TPM）用于测量接触网线的交流电压，线电流传感器（TAL）用于测量线电流。

避雷器（FSC）安装在综合测量设备上，用于吸收过压电涌。

车辆逻辑电路可使相关的断路器(DJ)闭合。通过相关的断路器(DJ)和附加断路器(DJ1)，接触网线电压被馈至列车上的 2 台牵引变压器（TT）的初级绕组。

接地闸刀开关（SMT1）集成在断路器（DJ）中，它安装在 Tp 和 Tpb 车的车顶。接地闸刀开关（SMT1）对牵引单元的高压电路提供接地。接地操作将连接断路器（DJ）的上游和下游线路，以实现对高压电路和车顶设备的安全操作。

避雷器（FSC1）安装在车顶上。避雷器（FSC1）连接至带有托架的断路器（DJ）的输出端，用于吸收过压电涌。

在 T2 车顶上安装有 1 个附加断路器（DJ1），与其他 2 台断路器的特性相同。其配有 1 个不能操作的集成式接地闸刀开关。DJ1 的操作由车辆逻辑电路依据自动和手动发出的请求进行。

在断路器（DJ）与牵引变压器之间设有 1 条预装配电缆，用以传输 25 kV 电源。

在 Tp 和 Tpb 车的牵引变压器中安装有 1 个初级电流传感器（TAP），用于测量单个牵引单元所吸收的电流。

在 Tp 和 Tpb 车的底架上安装有一台牵引变压器（TT），用于接收 25 kV 供电，并进行降压，向牵引/辅助变流器供电。2 台牵引变压器（TT）并联，通过 2 个次级绕组向 2 台或 3 台牵引/辅助变流器供电，以满足 1 个牵引单元的需求。

高压箱安装在 Tp 和 Tpb 车的底架上，用以接通或断开牵引/辅助变流器与牵引变压器的连接。高压箱中配有控制高压电路所必需的电子和机电组件。高压箱用于向 3 台牵引/辅助变流器和相应牵引变压器的保护逻辑电路馈电。

高压箱包括以下组件：

① 牵引本地控制（CLT）。

② 1个双极隔离开关（SAZ3）。

③ 6个单极隔离接触器（SAZ11-SAZ12-SAZ21-SAZ22-SAZ31-SAZ32）。

④ 2个电流传感器（TAP1和TAP2）。

对上述组件的控制由车辆逻辑电路根据配置自动驱动。高压保护所做的任何干预均需要隔离驱动器的切换。

电能由高压箱（PRECOMB）送至牵引/辅助变流器。在40℃环境温度以及高于或等于22.5 kV的接触网线电压下，编组中的每台牵引/辅助变流器可向每根电机轴提供550 kW的功率。

在Mc2、M2s、M2、Mh和Mc1车的底架上各有1台IGBT牵引/辅助变流器，用以向2个异步牵引电机提供三相交流电。CONVTRAZAUX中的辅助变流器还负责向中压设备提供中压功率。

牵引/辅助变流器（CONVTRAZAUX）包括以下组件：

① 双级（4QC1和4QC2）PMCF输入变流器。

② 2台三相逆变器（INV-TRAZ1和INV-TRAZ2）。

③ 2台制动斩波器（CHF1和CHF2）。

④ 1台辅助变流器（CH-INV AUX）。

⑤ 1个TCU（牵引控制单元）。

⑥ 电压和电流传感器。

⑦ 1个辅助控制器（ACU）。

在Mc2、M2s、M2、Mh和Mc1车的底架上各安装有2台采用强制通风的异步感应电机（M1和M2）。一个车组中总共有10台异步感应电机。

Mc2、M2s、M2、Mh和Mc1车的顶上安装有动态制动电阻（REO），用于在通过电分相区时耗散电制动中产生的能量。

（2）25 kV交流车顶线路连接。

车辆之间的车顶线路连接采用柔性连接。断开附加断路器DJ1（位于T2车顶）可隔离以下故障：

① 车顶线路短路。

② 牵引变压器短路。

③ 驱动器隔离开关故障。

断开DJ1可使车组在3台驱动器和3台辅助变流器工作的情况下以降级模式运行。该断路器的开路指令由车辆逻辑电路在确认"DJ1开路请求"之后执行。

### 3．牵引和辅助设备组

牵引和辅助设备组由整个牵引单元共用。每节车的共用情况如下：

每节Tp和Tpb车包括：

① 牵引变压器（TT），带有相关附件（膨胀油箱和热交换器）。

② 1个高压控制箱（PRECOMB）。

每节Mc2、M2s、M2、Mh和Mc1车包括：

① 1台牵引/辅助变流器（CH-INV AUX）。
② 2台6极异步牵引电机。
③ 2个制动变阻器（RF1和RF2）。

## 四、高压电器功能描述

### 1．受电弓

（1）受电弓的结构及功能。

受电弓的结构如图 6-6 所示，车组中使用的受电弓为单臂受电弓。该设备可从 25 kV，50 Hz 架空线处集电。轨道上的钢轨可用作回流导体。车组配有两个相似型号的受电弓，每次只有一个受电弓工作，另一个受电弓作为备用，不上电。该受电弓设计具有最高的操作可靠性和符合要求的接触压力，即使在高速运行工况下也是如此。

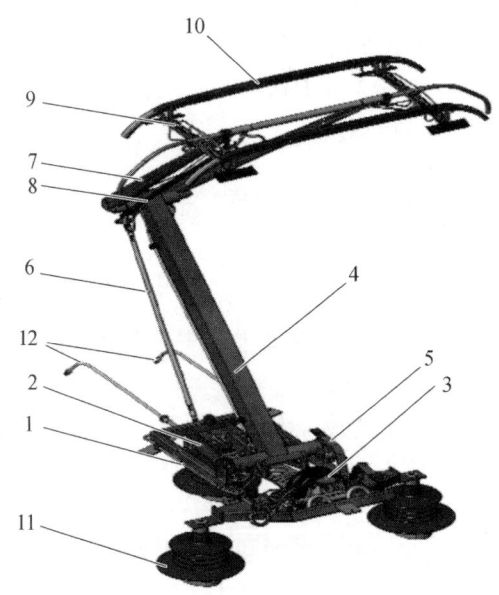

图 6-6　受电弓视图
1—底架；2—阻尼器；3—升弓装置；4—下臂；5—弓装配；6—下导杆；7—上臂；8—上导杆；
9—弓头；10—碳滑板；11—绝缘子；12—绝缘软管

受电弓底架 1 由钢制成。上臂 7 和下臂 4 由轻质的铝合金材料制成，并固定在底架 1 上。

整个受电弓安装在 3 个绝缘子 11 上，并使用适当的紧固件刚性固定。基座绝缘子 11 如有损坏可以更换。

弓头 9 包括一个带有 2 个托架的刚性构架，碳滑板 10 固定在托架上。构架悬挂在 4 个拉簧上并纵向固定至托架中。此外，在构架与上臂之间安装有 2 个横向弹簧，以确保横向弹动。该悬挂结构可使碳滑板构架在纵向上能够灵活移动，以便缓冲纵向上的冲击，起到保护碳滑板 10 的目的。

受电弓配有一个气动提升系统，可确保受电弓正常的动态特性，保持与架空线之间的恒定接触压力。受电弓还配有气动降弓装置，在碳滑板故障时可使受电弓迅速自动下降。

气动提升系统和自动降弓装置可从气路中获得压缩空气。由压缩空气系统操纵的气囊气缸可使受电弓抵住架空线。当压缩空气从气囊驱动装置中排出时,受电弓会受其自身重量影响而下移。

自动降弓装置(ADD)可通过压缩空气控制碳滑板 10 的工况,如碳滑板磨损到极限或断裂时,受电弓会自动降下。

(2)一般规格。

受电弓的一般规格如下:

| | |
|---|---|
| 额定工作电压 | 25 kV |
| 允许频率范围 | 49～51 Hz |
| 最大电流 | 1 000 A |
| 设计速度 | 200 km/h |

### 2. 综合测量仪设备

如图 6-7 所示为 Tp/Tpb 车顶上的综合测量仪设备。

综合测量仪设备安装在 Tp 和 Tpb 车的车顶上。综合测量仪设备带有 1 个金属箱(固定在车顶上),所有高压组件(暴露在大气中)均位于箱体上方,带有电子设备的低压组件则安置在箱内。

综合测量仪设备包括以下高压组件:

- 线电压传感器(TPM)。
- 线电流传感器(TAL)。
- 避雷器(FSC)。

(1)线电压传感器(TPM)。

线电压传感器(TPM)集成在高压绝缘子内部。它通过一个电阻分压器测量受电弓所获得的线电压值,并检查其频率特性。

测得的电流信号正比于瞬时线电压,它将通过光纤发送至本地牵引控制(CLT)中的电子设备。

该电子设备与配有微处理器的 2 个电子模块接口。这 2 个模块负责执行"本地牵引控制(CLT)"的任务。它安装在高压箱内部,并布置在车辆底架上。

线电压传感器(TPM)通过以下输出与每台牵引变流器中的牵引调节器(TCU)以接口连接:

- 2 个诊断用数字输出。
- 1 个数字输出。
- 8 个电气独立的模拟输出。

由数字和模拟电子卡管理并控制上述输出。

当测得频率处于 31～60 Hz 范围且有效电压值高于 5 kVrms 时,线电压传感器(TPM)正常工作。它由 24 V DC 蓄电池电压供电。

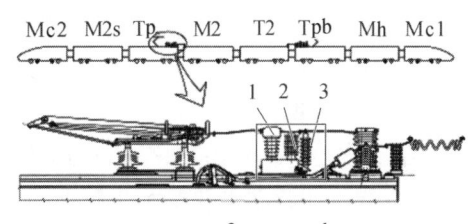

图 6-7　Tp/Tpb 车顶上的综合测量仪设备

1—综合测量仪设备;2—高压绝缘子;
3—避雷器(FSC)

(2) 线电流传感器（TAL）。

线电流传感器（TAL）由位于综合测量仪金属箱内的 2 个单元组成，这 2 个单元通过光纤相互连接。第 1 个单元连接至高压，它包括一个电流互感器。第 2 个单元从光纤接收信号，并提供模拟输出。

电流信号正比于瞬时线电流。本地牵引控制（CLT）中配有微处理器的 2 个电子模块负责处理传感器生成的 2 个模拟输出。本地牵引控制（CLT）安装在高压箱内，置于车辆底架上。

模拟输出的目的是：

① 当由 25 kV 交流线路供电时，检测某一组件所吸收的电流水平，并在相应的司机台监视器上实现线路电流计的指示。

② 实现对相关断路器（DJ）快速断路（在 100 ms 以内）的最大电流保护。

当继电器触点被断开时，电流保护生效，以中断断路器控制电路的供电。当传感器（TAL）内电流的峰值超过设定的保护值且相关 DJ 闭合超过 4 s 时出现此情况。

(3) 避雷器（FSC）。

避雷器（FSC）安装在综合测量仪设备上，用于保护所有电气设备免受过电压的损坏。此装置与电子模块接口，以执行本地牵引控制（CLT）。

相关 DJ 开路时，此避雷器可能发生的故障（短路）可通过车载诊断系统中的线电流传感器（TAL）检测到。

(4) 技术规格。

本节详述了综合测量仪设备的组件规格。

① 线电压传感器（TPM）特性：

电流：−50～+50 mA

峰值电压：−50 kV 峰值至+50 kV 峰值

分路电阻：100 Ω

采集：±5 V

ADC 转换：16 位

测量方法：均方根值

② 线电流传感器（TAL）特性：

电流：−50～+50 mA

峰值电流：−750 A 峰值至+750 A 峰值

分路电阻：100 Ω

采集：±750 A 峰值（530 A 均方根值）

ADC 转换：16 位

测量方法：峰值，均方根值

### 3．带有接地闸刀开关（SMT1）的高压断路器（DJ）

带有接地闸刀开关（SMT1）的高压断路器（DJ）安装在 Tp 和 Tpb 车的车顶。它包括：

- 高压断路器（DJ）。
- 接地闸刀开关（SMT1）。

(1)高压断路器(DJ)。

① 作用及原理。

如图 6-8 所示 Tp 和 Tpb 车顶上的高压断路器(DJ)。

高压断路器在异常情况下会将牵引单元高压电路与接触网线电压隔离。每个高压断路器负责一个牵引单元。高压断路器用于安全地闭合和开断高压电路。

高压断路器(DJ)的闭合通过独立控制电磁铁及其保持线圈励磁的 2 个控制件的同时动作来实现。

当电磁铁被励磁时,由于持续向保持线圈通电所产生的磁场效应,它将保持激励。对电磁铁的保持线圈去励磁可使断路器断路。

线电流传感器(TAL)通过车辆逻辑电路测量电流并操作断路器。

图 6-8　Tp/Tpb 车顶上的高压断路器(DJ)

② 技术规格。

| | |
|---|---|
| 隔离基准电压 | 25 000 V AC |
| 脉冲电压 | 170 kV |
| 频率 | 50 Hz |
| 连续额定电流 | 1 000 A |
| 短路电流开断容量 | 20 kA |
| 控制电路类型 | 电气 |
| 保持特性 | 电气 |
| 辅助触点数量 | 4 个常开,4 个常闭 |
| 电源电气连接 | 螺纹端子 |
| 信号电气连接 | 连接器 |
| 功率极数 | 1 个,常开 |

(2)接地闸刀开关(SMT1)。

① 作用及原理。

如图 6-9 所示为接地闸刀开关(SMT1)。

接地闸刀开关(SMT1)集成在高压断路器(DJ)中,安装在 Tp 和 Tpb 车的车顶上。它用于对连接在高压断路器(DJ)上游和下游之间的牵引单元的高压电路进行接地。

接地闸刀开关(SMT1)设有以下 2 个位置:

- 运行位。
- 接地位。

当相关钥匙交换器的控制杆被置于"接地"位时,通过 2 个电源触点的闭合实现接地操作。

在电源触点被推至"接地"状态,再将红色钥匙插入其自身的钥匙交换器并旋转之后,接地闸刀开关(SMT1)将释放一把绿色钥匙。该红色钥匙取自 Tpb 车的三通阀,用以确认"牵引单元气动电路排气"操作。

在绿色钥匙被抽出的情况下,红色钥匙将被限制在接地闸刀开关(SMT1)的钥匙交换器内,后者继而将保持以机械方式锁定在"接地"状态。

② 技术规格。

| | |
|---|---|
| 额定电压 | 25 kV AC |
| 最高运行电压 | 31 kV AC |
| 额定频率 | 50 Hz |
| 对地脉冲电压 | ≥170 kV |
| 短路电流 | 15 kA 均方根值,持续 1 s |
| 每极接触电阻 | ≤0.5 mΩ |
| 规定的绝缘电压 | $U_{Nm}$ = 27.5 kV AC |
| 过压类别 | OV3 |
| 规定的脉冲电压 | $U_{Ni}$ = 170 kV |
| 污染等级 | PD4 |

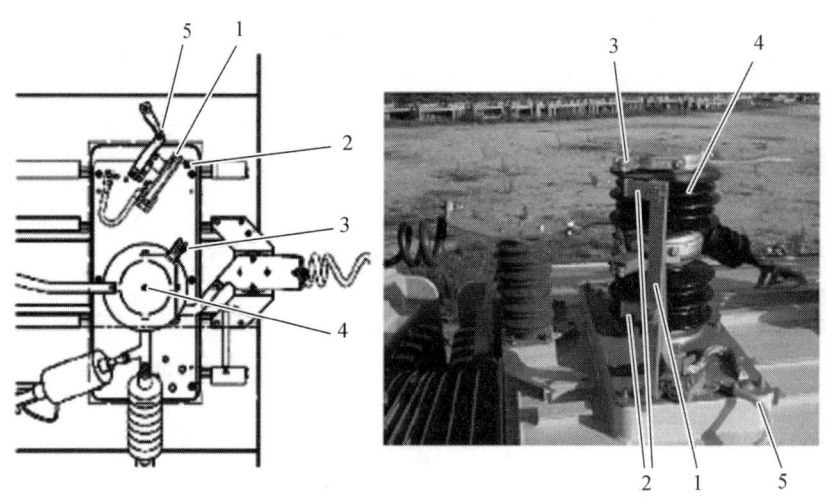

图 6-9 接地闸刀开关(SMT1)

1—接地闸刀开关(SMT1);2—可动触点;3—固定触点;4—高压断路器(DJ);5—接地编织带

**4. 避雷器(FSC1)**

参见图 6-7 中避雷器的位置,避雷器的形状如图 6-10 所示。

避雷器安装在 Tp 和 Tpb 车的车顶上,用于保护牵引变压器的初级绕组免受过压电涌的损坏。

图 6-10 避雷器(FSC1)

**5. 车顶线路和附加断路器(DJ1)**

(1)作用及原理。

如图 6-11 所示为附加断路器(DJ1)。

车顶线路连接 2 个断路器(DJ 和 DJ1),用以向牵引单元 1 和 2 的牵引变压器提供 25 kV 电源。车顶线路的隔离切换可通过附加断路器(DJ1)实现,该断路器与其他 2 个高压断路器(DJ)的特性相同。

附加断路器（DJ1）安装在 T2 车车顶上，用以隔离每个牵引单元的高压电路。附加断路器（DJ1）包括一个与其他 2 个高压断路器（DJ）类似的接地闸刀开关，该开关不能操作。车顶线路由一条预装配电缆及跳线组成，作为高压断路器（DJ）与附加断路器（DJ1）之间的连接线。

附加断路器（DJ1）开路将隔离以下故障：
- 车顶线路短路。
- 牵引变压器短路。
- 驱动器隔离开关故障。

根据手动（司机）模式或自动模式下发出的请求，附加断路器（DJ1）由车辆逻辑电路操作。

① 手动模式。

当 2 个 DJ 均处于开路状态时，由被启用司机室内的司机发出的"DJ1 开路请求"被车辆逻辑电路确认。

司机选择此模式使车组在降级条件（3 个驱动器和 3 个辅助变流器工作）或高压线短路情况下运行。

② 自动模式。

在以下一种情况下由车辆逻辑电路激活：
- 保护装置干预，要求将牵引变压器与高压电路隔离。
- 某台牵引/辅助变流器绝缘故障（即不能将牵引变压器次级绕组与发生故障的牵引/辅助变流器断开）。

附加断路器（DJ1）开路可使车组在 3 台驱动器和 3 台辅助变流器运行条件下进行降级模式运行。

（2）技术规格。

断路器（DJ1）的主要特性如下：

| | |
|---|---|
| 功率极数 | 1 - 常开 |
| 隔离基准电压 | 25 000 V AC |
| 脉冲电压 | 170 kV |
| 连续额定电流 | 1 000 A |
| 短路电流开断容量 | 20 kA |
| 控制电路类型 | 电气 |
| 保持特性 | 电气 |
| 辅助触点数量 | 4 个常开，4 个常闭 |

### 6．初级绕组电流传感器（TAP）

（1）作用及原理。

初级绕组电流传感器（TAP）安装在 Tp 和 Tpb 车底架上牵引变压器的分离箱上，它是一个无源传感器。本地牵引控制（CLT）负责处理传感器（TAP）次级绕组上的模拟信号。CLT 安装在高压箱内，其

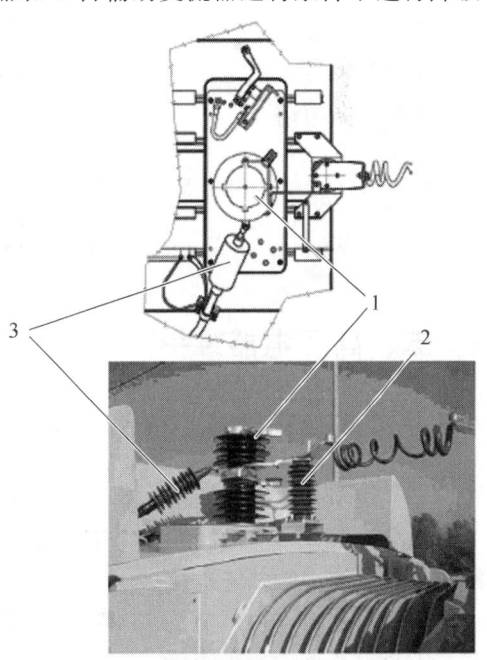

图 6-11　T2 车车顶上的附加断路器（DJ1）

1—附加断路器（DJ1）；2—绝缘子；
3—预装配电缆

功能是:
- 检测牵引单元所吸收的电流水平,以便在司机台监视器上实现线路电流计的指示。
- 在相应牵引变压器的初级绕组由本地或远程断路器供电的情况下,实现针对其中出现最大电流的保护。

其结果是,通过断开高压断路器(DJ)并重新配置附加断路器(DJ1)的车顶线路开路,牵引变压器被断路。当 TAP 内的电流超过阈值且持续一定时间后,此保护生效。

初级绕组电流传感器(TAP)管理以下功能:
- 相应初级绕组的最大电流保护。
- 相应初级绕组的差动保护(通过与 TAP1 信号进行比较)。
- 对导致 TAL 激活的牵引单元的确认。
- 显示相关牵引单元所吸收的电流。

如果上述故障出现,初级绕组电流传感器(TAP)将启动以下动作。
- 变压器与牵引电路切断(DJ1 开路)。
- 隔离开关开路。

每个 CLT 均采集 TAP(1)冗余信号。

(2)技术规格。

初级绕组电流传感器(TAP)的电气特性如下:

| | |
|---|---|
| 初级绕组额定电流 | 400 A 均方根值 |
| 短路电流 | 40 kA 持续 1 s |
| 变压比 Vout/初级绕组 | 10.1 mV/A |
| 精度等级 | 2 |
| 信号电气连接 | 螺纹端子 |
| 传感器特性 | 10.1 mV/A |
| 内部分路电阻 | 4.04 Ω |
| 采集 | ±350 A 均方根值 |
| ADC 转换 | 10 位或更高 |
| 测量方法 | 峰值,均方根值 |

## 五、高压电器维护

(一)25 kV 断路器的目视检查和清洁

(1)如图 6-12 所示为 Tp 和 Tpb 车上的 25 kV 断路器。

(2)检查 25 kV 断路器 1 上固定综合测量仪线排 4 的紧固件 2 的完整性。如有必要,应紧固至规定的力矩值。

(3)检查将连接固定至 25 kV 断路器 1 上的避雷器托架 7 的紧固件 5 的完整性。如有必要,应紧固至规定的力矩值。

(4)检查避雷器托架 7 的完整性。如有必要,应将其更换。

(5)检查将 25 kV 断路器 1 固定在车顶(Tp 或 Tpb 车)的柱头螺栓 8 和六角螺母 9。如有必要，应紧固至规定的力矩值。

（6）检查 25 kV 断路器的表面 12 有无裂纹或破损。如有必要，应更换 25 kV 断路器 1。

（7）检查用于固定接地编织带 11 的螺钉 10 的完整性。如有必要，应紧固至规定的力矩值。

（8）检查 25 kV 断路器 1 上的垫片有无破损、扭曲或裂纹。

（9）检查所有高压接线、接地触点上的螺钉。如有必要，应紧固至规定的力矩值。

（10）使用温和的清洗剂和吸水性的布清洗 25 kV 断路器的表面 12 和接地触点。在 25 kV 断路器的表面 12 上涂覆一薄层硅润滑脂。

注：不得使用任何包含氟酸盐或氯酸盐化合物的清洗产品。

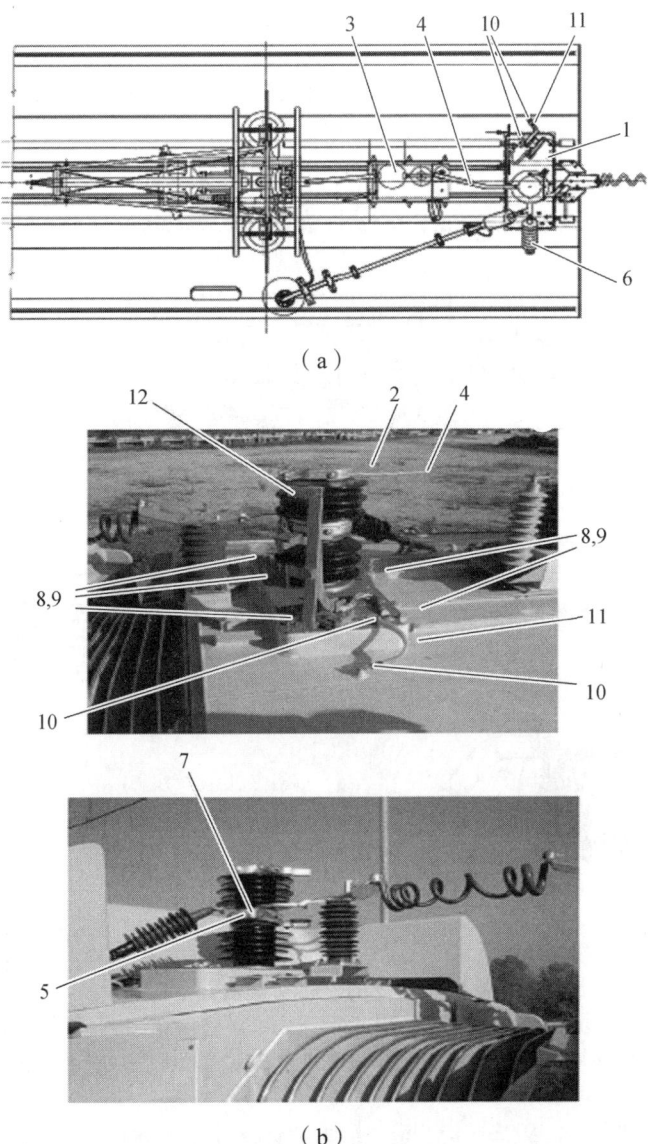

图 6-12　25 kV 断路器

1—25 kV 断路器；2—紧固件；3—综合测量仪；4—综合测量仪线排；5—紧固件；6—避雷器；
7—避雷器托架；8—柱头螺栓；9—六角螺母；10—螺钉；11—接地编织带；12—表面

## （二）断路器上的 25 kV 避雷器（FSC1）目视检查和清洁

（1）如图 6-13 所示为 Tp 和 Tpb 车上的 25 kV 避雷器（FSC1）。

（2）检查 25 kV 避雷器（FSC1）的完整性，以及有无裂纹和破损。如有必要，应将其更换。参见 CRH5-MR1-04A-SR002 中的更换说明。

（3）检查用于将 25 kV 避雷器（FSC1）固定至避雷器托架的六角螺母和垫圈。如有必要，应紧固至规定的力矩值。

（4）检查用于将 25 kV 避雷器（FSC1）固定至断路器托架的螺钉和平垫圈。如有必要，应紧固至规定的力矩值。

（5）检查避雷器托架的完整性。

（6）检查断路器托架的完整性。

（7）使用温和的清洗剂和吸水性的布清洗 25 kV 避雷器（FSC1）和接地触点。在 25 kV 避雷器（FSC1）的表面上涂覆一薄层硅润滑脂。

注：不得使用任何包含氟酸盐或氯酸盐化合物的清洗产品。

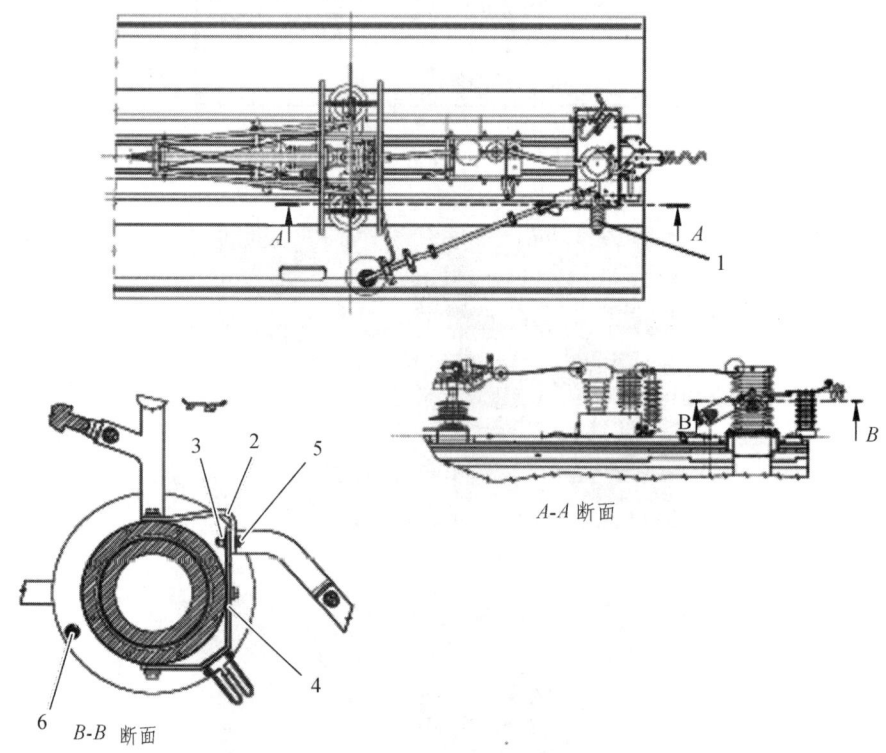

图 6-13　断路器上的 25 kV 避雷器（FSC1）

1—25 kV 避雷器（FSC1）；2—避雷器托架；3—带 M10 垫圈的 M10 六角螺母；
4—断路器托架；5—带 M10 平垫圈的 M10×30 螺钉；6—断路器

## （三）综合测量仪上的 25 kV 避雷器（FSC1）目视检查和清洁

（1）如图 6-14 所示为 Tp 和 Tpb 车上的 25 kV 避雷器（FSC1）。

（2）检查 25 kV 避雷器（FSC1）的完整性，以及有无裂纹和破损。如有必要，应将其更换。参见 CRH5-MR1-04A-SR003 中的更换说明。

（3）检查用于将 25 kV 避雷器（FSC1）固定至放电器接线的螺钉（M10×30）、六角螺母和垫圈。如有必要，应紧固至规定的力矩值。

（4）检查放电器接线的完整性。

（5）检查用于将 25 kV 避雷器（FSC1）固定至放电器支架的六角螺母和垫圈。如有必要，应紧固至规定的力矩值。

（6）检查放电器支架的完整性。

（7）使用温和的清洗剂和吸水性的布清洗 25 kV 避雷器（FSC1）和接地触点。在 25 kV 避雷器（FSC1）的表面上涂覆一薄层硅润滑脂。

注：不得使用任何包含氟酸盐或氯酸盐化合物的清洗产品。

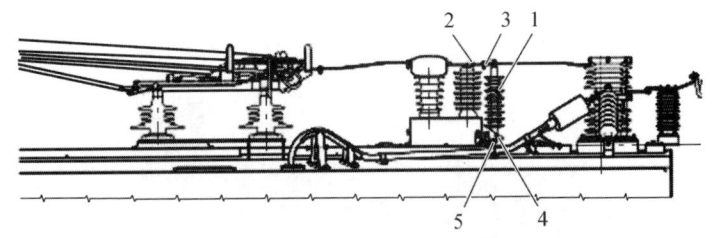

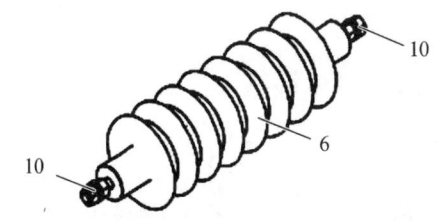

图 6-14　综合测量仪上的 25 kV 避雷器 FSC

1—25 kV 避雷器（FSC1）；2—至放电器的连线；3—带 M10 垫圈的 M10×30 螺钉、M10 六角螺母；
4—放电器支架；5—带垫圈的六角螺母；6—25 kV 避雷器 FSC；7—至放电器的连线；
8—带 M10 垫圈的 M10×30 螺钉、M10 六角螺母；
9—放电器支架；10—带垫圈的六角螺母

### （四）95 mm² 截面面积的跳线目视检查

（1）如图 6-15 所示为 95 mm² 截面面积的跳线。

图 6-15　跳线

1—95 mm² 截面面积的跳线；2—紧固件；3—右侧支架跳线；4—紧固件；5—左侧支架跳线

（2）检查 95 mm² 截面积的跳线的完整性，以及有无破损和切口。如有必要，应更换 95 mm² 截面面积的跳线。

（3）检查用于将 95 mm² 截面面积的跳线连接至右侧支架跳线的紧固件的完整性。如有必要，应紧固至规定的力矩值。

（4）检查用于将 95 mm² 截面面积的跳线连接至左侧支架跳线的紧固件的完整性。如有必要，应紧固至规定的力矩值。

（5）检查右侧和左侧支架跳线的完整性，以及有无破损。如有必要，应将其更换。

### （五）25 kV 高压绝缘子目视检查和清洁

（1）如图 6-16 所示为 25 kV 高压绝缘子。

（2）检查 25 kV 高压绝缘子的完整性，以及有无裂纹和破损。如有必要，应将其更换。

（3）检查用于将支架跳线安装在 25 kV 高压绝缘子上的紧固件的完整性。如有必要，应紧固至规定的力矩值。

（4）检查支架跳线的完整性。

（5）检查用于将 25 kV 高压绝缘子安装至绝缘子支架上的紧固件的完整性。如有必要，应紧固至规定的力矩值。

图 6-16　25 kV 高压绝缘子

1—25 kV 高压绝缘子；2—紧固件；3—支架跳线；4—紧固件；5—绝缘子支架

（6）检查绝缘子支架的完整性。

（7）使用温和的清洗剂和吸水性的布清洗 25 kV 高压绝缘子。在 25 kV 高压绝缘子的表面上涂覆一薄层硅润滑脂。

注：不得使用任何包含氟酸盐或氯酸盐化合物的清洗产品。

### （六）综合测量仪目视检查和清洁

（1）参见图 6-14 中 Tp 和 Tpb 车车顶上的综合测量仪。

（2）使用洁净的干布擦拭高压接线和表面零件。在表面零件上涂覆一薄层硅润滑脂。

注：不得使用任何包含氟酸盐或氯酸盐化合物的清洗产品。

（3）检查高压接线和表面涂层的完整性，以及有无裂纹和破损。

（4）检查在避雷器上固定综合测量仪线排的紧固件的完整性。如有必要，应将其紧固至 25 N·m 的力矩。

（5）检查用于综合测量仪线排接地编织带的螺钉的完整性。如有必要，应加固至规定的力矩值。

（6）检查避雷器与测量仪线排之间放电器接线的完整性。

### （七）25 kV 接地闸刀开关目视检查和清洁

（1）如图 6-17 所示为 Tp 和 Tpb 车内的 25 kV 接地闸刀开关。

（2）使用清洗剂清洗可动闸刀和可动零件。

（3）检查固定触点和可动闸刀的完整性及有无破损。如有必要，应更换固定触点和可动闸刀的已磨损零件。

（4）检查 25 kV 接地闸刀开关的紧固件的完整性。如有必要，应紧固至规定的力矩值。

（5）使用操纵杆操作 25 kV 接地闸刀开关，检查其动作是否正常。如有必要，应在固定和可动触点上涂覆硅润滑脂。

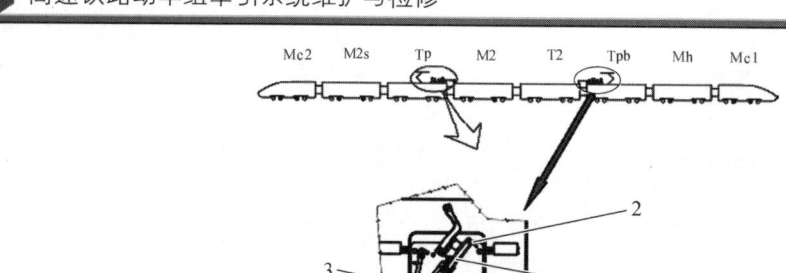

图 6-17　25 kV 接地闸刀开关

1—25 kV 接地闸刀开关；2—可动闸刀；3—固定触点

（八）25 kV 断路器更换

**1. 拆　卸**

（1）如图 6-18 所示，更换 25 kV 断路器 2。

（2）拧松并拆除断路器 2 上用于固定综合测量仪线排 6 的螺钉 3、垫圈 4 和平垫圈 5。

（3）拧松并拆除六角螺母 7、垫圈 8 和平垫圈 9。

（4）将断路器 2 从避雷器 10 和预装配电缆 11 上拆开。

（5）拧松并拆除螺钉 12 和螺母 13，将断路器 2 从右侧支架跳线 14 上拆开。

（6）拧松并拆除固定在接地辫 16 上的螺钉 15。

（7）拆除 Tp 或 Tpb 车上固定断路器 2 所用柱头螺栓 20 的六角螺母 17、垫圈 18 和平垫圈 19。

（8）使用适当的吊装装置小心地从 Tp 或 Tpb 车车顶吊起断路器 2，确保不会损坏柱头螺栓 20。

**2. 组　装**

（1）检查柱头螺栓 20 的状况。如有必要，可将其更换。

（2）检查所有紧固件的状况。如有必要，

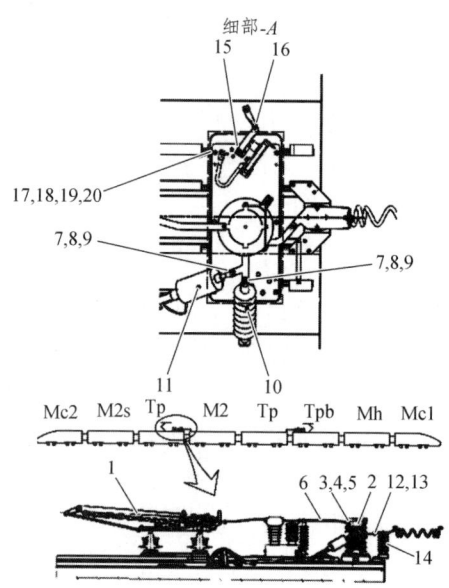

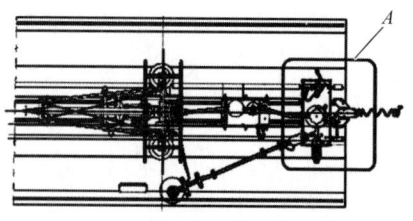

图 6-18　更换 25 kV 断路器

1—受电弓；2—25 kV 断路器；3—M10×30 螺钉；4—M10×2.3 垫圈；5—M10 平垫圈；6—综合测量仪线排；7、13—M16 六角螺母；8—垫圈；9—平垫圈；10—避雷器；11—DJ-变压器用电缆；12—M12×40 螺钉；14—右侧支架跳线；15—M10×20 螺钉；16—接地辫；17—M12 六角螺母；18—M12×2.8 垫圈；19—M12 平垫圈；20—柱头螺栓

可将其更换。

（3）清洁 25 kV 断路器 2 的安装区。

（4）使用适当的吊装装置将新的 25 kV 断路器 2 及其柱头螺栓 20 放置在 Tp 或 Tpb 车的正确位置。

（5）将六角螺母 17、平垫圈 19 和垫圈 18 安装在柱头螺栓上。将其紧固至规定力矩。

（6）使用螺钉 15 连接接地辫 16 并将其紧固至规定力矩。

（7）安装并拧紧螺钉 12 和六角螺母 13，以组装断路器 2 和右侧支架跳线 14。

（8）安装并拧紧六角螺母 7、平垫圈 9 和垫圈 8，以将避雷器 10 和预装配电缆 11 连接至 25 kV 断路器 2。

（9）安装并拧紧螺钉 3、平垫圈 5 和垫圈 4，以将综合测量仪线排 6 连接至 25 kV 断路器 2。

## （九）25 kV 避雷器（FSC1）更换

注：使用适当的吊装平台和装置以靠近并接触到车顶设备。

### 1. 拆 卸

（1）如图 6-19 所示，更换 25 kV 避雷器（FSC1）1。

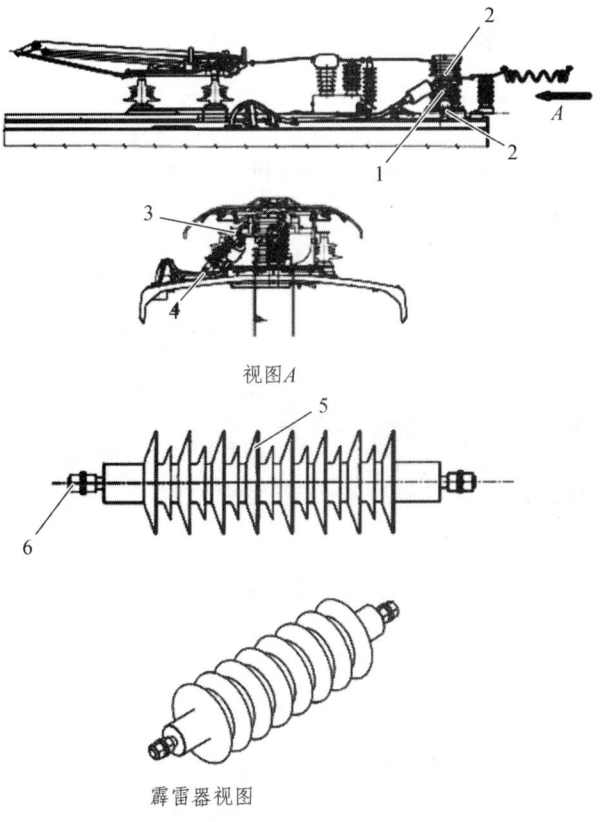

视图 A

避雷器视图

图 6-19　更换 25 kV 避雷器

1、5—25 kV 避雷器；2、6—M16 六角螺母；3—避雷器接线托架；4—DJ 接线托架

（2）拧松并拆除 DJ 接线托架 4 上固定 25 kV 避雷器（FSC1）1 所用的六角螺母 2 和垫圈。

（3）拧松并拆除避雷器接线托架 3 上固定 25 kV 避雷器（FSC1）1 所用的六角螺母 2 和垫圈。

#### 2. 组 装

（1）检查 DJ 接线托架 4 的状况。如有必要，可将其更换。
（2）将新的 25 kV 避雷器（FSC1）1 安装在正确位置。
（3）安装并拧紧六角螺母 2 及垫圈，将避雷器（FSC1）1 安装在避雷器接线托架 3 上。
（4）安装并拧紧六角螺母 2 及垫圈，将 25 kV 避雷器（FSC1）1 安装在 DJ 接线托架 4 上。

### （十）25 kV 避雷器（FSC）更换

注：使用适当的吊装平台和装置以靠近并接触到车顶设备。

#### 1. 拆 卸

（1）如图 6-20 所示，更换 25 kV 避雷器 1。
（2）拆除放电器接线 4 上固定 25 kV 避雷器 1 所用的六角螺母 2 和垫圈 3。
（3）拆除放电器支架 5 上固定 25 kV 避雷器 1 所用的六角螺母 2 和垫圈 3。

#### 2. 组 装

（1）检查放电器支架 5 的状况。如有必要，可将其更换。
（2）将新的 25 kV 避雷器 1 安装至放电器支架 5。
（3）将 25 kV 避雷器 1 安装至放电器支架 5。
（4）安装并拧紧六角螺母 2 及垫圈 3。
（5）安装并拧紧六角螺母 2 及垫圈 3，将放电器接线 4 固定至 25 kV 避雷器 1。

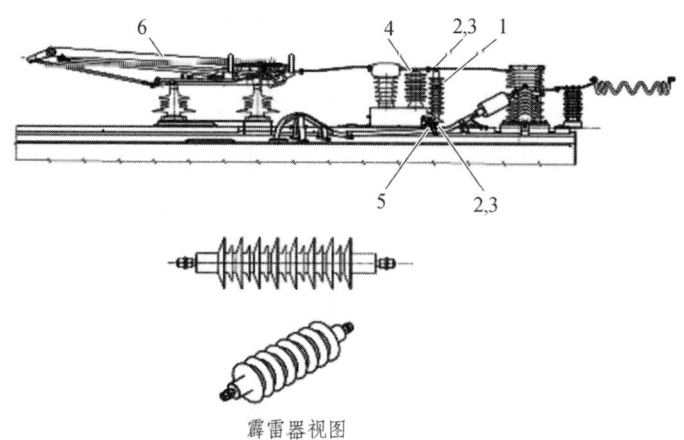

避雷器视图

图 6-20 更换 25 kV 避雷器（FSC）

1—25 kV 避雷器；2—M16 六角螺母；3—垫圈；4—放电器接线；
5—放电器支架；6—受电弓

## 项目六 动车组其他高压设备维护与检修

### （十一）跳线截面面积 95 mm² 更换

注：使用适当的吊装平台和装置以靠近并接触到车顶设备。

#### 1. 拆 卸

（1）如图 6-21 所示，更换跳线 1。

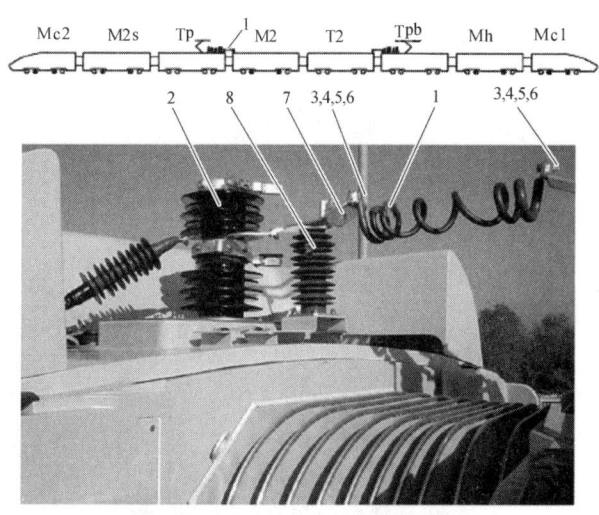

图 6-21 更换跳线

1—跳线；2—断路器；3—M16×50 螺钉；4—M16 六角螺母；5—M16×3.4 垫圈；
6—M12 平垫圈；7—右侧支架跳线；8—25 kV 高压绝缘子

（2）拧松并拆除螺钉 3、六角螺母 4、垫圈 5 和平垫圈 6，以从右侧支架跳线 7 上断开跳线 1。

（3）拧松并拆除螺钉 3、六角螺母 4、垫圈 5 和平垫圈 6，以从相邻车的支架跳线上断开跳线 1。

#### 2. 组 装

（1）检查支架跳线的状况。如有必要，可将其更换。
（2）将跳线 1 安装在右侧支架跳线 7 上。
（3）安装螺钉 3 及平垫圈 6、垫圈 5，并将六角螺母 4 及垫圈 5 紧固至规定力矩。
（4）将跳线 1 安装至相邻车的支架跳线上。
（5）安装螺钉 3 及平垫圈 6 和垫圈 5，并将六角螺母 4 及垫圈 5 紧固至规定力矩。

### （十二）25 kV 高压绝缘子更换

注：使用适当的吊装平台和装置以靠近并接触到车顶设备。

#### 1. 拆 卸

（1）如图 6-22 所示，更换 25 kV 高压绝缘子 1。

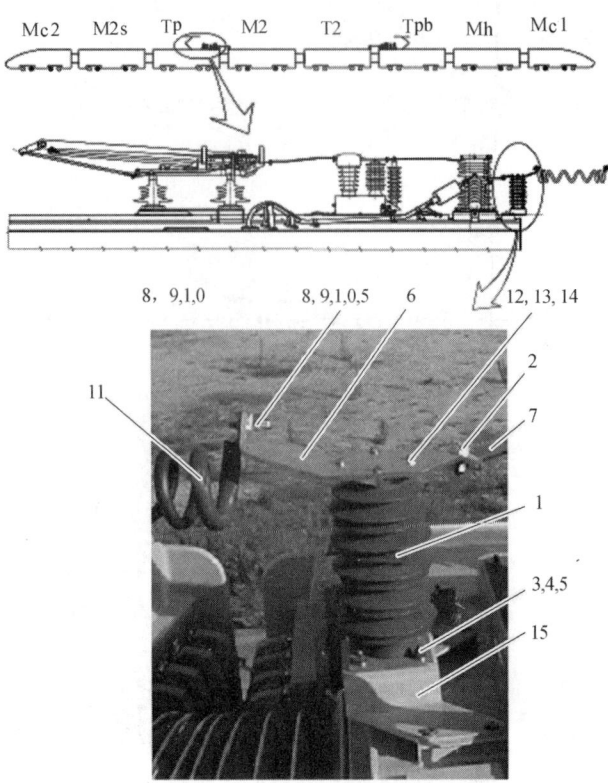

图 6-22 更换 25 kV 高压绝缘子

1—25 kV 高压绝缘子；2—M12×40 螺钉；3—M12 六角螺母；4—M12—2.8 垫圈；5—M12 平垫圈；
6—右侧支架跳线；7—避雷器接线托架；8—M16×50 螺钉；9—M16 六角螺母；
10—M16×3.4 垫圈；11—跳线；12—M8×25 螺钉；13—M8×1.9 垫圈；
14—M8 平垫圈；15—绝缘子支架

（2）拧松并拆除螺钉 2、六角螺母 3 及其垫圈 4 和平垫圈 5。

（3）从避雷器接线托架 7 上拆卸右侧支架跳线 6。

（4）拆除螺钉 8 和六角螺母 9 及其垫圈 10 和平垫圈 5，以从右侧支架跳线 6 上断开跳线 11。

（5）拧松并拆除螺钉 12、垫圈 13 和平垫圈 14。

（6）从 25 kV 高压绝缘子 1 上拆除右侧支架跳线 6。

（7）拧松并拆除六角螺母 3、垫圈 4 和平垫圈 5。

（8）从绝缘子支架 15 上拆除 25 kV 高压绝缘子 1。

2．组　装

（1）检查绝缘子支架 15 和支架跳线 6 的状况。如有必要，可将其更换。

（2）清洁 25 kV 高压绝缘子 1 的安装区。

（3）将新的 25 kV 高压绝缘子 1 置于绝缘子支架 15 上。

（4）安装并将六角螺母 3 及其垫圈 4 和 5 紧固至规定力矩。

（5）将右侧支架跳线 6 置于 25 kV 高压绝缘子 1 上，并用螺钉 12、垫圈 13 和平垫圈 14 进行紧固。

（6）使用螺钉 8 和六角螺母 9 及其垫圈 10 和 5 将跳线 11 连接至右侧支架跳线 6。

（7）将右侧支架跳线 6 安装在避雷器接线托架 7 上。

（8）安装螺钉 2 及垫圈 4 和 5，并拧紧六角螺母 3。

# 任务三　CRH380B 型系列动车组其他高压设备维护与检修

## 【任务描述】

（1）掌握 CRH380B（L）动车组其他高压设备的结构及功能；

（2）掌握 CRH380B（L）型动车组其他高压电器元件的性能参数及维护方法。

## 【相关知识】

### 一、BVAC N99 型真空断路器

CRH1E、CRH3、CRH380B 及 CRH380C 型动车组采用 BVAC N99 型真空断路器，用于开关连接的牵引单元的工作电流，以及在发生严重干扰（过流、互感器故障或线路短路）时安全断开高压电，避免动车组因高压故障受损。主断路器闭合、断开动力由压缩空气提供。内部为接近真空环境，用于高压导通情况下的线路合断，起到消除电弧的作用。

1. 真空断路器的结构形式

主断路器设计成单极真空主断路器，具有内置弹簧式压缩空气作动器以及真空电弧放电室。主断路器主要有用于顶部打开的盖板、作动器以及真空电弧放电室。在主断路器的外部装有隔离开关。监控、触发断路器以及断路器的保护是通过列车控制实施的。诊断系统确保主断路器发生任何故障时都能被发现而且发出有关错误信号，接着发生故障的主断路器被锁闭，断路器的外形结构如图 6-23 所示。

每列动车组配置了两个主断路器，安装在每节变压器车车顶端部位置。主断路器不但用来开关动力单元的运行电流，也可以用来切断故障情况下的过流以及短路电流。

主断路器通过电磁阀线圈得电，压缩空气推动作动器后关闭，主触点闭合的同时，开启弹簧被锁住。

2. 真空断路器的关键技术参数及工作原理

真空断路器的关键技术参数如表 6-1 所示。

图 6-23　断路器的外形结构

表 6-1 真空断路器的关键参数

| 额定电压 | 25 kV |
|---|---|
| 列车的标称电流 | 500 A |
| 短路电流（峰值电流） | 40 kA |
| 瞬时耐电流值（有效值） | 16 kA |
| 短路关断电流（有效值电流） | 16 kA |
| 额定峰值电流（峰值） | 40 kA |
| 断路器的机械服务寿命 | 开关动作（无电流条件下）200 000 小时 |
| 断路关断能力 | ≥400 MV·A |

工作原理如下：

（1）主断路器通过电磁线圈阀以及压缩空气触发后关闭，主触点闭合的同时开启弹簧被锁住。压缩空气可以从列车供风管 MR 获得。如果列车整备时，可以从辅助空气压缩机获得压缩空气。

（2）根据主断路器底座的位置，在一个单独底座上安装了接地隔离开关，在非工作状态下开关手柄处于水平位置，当转到主断路器两端的接地触点，此时手柄处于接地位置。接地隔离开关可以在车内手动操作，联锁装置确保只有当列车高压系统与接触网断开后才能起作用。

（3）为便于对高压系统进行维护和修理工作，主断路器上装有两极接地隔离开关。隔离开关将主断路器的两端连接到工作接地点。接地隔离开关为防短路装置，即使在接地隔离开关接合的情况下电源回流（例如，因接触网线坠落）系统也能保证安全接地。主断路器设计为配有气动弹簧执行机构和真空灭弧室的单极真空主断路器。它包括车顶打开用底板、执行机构和真空灭弧室。在外部，主断路器配有隔离开关。主断路器的开关和保护功能的监测和触发由列车控制系统执行。诊断系统确保主断路器中出现的所有故障都会被检测到并用信号发送出去，受影响的主断路器将停用。在压缩空气的帮助下触发电磁阀可闭合主断路器，主触点闭合，同时分闸弹簧夹紧。断开程序以电磁方式（通过中断保持电流）触发，即使主断路器此时闭合。压缩空气由 MR 管道供应，此外，辅助压缩机还用于在低 MR 压力时供列车使用。接地隔离开关安装在单独的底板上，位于与主断路器底板相对的一个规定位置。

（4）将司机控制台上的拨动开关"主断路器"切换到位置"合"即可闭合主断路器。执行该步骤只会使牵引单元中的主断路器和提升的受电弓闭合。

出现下列情况时通过 KLIP 信号激活：自身牵引单元中的主断路器已释放；另一个牵引单元中的主断路器已释放或车顶线路隔离开关已断开；自身牵引单元的牵引箱的线路断开器/预充电接触器断开（这种情况对分相段中的电压保持状态无效）；牵引箱的线路断开器/预充电接触器断开或另一个牵引单元的车顶线路隔离器断开（这种情况对分相段中的电压保持状态无效）；没有触发 EMERGENCY OFF（紧急停车）。

## 二、接地隔离开关

### 1. 接地隔离开关的结构

主断路器旁边,一个单独底座上安装了接地隔离开关,在非工作状态下开关手柄处于水平位置,当转到主断路器两端的接地触点,此时手柄处于接地位置。接地隔离开关可以在车内手动操作,联锁装置确保只有当列车高压系统与接触网断开后才能起作用。接地隔离开关具有防止短路的功能。接地隔离开关如图 6-24 所示。

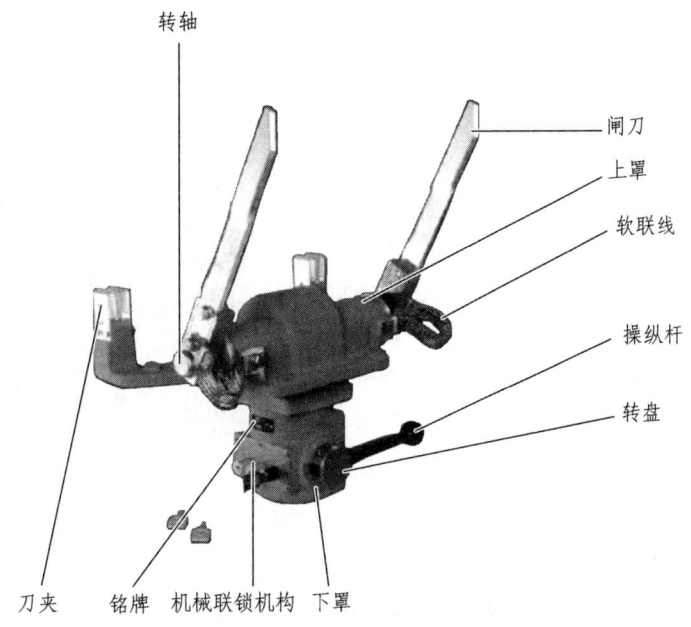

**图 6-24　接地隔离开关**

### 2. 接地隔离开关的使用方法

(1)闸刀通过支架安装在轴上,而轴和曲柄组装、连接杆组装以及操纵杆组装则组成一个传动机构。转动操纵杆,使整个传动机构进行传动,进而使得轴带动闸刀旋转一定的角度。根据设计,在操纵杆从一端旋转 180°到另一端时,闸刀也相应从"工作位"旋转 102°到"接地位"或者从"接地位"旋转 102°到"工作位",而控制其是否能够转动的则是锁组装。锁组装共有 3 个锁,其中一个供蓝色钥匙使用,两个供黄色钥匙使用。仅在蓝色锁被蓝色钥匙打开后,操纵杆才能从"操作"位置旋转到"接地"位置。一旦旋转到"接地"位置,联锁机构就被带有黄色钥匙的锁锁在此位置,然后可把钥匙从锁中拔下来。

(2)接地点接通后支架嵌入主断路器两端的接地触点,停用时该支架处于水平位置。接地隔离开关从车辆内部手动启动。闭锁装置确保接地隔离开关仅可在车辆的高压系统与接触线断开后才能接合。

### 3. 接地隔离开关技术参数

技术参数如表 6-2 所示。

表 6-2 接地隔离开关技术参数

| 额定频率 | 50 Hz |
|---|---|
| 额定电压 | 25 kV |
| 短时耐电流值 | 16 kA |
| 额定峰值电流 | 40 kA |
| 运行机构类型 | 手动操作 |

## 三、防雷击装置

避雷器（SA1）安装在受电弓（P）后面，对电气设备进行保护，以防设备受到接触网（例如，闪电）过压损坏。避雷器的下游装有线电压互感器（LVT），互感器用作列车控制系统接触网电压的记录器。CRH380BL 型动车组每个变压器车设置 2 个避雷器，一个避雷器安装在每个受电弓的右后方，用于保护列车以及后段的电气系统，另一个避雷器位于变压器原边的前端，用于防止主变压器中不能承受的开关电压。外形如图 6-25 所示。

避雷器主要技术参数如表 6-3 所示。

图 6-25 车顶避雷器

表 6-3 车顶避雷器主要技术参数

| 车顶避雷器规范 | | 备注 |
|---|---|---|
| 额定电压 | 37 kV | — |
| 持续运行电压 | 30 kV | 31 kV 持续 5 min |
| 标称放电电流峰值 | 10 kA | — |
| 在 8/20 μs 下的最大剩余电压 | 100 kV | |

## 四、车顶电缆隔离开关

车顶电缆隔离开关位于变压器车上，在正常情况下处在闭合状态，当发生故障时隔离开关将车顶电缆隔离。车顶电缆隔离开关是一个单极开关，在内部有气动作动器。通过绝缘体支撑实现运行接地隔离。气动作动器使隔离开关绕一个垂向轴转动，隔离叶片的两端分别接触绝缘体以实现主电路的开关。

电磁线圈阀控制作动器的动作缸，在开关位置有两个控制阀。控制阀通过电脉冲信号触发以及控制动作方向。隔离开关没有进一步的最终位置联锁，在牵引状态连续提供压缩空气，压缩空气从 MR 管中获得，列车在整备状态下通过辅助空气压缩机供风，车顶电缆隔离开关如图 6-26 所示。

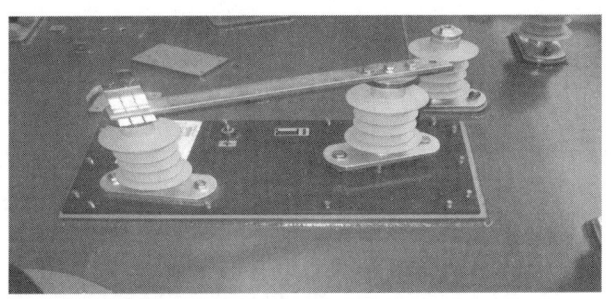

图 6-26　车顶电缆隔离开关

车顶线路可由隔离开关（RLDS）断开，如果一个牵引单元的主电路系统出现故障，列车控制系统可隔离车顶线路，从而使另一个牵引单元可操作，断开开关由压缩空气操作。

## 五、互感器

一个电压互感器有次边绕组，每个绕组分别与一个受电弓连接，用于测量和监视电网接触线的电压，互感器位于受电弓与主断路器之间，如图 6-27 所示。

图 6-27　电压互感器

一个电流互感器同时被接到每一个主断路器中，用于测量动车组的电流。电流互感器为直通式互感器，另外两个互感器（电流互感器和回流互感器）用于监测主变压器，这两个互感器用来测量牵引单元的线电流以及回流电流。电流互感器位于主变压器的上段车顶，回流电流互感器位于主变压器下段，安装在主变压器中，如图 6-28 所示。

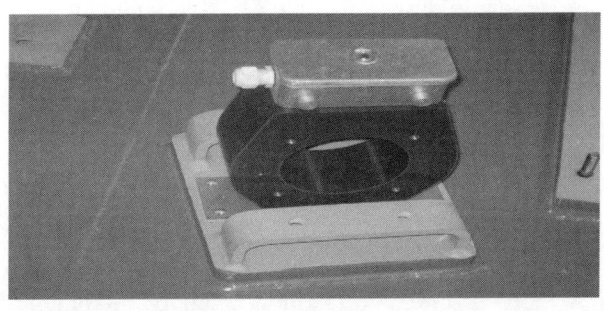

图 6-28　电流互感器

【复习思考题】

1. 试述 CRH2、CRH5 型动车组网侧主要高压电器设备。
2. 试述 CRH2、CRH5 型动车组牵引系统的组成。
3. 试述 CRH2 型动车组牵引系统的主要功能。
4. 试述 CRH5 型动车组牵引传动的方式。
5. 试述 CRH2 型动车组高压机器箱的布置方式及结构特点。
6. 试述 CRH2 型动车组高压机器箱的检查与清洁方法。
7. 试述 CRH2 型动车组高压隔离开关的维护与检修方法。
8. 试述 CRH2 型动车组接地电阻维护与检查方法。

## 参考文献

[1] 张喜全. 电力传动与控制[M]. 成都：西南交通大学出版社，2010.
[2] 冯晓云. 电力牵引——交流传动及其控制系统[M]. 北京：高等教育出版社，2009.
[3] 陈坚. 电力电子学——电力电子变换和控制技术[M]. 北京：高等教育出版社，2009.
[4] 宋雷鸣. 动车组传动与控制[M]. 北京：中国铁道出版社，2007.
[5] 张曙光. CRH2 型动车组[M]. 北京：中国铁道出版社，2008.
[6] 张曙光. CRH5 型动车组[M]. 北京：中国铁道出版社，2008.
[7] 宋雷鸣. 动车组供电牵引系统与设备[M]. 北京：北京交通大学出版社，2012.
[8] 铁道科学研究院高速铁路技术研究总体组. 高速铁路技术[M]. 北京：中国铁道出版社，2005.
[9] 宋雷鸣. 动车组传动与控制[M]. 北京：中国铁道出版社，2009.
[10] 陈伯时. 电力拖动制动控制系统：运动控制系统[M]. 北京：机械工业出版社，2005.
[11] 赵嘉涛. 电力机车电器[M]. 北京：中国铁道出版社，2004.
[12] 孙帮成. CRH380BL 型动车组[M]. 北京：中国铁道出版社，2016.

# 附 录

### 附录1 CRH2常用英文缩写对照表

| | |
|---|---|
| 1. 常用缩写 ||
| AC | Alternating Current 交流 |
| CPU | Central Processing Unit 中央处理器 |
| DC | Direct Current 直流 |
| EB | Emergency Brake 紧急制动 |
| ED | Electro Dynamic 电气再生 |
| EMU | Electric Multiple Unit 电气动车组 |
| EP | Electro Pneumatic 电气空气 |
| FSB | Full Service Brake 满负荷制动 |
| IGBT | Insulated Gate Bi-polar Transistor 绝缘栅极晶体管 |
| LED | Light Emitting Diode 发光二极管 |
| PWM | Pulse Width Modulation 脉宽调制方式 |
| RF | Radio Frequency 电台频率 |
| VVVF | Variable Voltage Variable Frequency 变压变频 |
| 2. 设备类 ||
| A/C | Air Conditioner 空调 |
| AMP | Amplifier 放大器 |
| APU | Auxiliary Power Unit 辅助电源装置 |
| Arr | Arrester 避雷器 |
| AS | Air Spring 空气弹簧 |
| ATP | Automatic Train Protection 自动列车保护系统 |
| BC | Brake Cylinder pipe line 制动气缸 |
| BCU | Brake Control Unit 制动控制单元 |
| BP | Brake Pipe 制动管 |
| C/I | Traction Converter/Inverter 变流器逆变器 |
| CF | Condenser Fan 冷凝器风扇 |

续附录 1

| 2. 设备类 | |
|---|---|
| CT | Current Transformer 电流变压器 |
| EF | Evaporator Fan 蒸发器风扇 |
| GU | Gear Unit 齿轮箱 |
| LV | Leveling Valve 空气弹簧高度调节阀 |
| MC | Master Controller 主控制器 |
| MR | Main Air Reservoir 主风缸空气压力 |
| MTr | Main Transformer 牵引变压器 |
| OCR | Over Current Relay 过流继电器 |
| PA | Public Address 广播 |
| PT | Potential Transformer 分压器 |
| SIV | Static Inverter 静态逆变器 |
| 3. 开关·按钮·显示灯 | |
| ACMS | 辅助空压机启动开关 |
| AHeS | 辅助加热器用开关 |
| APCS | 「闭」指令开关 |
| ATPCOSATP | 断开开关 |
| BNS | 解编指令开关 |
| BzS | 警报器开关 |
| CabLpS | 驾驶室灯开关 |
| CabHeS | 暖空调切换开关 |
| CabTeS | 中间驾驶台测试开关 |
| 电制开放 S | 电气制动断开开关 |
| DICOS | 关门联动释放开关 |
| DIRS | 关门联动继电器用开关 |
| DLS | 关门强制压紧开关 |
| DVS | 乘务员开关 |
| EBzCOS | 警报器断开开关 |
| EBzRS | 紧急警报器复位开关 |
| EBzS | 紧急警报器开关 |
| EGCS | 保护接地开关投入开关 |
| EGOS | 保护接地开关释放开关 |
| FrBzRS | 火灾用警报器复位开关 |

续附录 1

| | |
|---|---|
| 3. 开关·按钮·显示灯 | |
| FrBzRS | 火灾警报器开关 |
| HELPS | 合并指令开关 |
| HMLpDS | 前部标识灯减光开关 |
| HMLpS | 前部标识灯强制开关 |
| 保温试验 S | 保温试验开关 |
| 起动试验 S | 起动试验开关 |
| 计器灯 SW | 设备灯开关 |
| 恒速 Sw | 定速开关 |
| 恒速切 Sw | 定速解除开关 |
| LKJ 隔离 SW | LKJ 断开开关 |
| MLpS | 存车/后部标识灯强制开关 |
| PanCgS | 受电弓切换开关 |
| PanDS | 受电弓下降开关 |
| PanUS | 受电弓上升开关 |
| PTT | 通话按钮开关 |
| RLpCOS1 | 辅助空气压缩机断开开关 |
| RLpCOS2 | APU 断开开关 |
| RLpCOS3 | 蓄电池断开开关 |
| RrLpCgS | 预备灯切换开关 |
| RS | 复位开关 |
| SnowBS | 耐雪制动投入开关 |
| SqS | 空挡开关 |
| 车上实验 SW | 车上试验开关 |
| TeS | 强制分割试验开关 |
| TWEmCgS | 列车无线电用蓄电池切换开关 |
| UBRS | 紧急制动复位开关 |
| UBS | 紧急制动开关 |
| UVRS | 紧急制动继电器短路开关 |
| VCBCS | 真空断路器投入开关 |
| VCBOS | 真空断路器断开开关 |
| VCgS | 电压表切换开关 |

## 附录 2　CRH5 常用英文缩写对照表

| 缩写 | 中文含义 |
| --- | --- |
| ACU | 辅助变流器单元 |
| ADD | 受电弓的自动降弓装置 |
| AGATE | 高级 GEC 阿尔斯通牵引电子控制单元（牵引控制器）|
| AI | 模拟输入 |
| AO | 模拟输出 |
| ATC | 列车自动控制 |
| ATO | 列车自动运行 |
| ATP | 列车自动防护 |
| B | 蓄电池 |
| BCU | 制动控制单元 |
| BIT | 内置试验 |
| CA DC | 电容器（980 微法拉）|
| CAI11, CAI12, CAI21, CAI22 | 电容器（160 微法拉）|
| CB | 蓄电池充电机 |
| CCTV | 闭路电视 |
| CCU | 中央计算机单元（PIS）|
| CD | 联挂操作 |
| CHF1, CHF2 | 斩波器 |
| CLT | 牵引本地控制 |
| CONVTRAZAUX | 牵引/辅助变流器 |
| CP | 主压缩机 |
| CU | 计算机单元（PIS）|
| CA11, CA12, CA21, CA22 | 辅助变流器的电容器 |
| CU1, CU2, CU3 | 电容器 |
| DD | 二极管 |
| DDU | 司机显示单元（TD 或 TS）|
| DI | 数字输入 |
| DIS | 司机信息系统 |
| DJ | 断路器 |
| DMI | 司机设备接口（ERTMS 显示屏）|
| DNRA | 轴锁定检测器 |

续附录 2

| | |
|---|---|
| DO | 数字输出 |
| DoD | 蓄电池放电检查 |
| DJ1 | 附加断路器 |
| ED brake | 电制动 |
| EV | 事件记录器 |
| EVC | ERTMS 安全计算机 |
| FSC | 避雷器 |
| HV | 高压 |
| HVAC | 供热、通风和空调 |
| IGBT | 绝缘栅双极晶体管 |
| INV-TRAZ1，INV-TRAZ2 | 牵引逆变器 |
| IPE | 噪声计电流 |
| KAUX | 远程隔离开关 |
| KLx | 接触器 |
| KSAZxx | 接触器 |
| KSAZ3 | 开关 |
| LAUX | 电感器 |
| LAVC | 电感器（1 mH） |
| MMI | 人机接口 |
| MPU | 主处理器单元（TCMS） |
| MU | 重联单元（两列车编组） |
| MV | 中压 |
| MVB | 多功能车辆总线 |
| MVBG | 多功能车辆总线网关 |
| MT1，MT2，MT3 | 中压箱 |
| M1，M2 | 牵引电机 |
| NDES | 轴断裂检测器 |
| PA | 广播 |
| PBS | 产品细目分类结构 |
| PCMT | 三相车间插座 |
| PNT | 受电弓 |

续附录 2

| | |
|---|---|
| PIS | 乘客信息系统 |
| PRECOMB | 高压箱 |
| PCBT1 | 低压车间插座 |
| RIOM | 远程输入/输出模块 |
| Rdc，Rris | 电阻 |
| RF1，RF2 | 制动变阻器 |
| SMT | 接地隔离开关 |
| SAZ3 | 双极隔离开关 |
| SAZ11，SAZ12，SAZ21，SAZ22，SAZ31，SAZ32 | 单极隔离接触器 |
| SMT400 | 手动隔离开关 |
| TAL | 电流互感器 |
| TAP | 初级绕组电流传感器 |
| TCMS | 列车监控系统 |
| TCU | 牵引控制单元 |
| TLU | 输出远程控制开关 |
| TPM | 电压传感器/分压器 |
| TSB | 蓄电池隔离开关 |
| TT | 牵引变压器 |
| TR1，TR2 | 高频变压器 |
| TV3 | 电压传感器 |
| VI | 速度调节器 |
| WTBG | 绞线式列车总线网关 |
| CAN | 控制局域网 |
| ETHERNET | 用于 PIS 和 CCTV 的网络 |
| PROFIBUS | ERTMS-SCMT 网络，TRU 和 DMI |
| USB | 通用串行总线 |
| WTB | 绞线式列车总线 |

附 录

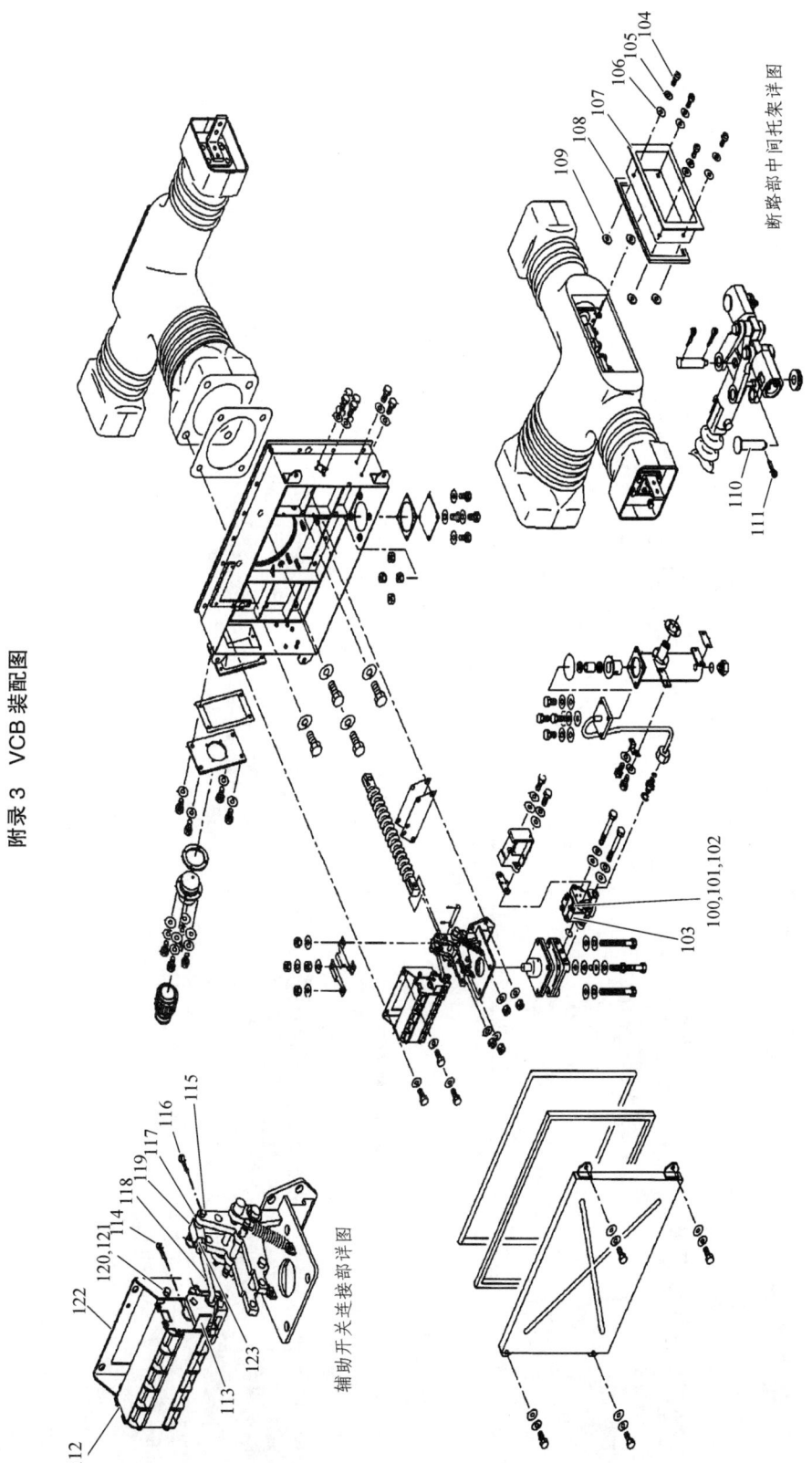

附录 3　VCB 装配图

附录 4　CRH380A 动车组车顶设备布置图

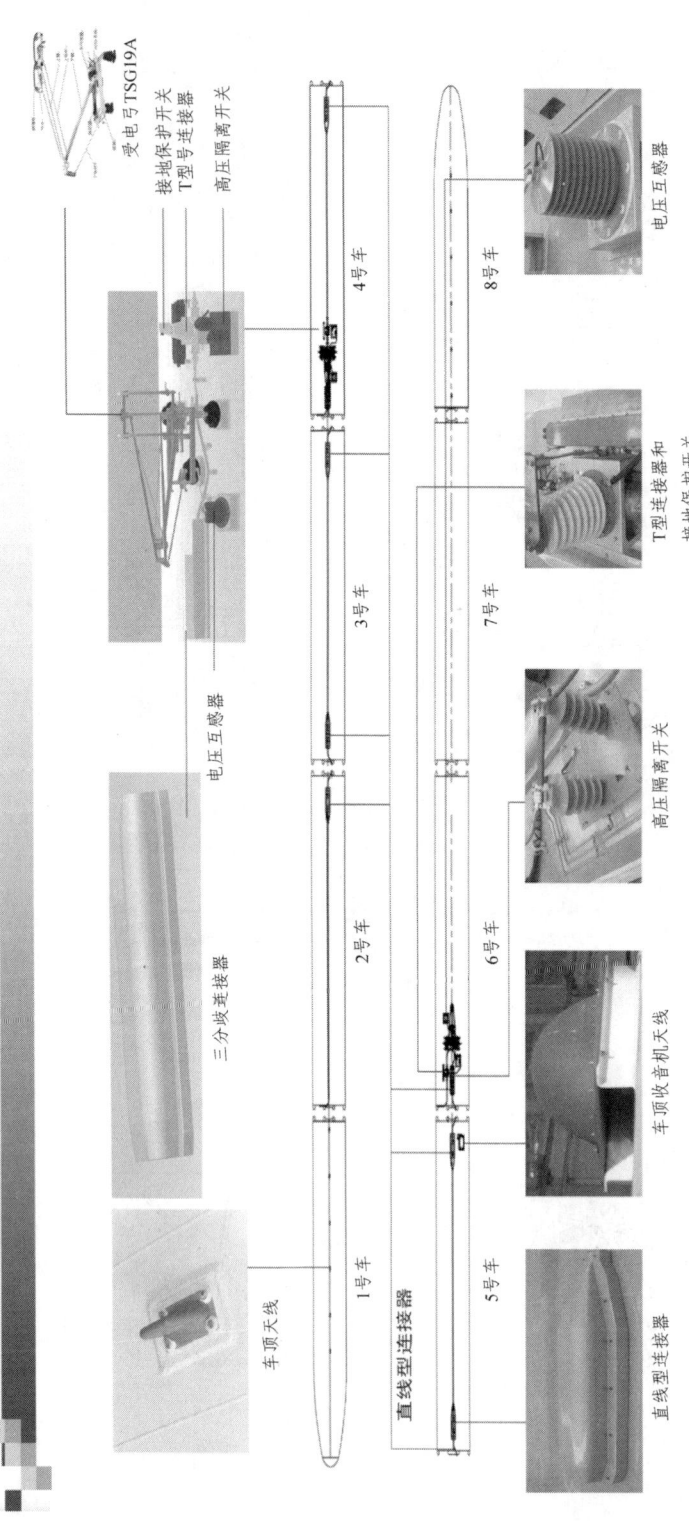

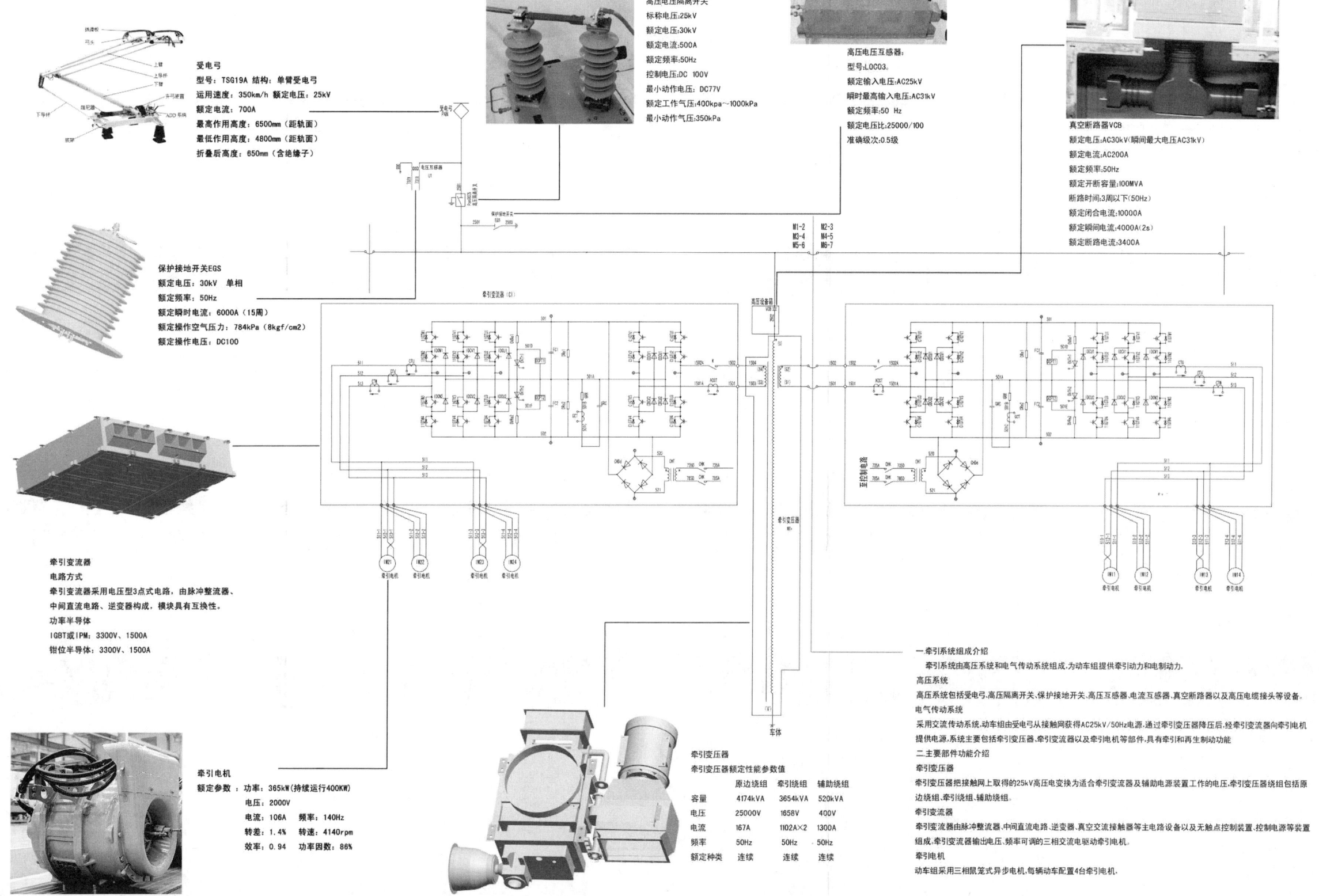

## 附录5 CRH380A动车组编组平面图

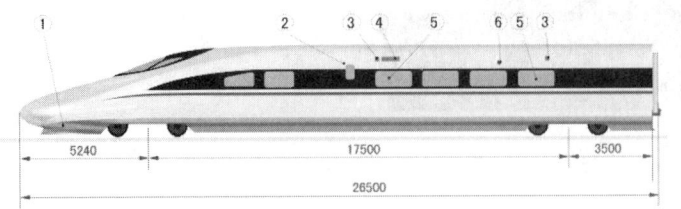
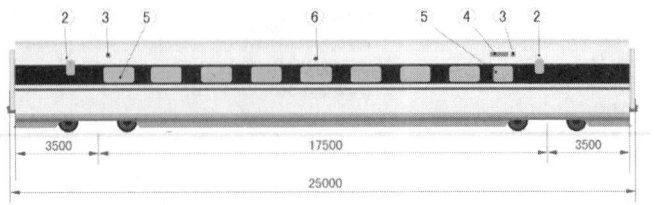
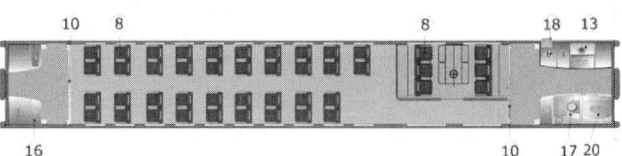
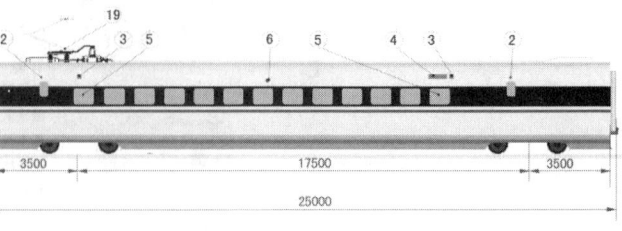

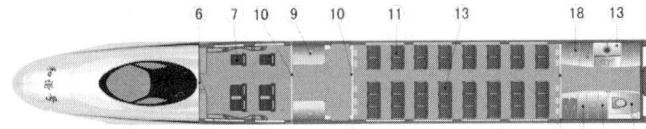
1号车 观光区+二等座车 定员：二等座40人，一等定员：6人

2号车 二等座车 定员85人

3号车 一等座车带包间 一等定员44人

4号车 一等座车带残疾人设施 定员51人

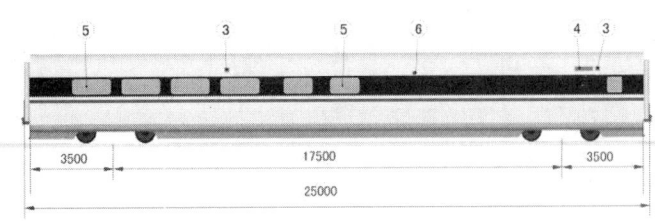

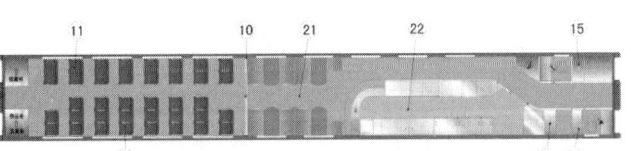
5号车 二等座车/餐车合造车 二等座席定员38人，餐厅座席14人

6号车 二等座车 定员85人

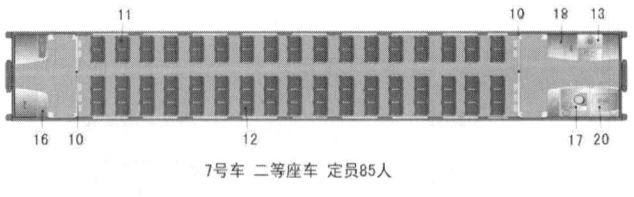
7号车 二等座车 定员85人

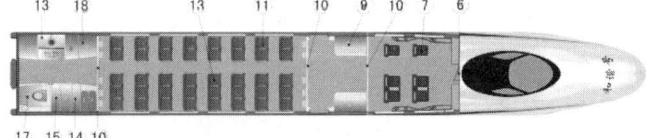
8号车 观光区+二等座车 定员：二等定员40人，一等定员6人

| 标号 | 标注 | 标号 | 标注 | 标号 | 标注 | 标号 | 标注 | 标号 | 标注 |
|---|---|---|---|---|---|---|---|---|---|
| 1 | 排障器 | 6 | 车灯 | 11 | 2人座椅 | 16 | 组合配电盘 | 21 | 餐厅 |
| 2 | 侧拉门 | 7 | 司机室隔门 | 12 | 3人座椅 | 17 | 座式厕所 | 22 | 厨房 |
| 3 | 车号显示器 | 8 | 一等座椅 | 13 | 洗脸室 | 18 | 持续钢瓶 | 23 | 餐厅配电盘 |
| 4 | 目的地显示器 | 9 | ATP柜 | 14 | 运行配电盘 | 19 | 受电弓 | | |
| 5 | 紧急逃生窗 | 10 | 内端拉门 | 15 | 服务配电盘 | 20 | 蹲式卫生间 | | |